Prazeres perigosos

Maria Filomena Gregori

Prazeres perigosos

Erotismo, gênero e limites da sexualidade

COMPANHIA DAS LETRAS

Copyright © 2016 by Maria Filomena Gregori

Grafia atualizada segundo o Acordo Ortográfico da Língua Portuguesa de 1990, que entrou em vigor no Brasil em 2009.

CAPA E PROJETO GRÁFICO
Kiko Farkas e Ana Lobo/ Máquina Estúdio

ILUSTRAÇÕES
Carla Caffé

PREPARAÇÃO
Lígia Azevedo

ÍNDICE REMISSIVO
Luciano Marchiori

REVISÃO
Jane Pessoa
Angela das Neves

Dados Internacionais de Catalogação na Publicação (CIP)
(Câmara Brasileira do Livro, SP, Brasil)

Gregori, Maria Filomena
Prazeres perigosos : erotismo, gênero e limites da sexualidade / Maria Filomena Gregori. — 1ª ed. — São Paulo : Companhia das Letras, 2016.

Bibliografia
ISBN 978-85-359-2727-6

1. Acessórios eróticos 2. Comportamento (Psicologia) 3. Erotismo 4. Fantasias sexuais 5. Identidade de gênero 6. Sexo — Aspectos sociais 7. Sexualidade I. Título.

16-03204   CDD-306.7

Índice para catálogo sistemático:
1. Erotismo : Comportamento sexual : Sociologia   306.7

[2016]
Todos os direitos desta edição reservados à
EDITORA SCHWARCZ S.A.
Rua Bandeira Paulista, 702, cj. 32
04532-002 — São Paulo — SP
Telefone: (11) 3707-3500
Fax: (11) 3707-3501
www.companhiadasletras.com.br
www.blogdacompanhia.com.br
facebook.com/companhiadasletras
instagram.com/companhiadasletras
twitter.com/ciadasletras

para o Neno

8
Prefácio
A vida baunilha
e seus consolos
Eliane Robert Moraes

16
Apresentação

1.
Prazeres

30
1.
Entre o prazer
e o perigo:
o erotismo
politicamente
correto

61
2.
Mercado erótico
e feminilidades:
sex shops em
São Paulo

106
3.
Usos

2.
Perigos

148
4.
SM

181
5.
Limites da
sexualidade:
entre riscos
e êxtase

197
6.
Arremates

205
A pesquisa

208
Agradecimentos

213
Apêndice
Perfil dos
entrevistados

216
Notas

243
Referências
bibliográficas

265
Índice
remissivo

Prefácio

A vida baunilha e seus consolos

Eliane Robert Moraes

Ao terminar este livro, o leitor terá conhecido um mundo estranho. Um mundo misterioso que, mesmo para quem já ouviu falar dele ou frequentou suas bordas, raras vezes se oferece em uma visão de conjunto. É precisamente essa lente em grande-angular que a leitura de *Prazeres perigosos* propõe a quem acompanha passo a passo a entrada de sua autora nesse universo, ela também uma neófita quando ali chega.

Apresentada em detalhe, a visita nos conduz a espaços emblemáticos do mercado erótico contemporâneo, a começar pelas sex shops de San Francisco, nos Estados Unidos, cujas prateleiras exibem uma parafernália de acessórios sexuais, cada qual ostentando enorme gama de variações. O melhor exemplo são os dildos — também conhecidos no Brasil como "consolos de viúva" —, que podem ser encontrados nas cores lilás, azul-claro, rosinha ou vermelho cintilante, em texturas que variam entre o látex e o silicone, quase sempre em forma idêntica à do pênis, mas podendo ou não incluir o saco escrotal, sendo uns duros, outros moles, uns mais grossos, outros menores, uns feitos de tecido, outros de couro, e daí por diante.

Semelhante variedade se testemunha nas lojas de São Paulo que atendem pelo nome de "boutiques eróticas", onde lubrificantes, cremes e cosméticos sexuais disputam espaço com dadinhos, cartas de baralho e outros brinquedos picantes, aos quais se acrescentam bonecos infláveis de todo tipo e uma grande diversidade de fantasias femininas (enfermeira, colegial, tiazinha, empregada, bombeira, coelhinha etc.). Em matéria de sex toys, aliás, as escolhas são redobradas, incluindo capas e bombas de extensão peniana, brincos para mamilos, vibradores (*rabbits*), estimuladores em forma de calcinha (*butterflies*), além de produtos para sexo anal como plugues e toda sorte de consolos que se possa imaginar.

As visitas da antropóloga não se restringem ao comércio varejista, estendendo-se aos espaços privados dos *peep shows*, às salas de conferências onde se ensina "sacanagem" para senhoras ou "marketing erótico" para profissionais, e outros lugares afins, entre os quais se destacam os clubes, os bares e as festas reservadas à prática do sadomasoquismo. Nestes, os cenários e acessórios mostram-se ainda mais invulgares: os *dungeons* (masmorras) são em geral ornados com cruzes, argolas, algemas, suportes de metal, roldanas, correntes, cordas, relhos, raladores, cangas para prender pescoços e braços, e outros instrumentos de tortura. Os mais comuns são os *floggers*, chicotes feitos de corda, camurça ou couro com tiras mais ou menos grossas, por vezes com pontas finas e leves para melhor "aquecer" a pele, preparando-a para o *spanking*.

Não cabe aqui detalhar a curiosa e extensa etnografia proposta no livro de Maria Filomena Gregori (conhecida como Bibia), que resulta de rigoroso trabalho de pesquisa realizado nos Estados Unidos e no Brasil, focando as manifestações do erotismo contemporâneo que expõem transformações na delimitação das fronteiras entre prazer e perigo. Trata-se, para a pesquisadora, de examinar práticas que colocam em jogo as distinções sociais entre norma e transgressão, consentimento e abuso, deleite e dor, e todo um campo móvel de polaridades que supõe reiteradas interrogações sobre os "limites da sexualidade". Trata-se igualmente, para colocar na nomenclatura sm, de perceber como se articulam os hábitos sexuais de seus praticantes e a "vida baunilha" a que estão sujeitos, com seu cotidiano comum e sem graça.

O estudo revela algumas regularidades que demandam reflexão. Uma delas, que poderia ser nomeada como "questão do objeto", mostra-se central ao longo da leitura, ganhando perturbadora complexidade — antes de tudo, pela impressionante quantidade e diversidade de objetos sexuais que se multiplicam de forma surpreendente nesse universo, como se sua presença sempre renovada realmente fosse indispensável para a eclosão das cenas eróticas. Judith Butler e Gayle Rubin, citadas por Bibia, chegam a afirmar que não é possível falar de fetichismo ou de sadomasoquismo sem pensar na "produção da borracha, nas técnicas e nos acessórios usados para o manejo de cavalos, no brilho dos calçados militares, na história das meias de seda, no caráter frio e oficial dos instrumentos médicos ou no fascínio das motocicletas". Relacionadas a tais peças-chave da vertiginosa cultura material do capitalismo, essas "mercadorias desejáveis e glamorosas" implicam um poder de sedução que nada deixa a dever àquelas expostas nas inumeráveis prateleiras das lojas de departamento dos grandes centros urbanos.

Mais que isso, porém, a ostensiva presença dessas mercadorias nas cenas fetichistas e sadomasoquistas parece acionar uma forma particular de desejo que transfere as funções e qualidades dos objetos para os sujeitos nelas implicados. Não por acaso, independente da posição ocupada por seus participantes, a maior parte das práticas eróticas aqui examinadas supõe uma efetiva passagem para o "estado de objeto" que visa a transformar as próprias pessoas em mercadorias desejáveis. Aqui, o fetichismo da mercadoria trava um pacto de fundo com o fetichismo sexual, para nos obrigar a reconhecer a singularidade do processo de fabricação, material e imaginário, de um obscuro objeto do desejo. Situação-limite, por certo, diante da qual empregar conceitos relevantes em outros contextos teóricos — como "reificação" ou "objetificação", respectivamente formulados pelo marxismo e pelo feminismo — seria facilitar demais o que está em jogo. Aliás, um dos méritos deste livro está justamente no fato de que sua autora jamais cai nessas armadilhas, preferindo se expor aos desafios interpretativos que o universo de sua eleição lhe impõe.

Um testemunho cabal da transformação dos sujeitos em objetos é dado já nas primeiras páginas de *Prazeres perigosos*, quando a antropóloga descreve um *"play* de suspensão" num clube SM da capital paulistana. Pendurado por cordas que saem de duas vigas do teto e três arcos de aço, o corpo de uma "escrava" é amarrado de barriga para baixo, de modo a deixá-la completamente sem chão. A imagem que se compõe diante dos espectadores, diz Bibia, "impressiona pela estática. O orgânico é transformado em estátua". A exemplo dessa cena, aqui resumida, outras descrições apuradas nos revelam cada passo da pragmática da inquietante passagem para o estado objetal, que, nas práticas sadomasoquistas, alcança seu momento de maior esplendor. Isso não significa, porém, que se deva menosprezar toda uma série de dispositivos menores que têm por função o preparo do corpo e da mente para que tal passagem ocorra conforme planejado.

Cabe, portanto, interrogar a presença recorrente de aparatos pedagógicos que insistem na observação dos "modos de uso" num ambiente que, a princípio, parece ser tão libertário. A quantidade de manuais nas sex shops chama a atenção, quase todos voltados ao aprendizado de técnicas de exercício sexual, com ilustrações e descrições dos movimentos corporais, sempre evidenciando a preocupação de tornar legítima a prática em questão. É o que ocorre também nos cursos, palestras e workshops do mercado erótico, que ensinam striptease e jogos sensuais, com o objetivo de "retirar o caráter de perversão dos exercícios, descaracterizar qualquer sentido patológico atribuível aos agentes envolvidos", e de enfatizar que "a expansão das fronteiras eróticas reforça a autoestima, libertando de preconceitos e estimulando a imaginação". Os catálogos, folders e vídeos da loja norte-americana Good Vibrations revelam até mesmo o esforço de tornar o sadomasoquismo uma alternativa erótica aceitável, valendo-se de uma retórica sobre o jogo consensual entre parceiros que experimentam as posições de dominação e de submissão. "Tudo parece estar sendo cuidadosamente montado para encenar uma situação que teatraliza a humilhação", sublinha a pesquisadora, para concluir que a "dor parece não fazer parte dessa encenação, assim como o subjugo real ou concreto".

Como acontece com todo esforço pedagógico, este também pode incorrer em insucessos e fracassos. Ainda que os prazeres perigosos sejam acionados em meio a um conjunto de controles, consentimentos e liturgias, há situações que terminam por extrapolar o limiar do "são, seguro e consensual", implicando riscos efetivos à integridade física e moral das pessoas. Apesar do empenho do mundo sm em esconder as ameaças da morte, por vezes elas se fazem ouvir mais alto. Isso só faz ampliar as tensões, não resolvidas, entre transgressão, modos de legitimação de condutas e preferências sexuais que constituem o território normativo e prático de tais experiências. Essas tensões, por seu turno, apelam para novas normas e negociações que por vezes resultam em transformações significativas nas formas como a sexualidade é vivida.

Eis, de forma sintética, uma das instigantes conclusões a que chega a autora de *Prazeres perigosos*, cumprindo a promessa de nos revelar o estado da questão nos dias de hoje. Mas o estudo faz ainda mais e supera o próprio objetivo ao apontar outros horizontes da vida sensual que excedem os limites do vivido e do contemporâneo. Lembra Bibia que "ao lidar com a sexualidade nas suas expressões eróticas, estamos diante de experiências que mobilizam fantasias e fantasmas: situações, referências, imagens, fragmentos de memória e sensações que, mesmo sendo gestados em torno e no campo das normas, apontam para além delas. As fantasias não são o oposto da realidade". Tem razão a pesquisadora, pois, em matéria de erótica, não há uma linha que separe em definitivo as realizações no plano empírico das fabulações no plano imaginário. Afinal, praticado ou não, todo erotismo supõe fantasia.

Daí que a diferença fundamental entre o sexo real e o imaginário esteja, sobretudo, no fato de que o primeiro fica sempre sujeito a limitações, enquanto o segundo pode abandonar-se por completo ao ilimitado da fantasia. Daí também a diferença cabal entre a ideia que norteia a prática sadomasoquista estudada neste livro e as mais notáveis ficções literárias do sadismo e do masoquismo, que, diga-se de passagem, jamais se juntam numa só palavra. Com efeito, entre o *desejo de absoluto* que preside a erótica de um Sade ou de um Sacher--Masoch e o *desejo de moderação* que orienta o imaginário sm contemporâneo há muito pouco em comum.

Exemplos dessa tendência moderadora não faltam na extensa etnografia aqui apresentada, não raro girando em torno das "convenções mutuamente compartilhadas" que presidem as práticas de um sexo quase sempre proposto como "radical", mas igualmente enfatizado como "seguro, saudável e consensual". É o que se pode ler na descrição das atividades de um famoso clube do gênero nos Estados Unidos, cujos proprietários e frequentadores dizem não medir esforços para "assegurar o conforto" durante os experimentos sadomasoquistas, no empenho de garantir "um ambiente intensamente sexual e, simultaneamente, aconchegante e confiável". Não é difícil perceber que, nesse ponto, o desejo de ser objeto esbarra no desejo de controle, revelando uma ambiguidade constitutiva desse universo.

Ora, cabe indagar, não haveria aí um paradoxo insuperável? Pergunta que se desdobra em muitas outras, colocando em xeque não só a retórica do consolo como a própria qualidade dos "consolos" de que se valem os praticantes do SM na sua obstinada tentativa de escapar da vida baunilha. Como, então, compreender esses teatros da humilhação, em cujas encenações, como recorda a pesquisadora, a dor parece não fazer parte? E, para além das soluções de ordem prática, como entender as reiteradas diligências de uns e outros que, no exercício da crueldade física, se propõem a garantir conforto na dor?

As questões de fundo que pulsam neste trabalho são plenas de gravidade e coincidem com a inquietação dos mais finos pensadores da literatura e da filosofia que enfrentaram o tema do prazer no sofrimento. Entre eles está Jean Paulhan, que, no prefácio ao clássico da erótica francesa *História de O*, afirma categoricamente que falar de masoquismo "nada mais é que acrescentar ao verdadeiro mistério um mistério falso, de linguagem". Escusado dizer que tal juízo valeria em dobro para o termo sadomasoquismo.

Indaga então o escritor: "Que quer dizer masoquismo? Que a dor é, ao mesmo tempo, prazer, e o sofrimento, alegria?", para responder em seguida — não sem uma boa dose de ironia —, com as sábias palavras que este texto pede de empréstimo a título de conclusão:

> Que novidade! Assim, os homens teriam finalmente encontrado o que tão assiduamente procuravam na medicina, na moral, nas filosofias e nas religiões:

o meio de evitar a dor — ou, pelo menos, de ultrapassá-la; de compreendê-la (mesmo se quisermos ver nela o efeito da nossa tolice ou dos nossos erros). [...] Resta-me, então, admirar-me de que não se lhes tenha dado maiores honras; que não se tenha espreitado seu segredo. Que eles não tenham sido reunidos nos palácios para melhor serem observados, fechados em suas jaulas.

Este livro oferece ao leitor uma via de acesso a tais mistérios. Vale a pena abrir a porta.

Apresentação

Sábado, 21h30. Um sobrado alugado no bairro de Santana, em São Paulo. Sem placa ou indicação, o Club Dominna abre suas portas para mais uma noite de atividades. Aliás, festividades: o convite, feito pelo Orkut para a rede de participantes e de simpatizantes do sadomasoquismo paulistano, chamava para a comemoração do aniversário de onze pessoas e para o "encoleiramento" de uma escrava por um Mestre.

Chegamos mais cedo, duas das minhas ex-alunas e eu, com receio de não ter onde sentar. Mesas espalhadas pelo corredor externo da casa, ainda não totalmente ocupadas. Banners decorando as paredes mostravam pessoas com roupas muito justas de vinil ou látex e algumas mulheres em poses sensuais com sandálias brilhantes de saltos altíssimos. Ao chegar, todo mundo se cumprimenta, mesmo sem se conhecer. O Club não é um bar, frequentado por anônimos, mas um espaço comunitário, tanto para socializar como para a realização de práticas — chamadas de plays — SM.[1]

Reparo que o visual das pessoas acompanha a estética futurista das imagens nas paredes. Estão todos vestidos de preto, as mulheres com roupas curtas e decotes profundos, algumas com tiras de couro bem apertadas no pescoço; a maioria dos homens também veste preto, e alguns usam as mesmas coleiras. Não são fantasias: estão todos vestidos de modo apropriado ao momento e ao ambiente. Mas noto uma dissintonia: o couro e os acessórios prateados pontiagudos adornam corpos de pessoas mais velhas, que parecem ter uma vida pacata (um disse ser contador, outra é professora de ensino médio, outra é profissional da saúde aposentada). Sentadas juntas, essas pessoas conversam sobre a vida "baunilha" (o cotidiano ordinário) e o mundo SM, desfiando todo um anedotário, entremeado por risos, de situações em que um desses universos invade o outro.

Lina, uma mulher negra por volta dos quarenta anos, conta que está namorando Mestre D há dois anos e que o chama de senhor na frente da família dele, que não tem ideia do envolvimento dos dois com o SM e acha tudo esquisitíssimo. Lina comenta que a mãe dele, por exemplo, disse a ela que nos dias de hoje o homem não manda mais na mulher, não pode dizer aonde deve ou não deve ir. Lina dá risada, dizendo que a sogra quer transformá-la numa feminista! Todos acham muita graça nessa confusão entre a etiqueta de um relacionamento baseado na dominação consentida e a vida baseada no respeito aos direitos individuais.

No fundo do clube, em uma antiga edícula, assistimos a um play de suspensão. Sr. X amarra Dora, com a ajuda de sua esposa e escrava Mila. Ele usa duas vigas do teto e três arcos de aço de apoio para a trama de cordas. Dois bambus servem como referência, e é neles que estão os pontos em que as cordas são ajustadas para segurar o corpo de Dora de barriga para baixo. A graça desse tipo de suspensão é que a pessoa fica presa com-

pletamente sem chão. O corpo é coberto por cordas grossas em variados nós, compondo uma imagem que impressiona pela estática. O orgânico é transformado em estátua.

Depois de terminada a amarração, o sr. X fica atrás do corpo inerte, separa as pernas de Dora e simula o movimento sexual. Ele acende um charuto, joga fumaça na cara dela, aproxima a brasa dos seios como se fosse queimá-los. Em dado momento, anuncia: "Este charuto aqui é em comemoração ao nascimento do meu neto". Sr. X abre uma champanhe, o líquido jorra para fora da garrafa e todos batem palmas.[2]

Fiquei dias sem saber como descrever aquelas cenas. Tive uma sensação difusa de estar diante de experiências que pareciam combinar muito pouco com meu imaginário de transgressão. O que tinha visto eram corpos mais velhos adornados com extravagância, mas sem glamour; conversas sobre o cotidiano bastante semelhantes às que tenho com meus tios; mesas ocupadas naquele corredor externo da casa compondo um cenário absurdamente familiar. Fiquei muda ao observar o "encoleiramento" de uma "escrava" por um "mestre" — a suspensão de um corpo vivo que se torna inerte, podendo ser queimado ou sensualizado — entremeado à comemoração de um homem pelo nascimento do neto. O cenário estilizado, as pessoas comuns e as práticas de amarrar, espancar, furar corpos e, desse modo, erotizá-los.

Meu silêncio, naquele momento, resultou da impossibilidade de considerar exóticas as experiências que eu começava a presenciar. Em retrospectiva, penso que sofri uma espécie de choque com a simultaneidade de elementos que compõem a extroversão ordinária e a exposição litúrgica e estilizada de um erotismo que lida com a dor e com a humilhação. Essa mistura entre o familiar e as "taras", tão vigorosa nos livros e nas peças de Nelson Rodrigues, criou em mim um desapontamento quando encenada pelas pessoas daquele clube. Tomei um distanciamento, assumi um ar blasé e classifiquei o que vi, rapidamente, como mau gosto. Tempos depois, percebi que estava apenas traduzindo meu puritanismo em distinção social através do gosto e passei a reconhecer a potência da transgressão precisamente na justaposição entre o comum e o incomum que constitui as fantasias eróticas.

Este livro partiu de um desafio: discutir as articulações entre prazer e perigo em algumas manifestações do erotismo contemporâneo. Prazer está associado à sensação de bem-estar, ao deleite, e indica uma inclinação vital. Perigo sugere uma circunstância que prenuncia um mal a alguém ou a algo. Para além disso, a ideia de associar prazer e perigo surgiu da análise da literatura feminista, em que há uma das convenções[3] que, a meu ver, ilustra bem as possibilidades e os paradoxos da conexão entre esses termos: a noção de que o erotismo, olhado da perspectiva de gênero, é formado por prazer e perigo (Vance, 1984). Perigo na medida em que é importante ter em mente aspectos como o estupro e o assédio sexual. Prazer porque na busca de novas alternativas eróticas há uma promessa de transgressão das restrições impostas à sexualidade, quando tomada apenas como exercício de procriação. Em vez de confrontar a satisfação ao risco como se fossem expressões excludentes, observei os prazeres perigosos presentes no mercado erótico.

Em todo o percurso, dediquei um esforço significativo para elaborar uma reflexão sobre um tema afeito aos prazeres e próximo do deboche. Foi preciso justificar o alcance teórico, demonstrar seriedade no desenho da pesquisa e proceder com rigor quanto aos métodos empregados. O cuidado acadêmico, no entanto, não deve ser visto como uma tentativa de racionalizar o que seria, em tese, matéria envolvida por emoções ou sentidos impensados. Esse comentário é importante para situar o autor e suas escolhas, assim como para pensar sobre os significados de entrar, olhar, perguntar e fazer parte do campo investigado. Em se tratando de uma pesquisa como esta, tive que lidar com pudores, desejos e aquilo que constitui a esfera pessoal do trabalho antropológico. Precisei admitir que, ao tratar das experiências eróticas, estava tocando em afetos que não devem ser reduzidos a meras representações culturais de pessoas específicas. Existe uma dimensão delas que vai além da comunicação verbal e, dependendo do cenário mais ou menos familiar àquilo que conseguimos ou não suportar ou gostar, a tendência é a de nos afastar, criando modelos, esclarecimentos plausíveis e verossímeis sobre os outros. Em variados momentos da pesquisa de campo, eu me flagrei construindo classificações sociológicas rápidas ou explicações que apelavam ao exótico. A presença no campo, a passagem do tempo, as leituras e a troca de ideias com praticantes e pesquisadores foram abrindo possibilidades de apreender essas experiências. Comecei a compreender melhor o tema quando me deixei afetar e percebi o modo particular como minha sensibilidade foi tocada e minhas certezas, desafiadas.[4]

O erotismo tratado como arte ou estimulante de reflexões abstratas constitui sua dimensão pública socialmente tolerada, ainda que não devamos esquecer o escândalo na França, nos anos 1950, em torno da publicação da obra do Marquês de Sade,[5] ou, mais recentemente, as tentativas de censura das exposições do fotógrafo Robert Mapplethorpe, nos Estados Unidos. A acusação de vulgaridade acompanha, como se fosse uma alma penada, empreendimentos que lidam com o erotismo — inclusive o do pensamento. Ao me dar conta de que minhas primeiras impressões de campo resultavam em afastar a vulgaridade, usando estratégias narrativas ou me apoiando em debates bibliográficos, resolvi olhar de frente para meus incômodos e tentei decifrar algo que me parecesse relevante no modo como lidamos socialmente com a sexualidade.

Sou uma mulher de mais de cinquenta anos, com formação universitária e experiência militante no feminismo brasileiro dos anos 1970 e 1980. Criei filho, sou casada, heterossexual e branca (até onde sei). Faço parte da classe média alta que lutou contra a ditadura militar e que é a favor dos direitos humanos. A experiência etnográfica me ensinou muito, sobretudo a habilidade de direcionar a curiosidade difusa e a indignação em relação às injustiças do mundo para a reflexão acadêmica. A partir desse perfil sintético, é possível localizar meu desconforto inicial: como me considero uma pessoa que contesta a moralidade tradicional (que condena a pornografia e o sadomasoquismo), senti estar diante de situações de mau gosto: o nu de plástico das bonecas infláveis, o silicone colorido demais dos toys, as vitrines estilizadas das sex shops etc. Foram variados os episódios, como o que descrevi, em que a sensação de algo kitsch parecia contaminar inteiramente meu olhar, definindo uma distância cômoda entre o ofício da antropóloga e os *settings* onde se armam os erotismos contemporâneos.

Maria Elvira Díaz-Benítez (2009), ao estudar a produção dos filmes pornográficos brasileiros, chamou a atenção para a vontade de se tornar invisível em inúmeras situações, tal a dificuldade de enfrentar a subjetividade em campo — ainda mais no campo do erotismo. Sua reflexão sugere que a experiência etnográfica, antes de constituir uma observação participante,[6] define uma observação acompanhante. Aqui, é preciso ponderar: na maioria dos estudos etnográficos, não só nos que tratam de temas como sexualidade, a observação é acompanhante, sendo a participação bastante relativa — os antropólogos, na maioria das vezes, apenas observam e conversam, e alguns anotam. Para além do fato de dizer que só acompanhamos, há uma participação inegável: a presença do observador afeta tanto os observados quanto ele próprio. Seria o caso de indagar se não há uma fantasia voyeurista no pesquisador. Essa pergunta não configura nenhuma confissão pessoal, até porque o interesse do antropólogo pelo cotidiano, pelo imponderável e pelo interpessoal implica uma curiosidade que poderia ser mesmo qualificada como voyeurismo. No caso desse campo temático específico, a fantasia só se realiza porque há uma interação — e na maioria das situações de campo ela é bem-sucedida — entre o que gosta de ver e o que gosta de ser visto. Não há prazer em ver sem o prazer de mostrar. Tal fato está na base dos sentidos modernos do erotismo e da pornografia.

Tentei criar um campo de investigações relativo ao que proponho chamar de "limites da sexualidade": a zona fronteiriça onde habitam norma e transgressão, consentimento e abuso, prazer e dor. Tais limites indicam um processo social bastante complexo relativo à ampliação ou à restrição de normas sexuais. Em particular, relativo à criação de âmbitos de maior tolerância com novas moralidades que vão sendo impostas, bem como de situações em que aquilo que é considerado abusivo passa a ser qualificado como normal. Mary Douglas explica em seu livro *Purity and Danger* (1966) que, dentre os aspectos relevantes das operações rituais para o ordenamento social, está a elaboração de distinções entre limpeza/sujeira, contaminação/purificação. Nas fronteiras entre esses opostos, atuam práticas que consagram o significado normativo do que se define como puro e impuro, das proibições implicadas e das ações marginais ou transgressivas. Tais ações simbolizam tanto perigo quanto poder. Estudar as fronteiras entre normas de gênero e sexualidade (seus limites e suas transgressões) vem dessa inspiração em Mary Douglas.

A maior contribuição da antropologia tem sido apontar que o limite entre o sancionado e o proibido é montado por hierarquias, considerando-se a multiplicidade de sociedades e culturas. No que se refere ao meu tema, isso também se dá pela negociação de sentidos que resultam, por sua vez, na expansão, restrição ou deslocamento das práticas sexuais concebidas como aceitáveis, além daquelas que são tomadas como objeto de perseguição, discriminação, cuidados médicos ou punição criminal. No debate atual que envolve sexualidade e seus limites e os direitos sexuais, temos assistido ao deslocamento e, por vezes, a disputas para qualificar práticas sexuais anteriormente valorizadas de modo distinto. É o caso, por exemplo, de uma tolerância cada vez maior em relação ao adultério, à masturbação, prostituição, pornografia e ao homoerotismo. Há, porém, uma condenação, com conotação legal, do assédio sexual, da pedofilia e do turismo sexual (Piscitelli, 2013; Vianna, 2004). Na negociação dessas alterações, a partir da ação do feminismo, dos movimentos gays e lésbicos e dos movimentos de defesa de crianças e adolescentes, notamos a demanda de uma maior liberação da expressão e da escolha sexual ou, numa direção inteiramente distinta, a emergência de novas ansiedades relacionadas ao que se configura como limites aceitáveis, indicando uma espécie de pânico sexual.

Todo o empenho posto em prática neste trabalho foi para tornar o desejo — tema ainda pouco abordado em termos antropológicos[7] — uma matéria fornecedora de elementos para a realização de etnografias para além dos âmbitos das investigações já realizadas, como os estudos que tratam a sexualidade como um conjunto de dispositivos a normatizar e disciplinar corpos, influenciados por Foucault (1976) em seus primeiros esforços para traçar uma história da sexualidade. Muitas contribuições analíticas já estão consolidadas no Brasil a respeito dos saberes e das verdades sobre o sexo, produzidos pela sexologia, pela medicina e pela psiquiatria.[8] Não pretendi empreender pesquisa a partir da rica linhagem de estudos que articulam sexualidade e direitos reprodutivos.[9]

Estabeleci o mercado como campo de pesquisa não apenas pela centralidade que representa na vida das pessoas hoje, mas pela influência das ideias de Néstor Perlongher

(1987) e pelo impacto que tiveram sobre toda uma geração de antropólogos.[10] Suas reflexões sobre as interfaces entre transações sexuais e desejo foram particularmente inspiradoras para meu estudo, principalmente ao assinalar que risco, diferença, transgressão e prazer são termos articulados nas relações eróticas. Os tensores libidinais, expressão que ele empregou, são resultantes da noção de que o desejo é feito daquilo que provoca, que incita e que aponta a diferença. Assim, os chamados "marcadores sociais de diferença"[11] — que incluem gênero, idade, classe/status, cor/raça —, que operam como eixos na configuração das posições sociais desiguais quando consideramos relações de abuso, também atuam no delineamento daquilo que proporciona prazer. As hierarquias, normas e proibições formam o repertório do erotismo, a partir de todo um esforço de transgressão.

Os prazeres perigosos podem colocar em risco as normas e convenções, muitas das quais posicionam feminilidades, masculinidades, heterossexualidades, homossexualidades e variantes. Podem também, dependendo das circunstâncias, transformar o que é prazer e consentimento em dor e violência. O risco à integridade física e moral existe. Estudar tais manifestações permite entender como todos esses termos são abertos à negociação de sentido e de posições. Assim, abordo os erotismos e o prazer, tentando evitar a armadilha de obliterar a dimensão dos perigos que ensejam.

Existem conexões entre os aspectos que marcam a violência, em termos de gênero, e um conjunto de concepções e práticas relativas à sexualidade (um conjunto, importante salientar, desde que visto como sendo recortado pela diversidade e por variados significados). Em particular, dizem respeito aos aspectos que interconectam a prática sexual, no interior de um campo simbólico particular, a uma "erótica", na qual se relacionam o feminino e o masculino, o corpo jovem e o velho, seja asiático, branco, pardo, negro (e o suporte de tais definições não está colado necessária e exclusivamente a mulheres ou homens, como sujeitos empíricos), supondo uma operação que, antes de apagar as diferenças ou torná-las homogêneas, produz e assinala as posições de poder assimétricas. Essas posições e marcas não são resolvidas no erotismo, mas constituem o material simbólico a partir do qual as tensões entre norma e transgressão e entre consentimento e abuso podem sofrer deslocamentos.

Em função dessa hipótese central, encaminhei esta pesquisa — uma etnografia que elabora analiticamente dados e impressões coletados em pesquisa de campo — de modo a descrever de forma detalhada a oferta e o consumo de "bens" eróticos, assim como, de modo exploratório, as práticas sadomasoquistas. Uma breve pesquisa em lojas eróticas nos Estados Unidos[12] forneceu perguntas concretas para o desenvolvimento das investigações, mostrando a emergência do que chamei de "erotismo politicamente correto", cuja análise está apresentada no capítulo que abre este livro. Qualifico essa vertente assim por ter promovido uma mudança significativa na associação entre erotismo e transgressão. As fantasias, as imagens, os objetos de fruição, bem como os tipos de relacionamento entre as pessoas que sinalizam perversão ou clandestinidade, foram sendo investidos e valorizados segundo o que podem promover de satisfação da autoestima, da saúde corporal e da capacidade de realizar escolhas e estabelecer limites.

Esse erotismo politicamente correto, mesmo tendo como ponto de partida o protagonismo de pessoas ligadas à defesa das minorias sexuais norte-americanas ainda nos anos 1970 — entre os quais figuravam nomes importantes do cenário teórico e político do feminismo —, passou a ser difundido no universo mais amplo de produção, comercialização e consumo eróticos ao redor do mundo, e a pesquisa realizada no Brasil teve o propósito de observar seus impactos aqui.

A análise do mercado brasileiro está no capítulo 2, no qual apresento uma etnografia das sex shops da cidade de São Paulo. Na direção inversa das visões que tendem a tomar o mercado ora como mero reflexo de demandas sociais, ora como força manipuladora diante da qual o consumidor é passivo, assiste-se à emergência de lojas de nicho que permitem ampliar o escopo de escolhas e práticas sexuais, sobretudo para as mulheres. No caso, a criação no século XXI de "boutiques eróticas" em bairros de classe média alta, tendo como público-alvo mulheres com mais de trinta anos, heterossexuais, casadas e que não frequentavam esse tipo de estabelecimento. Há, de fato, uma interessante feminização desse mercado, tanto considerando a comercialização como o consumo. Além disso, há uma segmentação por gênero combinada ou articulada a uma segmentação por classe/região da cidade, de modo que quanto mais alto o poder aquisitivo do público visado pela loja, mais o segmento é predominantemente feminino, e ela se localiza nos bairros de classe alta.

Ao analisar os empreendimentos comerciais nas diferentes localidades, entrevistar proprietários, vendedores e consumidores e observar produtos, notei que, ao incorporar essa vertente politicamente correta no mercado brasileiro, estamos produzindo e vendendo um erotismo saudável para a mente e o corpo das mulheres, afastado do que poderia ser tomado como pornografia e vulgaridade. O esforço de legitimação ou normalização dessas alternativas eróticas em ambiente de mercado tem como um de seus efeitos certo distanciamento entre o erotismo que se pratica e as transgressões. Assim, se esse âmbito mercadológico propiciou estender ao mundo feminino a possibilidade de consumir pornografia e ampliar cenários de prazer, também neutralizou a potência disruptiva do erotismo.

Essa tendência normalizadora do mercado, porém, não esgota ou controla todos os efeitos ou alternativas. No capítulo 3, trato das implicações do consumo dos produtos eróticos na trajetória sexual e afetiva de homens e mulheres, nos seus relacionamentos hétero ou homossexuais, procurando entender suas experiências relacionadas ao corpo. Em particular, há nele uma discussão em torno das articulações entre pessoas, corpos e objetos e seus efeitos sobre as normas de gênero e de sexualidade a partir de depoimentos de usuários de acessórios eróticos. Os usos desses objetos e as práticas sexuais descritas nos depoimentos mostram como, para além das indicações normativas do mercado, as pessoas subvertem ou deslocam as fronteiras entre sexo e gênero, corpo e matéria, sujeito e objeto, presença e virtualidade.

No capítulo 4, trato de alguns aspectos do sadomasoquismo, e a pesquisa de campo em clubes, bares e festas para praticantes em São Paulo forneceu pistas relevantes sobretudo no que diz respeito a refinar e apreender as conexões entre problemas de gênero, erotismo e limites da sexualidade. Essas experiências revelam de modo paródico e exemplar como as normas de gênero e de sexualidade são postas em operação, conformando cenas e cenários dinâmicos e interessantes.

Por fim, o capítulo 5 apresenta um esforço de arremate teórico no qual tento avançar a reflexão sobre as fronteiras entre perigo e prazer e, em especial, indico a importância de seguir e consolidar uma abordagem relacional, atenta aos contextos particulares em que se descortinam as experiências, de modo a apreender as tensões entre prazer/dor, domínio/sujeição, fantasia/realidade, expondo suas articulações contingentes.

1.
Prazeres

1.
Entre o prazer e o perigo:
o erotismo politicamente correto

Este capítulo trata de pornografia. Em particular, examina algumas de suas interfaces com o feminismo. É sugestivo tomar de empréstimo, como ponto de partida, a definição de pornografia aceita e difundida entre os especialistas: expressões escritas ou visuais que apresentam, sob a forma realista, o comportamento genital ou sexual com a intenção deliberada de violar tabus morais e sociais.[1] Ainda que o senso comum estabeleça uma distinção entre erotismo e pornografia, emprego os dois termos indistintamente, seguindo a orientação dos estudiosos da tradição de escritos e imagens eróticas desde o Renascimento.[2]

No uso corrente, o erotismo se relaciona à literatura libertina do século XVIII, em especial aos escritos do Marquês de Sade, e sugere uma série de reflexões no âmbito da filosofia e das artes sobre as tensões entre liberdade e convenção. É feita uma associação entre o erotismo e os exercícios do espírito que tendem a qualificá-lo como algo que transgride o que é sancionado sexualmente a partir de formas "distintas", "profundas", abertas ao pensamento erudito e à imaginação artística. Pornografia seria a contraparte empobrecida, degradada, ou melhor, diria respeito aos materiais (imagens, escritos, objetos) produzidos no âmbito do mercado, visando lucro imediato, envoltos numa aura de vulgaridade e desrespeito a direitos. Assim, o erotismo corresponderia às indagações eruditas, e a pornografia, ao mundo mercantilizado e massificado.

Essa polarização entre o erudito/sofisticado e o massificado/vulgar tem sido corroborada em ensaios sobre o erotismo. Em seus escritos da década de 1990, Octavio Paz (2001) chega a afirmar que "nunca se imaginou que o comércio suplantaria a filosofia libertina e que o prazer se transformaria em um parafuso da indústria" (p. 143). O momento atual, segundo ele, marca uma passagem da pornografia como atividade artesanal e transgressora para um mecanismo de publicidade que "fez da liberdade sexual a máscara da escravidão dos corpos" (p. 144). Outros estudiosos e intelectuais, sobretudo a partir dos anos 1970, apresentam a mesma desconfiança ou ambivalência, cuja ênfase recai não tanto sobre os aspectos perniciosos ou imorais, mas sobre essa vinculação entre pornografia e mercado. Angela Carter (1978) afirma que a pornografia não é inimiga das mulheres, porém manifesta clara preocupação com o encapsulamento cada vez mais significativo desses materiais pelo comércio, retirando o potencial explosivo de toda a sexualidade. Susan Sontag (1987), dez anos antes, em 1969, e com particular atenção às formas literárias e artísticas do que brilhantemente chama de imaginação pornográfica, também expressa certo desconforto com a ampliação do mercado do consumo erótico.

No meu estudo, sigo a vertente inaugurada por Lynn Hunt (1993), que, na introdução de uma competente coletânea de artigos historiográficos sobre a invenção da pornografia, alerta que o despontar desse tipo de representação e prática está firmemente associado ao nascimento da imprensa, ou seja, à possibilidade de reprodução gráfica barata. O fato de não estar a serviço das engrenagens de comércio mais públicas não retira o aspecto mercadológico dessas transações.[3] Paula Findlen (1993) assinala que a pornografia como transgressão a convenções morais sancionadas está presente em obras de autores como Pietro Aretino desde o século XVI e condensa o sentido moderno desse tipo de representação.[4]

No marco da cultura renascentista foi criado um mercado para o obsceno, no qual Aretino e Vignali, autor de *La Cazzaria* (1525-6), produziram obras proibidas, fazendo uso das gráficas emergentes com vistas a uma audiência masculina. As imagens veiculadas nesses livros já circulavam desde o século XV, e os temas empregados não eram propriamente inovadores, mas sua difusão e veiculação em meio à cultura impressa eram. É importante destacar que os tipos e as temáticas desse material impresso do século XVI ao XVIII expressavam crítica à ordem estabelecida. Tratava-se de uma tradição literária que, mesmo levando em conta a variedade de inspirações e estilos, avizinhava-se da sátira política. As regulações ou censura, bem como a perseguição legal de muitos autores, tinham como foco restrições de natureza religiosa ou política.

No fim do século XVIII e início do XIX, a pornografia passou a representar ameaça à decência, perdendo parte de sua conotação política e se consolidando como negócio. Ainda que com uma configuração clandestina, um mercado se organiza em torno das publicações, inclusive em países como o Brasil. Alessandra El Far (2004), ao investigar a literatura popular depois de 1870, encontrou um universo de "romances para homens" nas listas de lançamentos em jornais. A maioria das publicações era pornográfica. Inicialmente, eram traduções portuguesas dos sucessos franceses; aos poucos, despontaram títulos de autores nacionais.[5]

A crescente visibilidade do mercado em torno dessas imagens e desses escritos implica algo que Susan Sontag já assinalava no final dos anos 1960, ao dizer que um dos valores desses materiais reside em sua capacidade de expressar as disposições de uma época. Esses indícios, contudo, não devem ser lidos literalmente, na medida em que a "pornografia é um teatro de tipos e não de indivíduos" (Sontag, 1987, p. 56), ou seja, é protagonizada por tipos satíricos, elaborados a partir de convenções extraídas do repertório social. Em Sade, a autora encontra o uso mais representativo dessa escritura: nele, o princípio de insaciabilidade — base de uma imaginação que tende a tornar cada pessoa intercambiável com outra e todas as pessoas intercambiáveis com coisas — é explorado ao limite.

De acordo com Frappier-Mazzur (1993), a palavra "obscena", ao exagerar o contraste entre o rude e o elegante, a classe baixa e a classe alta, o masculino e o feminino, lida com a transgressão social nos termos de uma hiper-realidade, em que a realidade é apresentada em formas quase grotescas. Ainda que não se possa apostar no poder transformador desses escritos e imagens e afirmar que os pornógrafos eram feministas, os retratos das mulheres — mesmo que desenhados por homens e para a satisfação masculina — valorizavam a atividade sexual feminina certamente muito mais do que os textos médicos.

Parafraseando Simone de Beauvoir a propósito de Sade, não devemos queimar materiais pornográficos. Antes de ameaçar, eles expõem e registram tensões, ressignificações e fissuras das normas de gênero e de sexualidade. Em particular, são expressões e práticas que produzem efeitos sobre o campo em que essas marcas habitam, bem como sobre o universo político que tenta traduzir marcas em direitos.

A relevância da pornografia para a política esteve em destaque em um debate acalorado nos Estados Unidos entre, de um lado, feministas que organizaram o movimento antipornografia e, de outro lado, feministas que se posicionaram como antipuritanas, abrindo novos campos de reflexão sobre minorias sexuais. Examinar a literatura que dá base a esse debate interessa, sobretudo, pela articulação proposta pelos interlocutores de cada uma das vertentes do embate entre violência e erotismo, cujas implicações são, no mínimo, intrigantes.

PRAZER E PERIGO

O final dos anos 1970 representa um momento particularmente significativo na história do ativismo feminista americano, cujos efeitos resultaram numa reconfiguração do campo teórico. Em meio à ameaça da retomada da moralidade tradicional por intervenção da New Right,[6] apareceram no cenário político feminista grupos com posições antagônicas. Em 1976 foi criado o Women Against Violence in Pornography and Media, em 1979 o Women Against Pornography e, em 1978, o Samois (primeiro grupo lésbico sadomasoquista). É interessante notar que a reação ao moralismo de "direita" fez emergir, paradoxalmente, de um lado, um moralismo feminista antissexo protagonizado pelo movimento contra a pornografia — não menos normatizador do que a retórica que caracterizava a New Right — e, de outro, uma contraposição dentro da comunidade lésbica na tentativa de legitimar apostas e alternativas sexuais como o sadomasoquismo, desafiando a máxima de que jogos de dominação e submissão constituem apenas as relações heterossexuais.

Os grupos antipornografia — que fazem parte do que os estudiosos de campo denominam como feminismo radical (Fergunson, 1984) — eram compostos por mulheres identificadas com uma parcela da comunidade feminista que não apenas rejeitava o sexo heterossexual por uma questão de opção sexual, mas como consequência de uma leitura particularmente determinista sobre a dinâmica de poder das relações heterossexuais. Catharine Mackinnon,[7] considerada um dos avatares do feminismo radical, elaborou as bases teóricas da argumentação a favor da intervenção legislativa contra a livre circulação da pornografia, que resultou mais concretamente na elaboração, em conjunto com Andrea Dworkin, de uma lei antipornografia.[8] Toda a discussão proposta por Mackinnon consiste em negar que a pornografia seja apenas uma representação, cuja força estaria restrita, no sentido usual de palavras ou imagens, a difamar ou ofender. Para ela, trata-se de um material elaborado performaticamente como um ato de poder e, em particular, como forma de subordinação das mulheres pela construção de sua imagem como objeto sexual.[9] Segundo essa linha de raciocínio, a pornografia tem poder normativo inquestionável, privando a mulher de uma identidade legítima. Como se nota, nessa teoria — que pode ser tranquilamente chamada de teoria da objetificação das mulheres — há uma noção de que o "engate" entre a imagem e a experiência é literal. Esse modo de ver restringe o espaço dos sentidos alternativos, bem como nega que sejam materiais perpassados por ironia, transgressão ou paródia.

Além disso, segundo Judith Butler (1997), o determinismo rígido que apoia essa teoria gera implicações: ao partir do pressuposto de que toda relação de poder é uma relação de dominação, toda relação de gênero só poderia ser interpretada a partir de posições rígidas, associadas, sem maior exame, ao "homem" e à "mulher".

O feminismo radical hasteou sua bandeira contra o que chamava de "instituições heterossexuais", como a pornografia, tomando-a como um exemplar da violência contra as mulheres. Foram definidos também outros alvos, como o sadomasoquismo, a prostituição, a pedofilia e a promiscuidade sexual. É importante assinalar a aliança desse movimento aos grupos feministas que atuavam contra a violência, causando impacto considerável na arena política e teórica do feminismo.

No início da década de 1980, dada a imensa visibilidade pública do feminismo radical, vozes saídas do campo feminista, mas também da comunidade lésbica, ensaiaram o contra-ataque. Nelas, avistamos toda a discussão travada pelas vertentes críticas ao essencialismo que caracterizava o discurso sobre a opressão desde a década de 1970. Uma conferência realizada no Bernard College em Nova York, em 1982, foi o estopim dessas novas perspectivas, reunindo feministas heterossexuais e lésbicas que apoiavam e tomavam como objeto de reflexão as alternativas sexuais que defendem o prazer dos parceiros, incluindo as práticas que estavam sob o alvo das feministas radicais. Os resultados da conferência foram publicados por Carol Vance em *Pleasure and Danger* (1984). Esse livro representa um marco importante no campo, pois problematiza e recusa a associação da sexualidade aos modelos coercitivos de dominação, bem como a articulação deles a posições estáticas de gênero, em um mapa totalizante da subordinação patriarcal. Vinda da tradição feminista em favor da liberdade sexual — que reuniu, além de ativistas, estudiosos de várias origens disciplinares —, Carol Vance criou a convenção acerca do erotismo mencionada na "Apresentação", que organiza parte considerável das atuações e reflexões do feminismo contemporâneo, assim como ajudou a consolidar um novo campo de pensamento na crítica cultural: as teorias *queer*,[10] que trouxeram novos âmbitos de reflexão e maior visibilidade aos estudos gays e lésbicos. Tal convenção sugere a ideia de que a liberdade sexual da mulher constitui prazer e perigo, o que acabou por ampliar a discussão sobre a problemática do prazer. Em contrapartida, há uma tendência a dissociar o prazer do perigo, tomando-os como resultados, em separado, sem examinar os nexos que os articulam. Ao evitar cair no determinismo rígido e simplificador do feminismo radical, essas novas perspectivas criaram uma armadilha, quando não um ardil: uma ênfase quanto à concepção de prazer, cujo significado não foi inteiramente problematizado em termos sociais e históricos, resultando em uma aposta de que traz em si uma força liberadora, desde que submetido ao consentimento entre parceiros.

Gayle Rubin (1984) afirma no artigo "Thinking Sex", que consta da coletânea de Carol Vance, que a relação entre o sexo e o feminismo sempre foi complexa pelo fato de a sexualidade ser o nexo da relação entre gêneros e de muito da opressão nascer, se constituir e ser medida a partir dela. Dessa complexidade, derivam as duas tendências já assinaladas: uma que concebe a liberação sexual como mera extensão dos privilégios masculinos, e outra de crítica às restrições do comportamento sexual das mulheres, ligada ao movimento de liberação sexual dos anos 1960. Enquanto a primeira linha, segundo a autora, criou toda a retórica antipornográfica que representa o que o movimento feminista tem produzido de mais retrógrado do lado de cá do Vaticano, a segunda tem produzido estudos e práticas inovadoras relativas ao prazer e às escolhas sexuais. A relevância do artigo de Rubin, segundo Judith Butler, se deve ao fato de ela ter salientado que o feminismo não é o único discurso — ou o mais apropriado — a tratar das relações de poder formadas e reguladas pela sexualidade.[11] Esse "feminismo" criticado por Rubin é aquele constituído pelas teorias de Catharine Mackinnon, em que se acredita que a modelação, a direção e a expressão da sexualidade organizam a sociedade em dois sexos, mulher e homem.

Para Rubin, as relações sexuais não podem ser reduzidas às posições de gênero, e a inter-relação sexualidade--gênero não pode ser tomada pelo prisma da causalidade nem fixada como necessária. Nesse sentido, ela adota uma posição de aliança com as minorias sexuais e propõe uma nova conceituação. Nela, apresenta elementos descritivos e teóricos para a noção de que os atos, práticas e escolhas sexuais nas sociedades ocidentais modernas se realizam no interior de um sistema hierárquico de valorização sexual, no qual a sexualidade considerada normal é a que se exercita em meio às relações heterossexuais, firmadas em matrimônio, visando à reprodução. A esse padrão se seguem outras situações escalonadas na hierarquia valorativa, em posição decrescente: casais heterossexuais, monogâmicos, não casados; solteiros com vida sexual ativa; casais estáveis de gays e de lésbicas; gays solteiros, sem vida promíscua; gays solteiros, com vida promíscua; fetichistas; sadomasoquistas; posições não masculinas ou femininas (travestis, drag queens etc.); sexo pago; sexo intergeracional (em particular, o que se dá entre adultos e menores de idade). Os últimos comportamentos estão na base do sistema, condenados a uma desvalorização sistemática, alguns deles chegando a ser objeto de punição judiciária — como a pedofilia.

No artigo citado, Rubin associa as diferentes práticas do seu sistema ao que chama de minorias sexuais. Ela faz uso de um procedimento analítico que associa a escolha sexual à constituição de identidades coletivas, seja pela capacidade de segmentação — tão característica da sociedade americana —, seja pelo esforço da própria autora de dar legitimidade política aos praticantes do sexo socialmente não valorizado. O fato é que, a partir desse marco, um novo campo de teorias se abriu, trazendo novas e intrigantes contribuições. Intrigantes porque, ao examinar mais detidamente a produção sobre o tema da sexualidade na década de 1990 — principalmente nos Estados Unidos —, salta aos olhos a quantidade de estudos relativos às práticas sadomasoquistas, fetichistas etc. entre pessoas do mesmo sexo.

Mesmo que Gayle Rubin tenha tentado deslocar a proeminência do feminismo como voz exclusiva ao tratar da sexualidade e sugerir que é preciso garantir a flexibilidade de olhares para dar conta de um conjunto mais diverso de minorias sexuais, é notável a visibilidade que os escritos gays e lésbicos ganharam no século XXI. Foi reconhecido, na bibliografia, que tais estudos não apenas levaram a público um tratamento mais sistemático das realidades empíricas, vividas por populações homossexuais, como trouxeram contribuições teóricas para pensar os efeitos mais profundos do modelo heterossexual. Particularmente, chamo a atenção para a discussão no campo feminista sobre sexualidades heterodoxas, com clara tendência a enfatizar os fenômenos e práticas relativos ao campo do lesbianismo. De fato, boa parte dos escritos críticos e do debate teórico apresenta essas duas vertentes: a primeira trata a questão do desejo, na linha da teoria da objetificação do corpo feminino; a segunda critica a demonização da sexualidade, mas situa e circunscreve toda a discussão no desejo feminino presente em relações mulher/mulher. Há, nesse caso, uma clara delimitação do debate acerca desse conjunto de relações humanas que estão sendo vistas, em tese, como perpassadas pela equidade. Como se refletir acerca de alternativas e perversões sexuais só fosse possível sobre uma base de relações que pressuponham uma simetria. Como se por se tratar de pessoas do mesmo sexo o consentimento já estivesse garantido de antemão e a violência e o perigo fossem transpostos para a arena dos prazeres.

Essa é uma hipótese que construí a partir não apenas da leitura do material bibliográfico sobre o tema, mas também de pesquisa empírica nas sex shops de San Francisco e Berkeley. Parece haver uma espécie de duplicação entre essa tendência, presente nos desenvolvimentos teóricos do feminismo — principalmente o das vertentes "pro-sex" ou "antifeminismo radical" —, e a abertura de um campo alternativo no mercado para o sexo. Neles, observei uma série de tentativas que questionam o mercado convencional do sexo e uma promessa de um erotismo politicamente correto, cujo sentido seria o de transgredir as restrições ao livre exercício da sexualidade. Se práticas sexuais qualificadas como violentas (SM e alguns fetichismos) são condenadas nas relações heterossexuais, nas sex shops para gays das redondezas da Castro Street, na Califórnia, e na Good Vibrations, loja criada em 1977 nas imediações do Mission District, elas ganham lugar, visibilidade, aceitação e acessórios.

SEX SHOPS

San Francisco é uma cidade que tem ganhado visibilidade internacional, desde a década de 1970, como lugar de maior tolerância para o exercício de escolhas sexuais alternativas. Não só uma porcentagem expressiva dos movimentos libertários teve ali uma de suas maiores expressões, como parte considerável do pensamento crítico toma os casos empíricos, oriundos da comunidade gay/lésbica dali, como exemplares para a discussão.

Sex shops existem em boa parte dos centros urbanos contemporâneos. A grande maioria visa ao público heterossexual, comercializando livros, filmes e acessórios variados (vibradores, roupas íntimas, óleos, bonecos infláveis), concernentes a um modelo do desejo que pressupõe o exercício de fantasias sexuais, violando — brincando ou mesmo transgredindo — todo um conjunto de práticas e símbolos relativos à experiência sexual socialmente não condenável (heterossexual e visando à reprodução). Parte-se da noção de que, em um comércio dessa natureza, seja adequado encontrar materiais que acentuem — nas cores, nos formatos, nos objetos — certas violações ao instituído. Esse conjunto de elementos simbólicos é variável histórica, social e geograficamente. Contudo, encontramos no mercado pornográfico um universo restrito de signos, muitos dos quais convencionados em relação a um estilo particular. Melhor dizendo: o comércio de objetos e acessórios sexuais corresponde a um estilo formado por convenções que, ainda que possam sofrer variações, nada têm de criativas. Muito couro preto, cintas-ligas e meias vermelhas, rendas artificiais, dildos[12] de tamanhos variados — com certa ênfase nos avantajados —, imagens de corpos femininos com predominância do tipo ariano (preferencialmente com cabelo loiro artificial) e seios firmes e enormes. Os corpos masculinos são muito musculosos, com particular ênfase sobre órgãos sexuais imensos. Na parte de filmes, há destaque para combinações ou arranjos sexuais fora do comum, mas condizentes com traços simbólicos que visam, no limite, salientar certos aspectos observáveis nas relações de gênero: corpos femininos (ou feminizados quando o suporte corporal é o do homem) são adornados para configurar o lócus da penetração; corpos masculinos (e não há correspondência ou alternativa para a masculinização dos corpos de mulheres) são adornados para configurar o lócus do corpo que penetra. O exercício da sexualidade entre corpos do mesmo sexo tem preponderância entre mulheres e seu sentido ainda corresponde a uma mesma lógica: torna-se prática aceita e estimulante de um desejo voyeur masculino.

Para além de uma simplificação de natureza militante, algumas feministas qualificam essas sex shops e esses conteúdos e práticas como parte de um "modelo hidráulico" do desejo, ou seja, o desejo como algo concebido numa relação corporal de input/output (Gallop, 1988). No que concerne à nossa discussão, esse modelo tem como pressuposto a noção de que a pornografia implica a contestação de modos habituais e sancionados de sexualidade e, o mais importante, nele a diferença sexual está baseada na incomensurabilidade e complementaridade entre o corpo que deseja e o corpo que vai se constituindo como objeto do desejo. Resta enfatizar que o primeiro está configurado, guardadas variações e arranjos diversificados, por um conjunto de sinais que demarcam simbolicamente o masculino, enquanto o corpo que se posiciona como objeto do desejo está configurado por um conjunto de sinais que demarcam simbolicamente o feminino.

As sex shops pesquisadas em San Francisco e Berkeley representam casos excepcionais e contrastantes com as lojas de aparatos sexuais comuns do mercado. Os estabelecimentos gays não apenas visam a um público não heterossexual, como apresentam produtos que enfatizam toda uma padronização entre corpos e novas alternativas de desejo entre homens. A sex shop Good Vibrations também busca outros públicos, ainda que tenha uma proposta menos sectária. Há nela toda uma retórica e um conjunto de produtos que procura oferecer alternativas para casais heterossexuais, gays e lésbicas. Portanto, a primeira consideração importante sobre essas sex shops é: elas estão construindo um mercado alternativo. Se as sex shops comuns enfatizam os corpos femininos, seios e cabelos loiros, nas lojas gays e na Good Vibrations não encontramos esse tipo de referência.

BOAS VIBRAÇÕES

Valencia é uma das ruas perpendiculares à Castro Street, mais conhecida pelos locais como a rua das lésbicas. Nesse pedaço do Mission District, além de estúdios de tatuagem e piercing, predominam lojas e espaços de afirmação da cultura gay feminina e feminista, como um prédio onde estão reunidas sedes de várias organizações em defesa dos direitos da mulher e de homossexuais e a Good Vibrations. Essa sex shop foi criada em 1977 por Joani Blank,[13] uma especialista em saúde pública sintonizada com o feminismo e interessada em expandir o universo de informações e alternativas de escolha sexual para um público mais diversificado. A loja foi organizada a partir de gestão democrática, na qual as funcionárias definiam seu salário, e de um investimento considerável em pesquisa e criação de produtos atinados ao prazer feminino. No início dos anos 1990, Blank transformou o negócio em uma cooperativa. Ainda naquela década, novas lojas foram abertas em Berkeley, San Francisco e Massachusetts. Em setembro de 2007, a Good Vibrations foi vendida para uma grande companhia de Cleveland, a GVA-TWN, devido aos problemas financeiros resultantes da concorrência com a internet, sobretudo com a Amazon e a Drugstore.

Mais do que um entreposto de produtos sexuais, a idealizadora da Good Vibrations considerava estar cumprindo uma missão. Joani Blank partiu da premissa de que há mais prazer sexual disponível do que experiências concretas e passou a oferecer acesso a materiais que ajudavam a expandir as experiências, melhorar o nível de informação sobre sexo, combater o medo, a ignorância, os preconceitos e a insegurança. Àqueles que consideravam que esse tipo de negócio não correspondia à agenda feminista, ela disse: "Acreditamos que a comunicação honesta sobre sexo é pré--requisito para direitos iguais, tanto dentro como fora do quarto" (Winks; Seamans, 1997, p. 1). A filosofia que orienta a loja é a de que os principais produtos à venda, os sex toys, são revolucionários:

> A ideia de que o prazer pelo simples prazer é motivação suficiente para a atividade sexual, e que nenhuma forma de experiência sexual é moral, estética ou romanticamente superior a outra, é a filosofia subversiva por trás dos brinquedos sexuais. (p. 2)

Eles não foram concebidos com a perspectiva de ajudar ou solucionar problemas sexuais. Foram criados para divertir, por isso são chamados de toys. Além disso, são acessíveis ao consumidor médio e são apresentados de maneira cuidadosa a ele.

Uma sex shop politicamente correta, eis a melhor definição para a Good Vibrations. De certo modo, como já foi salientado, há uma tentativa clara de diferenciar esse tipo de negócio no interior do mercado erótico. Mais do que visar ao lucro, pretende-se legitimar escolhas diversificadas de exercício sexual, tentando não alimentar estereótipos ou reforçar práticas que incorram na coisificação. Há, aparentemente, todo um cuidado em domesticar e neutralizar o sentido de violação que está envolvido no significado corrente de erotismo. Esse tipo de loja introduz, através do seu aparato de produtos e manuais, uma concepção que salienta o sentido de ginástica e de fortalecimento do self. Há um esforço claro de integração, e não de subversão.

Essas diferenças podem ser observadas na própria cara da loja. Sua fachada é pintada com tons pastel. Ainda que não se veja o interior da loja — as portas e janelas são de vidro jateado —, nada no exterior a diferencia dos estabelecimentos em volta que vendem móveis, roupas e livros. Ao atravessarmos a porta, a primeira impressão se confirma: o espaço interno é todo clean. A iluminação que vem das janelas fica ainda mais reluzente em função das paredes amarelas. Prateleiras de uma madeira bem clara dividem o interior da loja em setores. Em todas as visitas, encontrei o local repleto de gente: casais heterossexuais e homossexuais, muitos deles jovens, alguns com tatuagens e de roupa preta, outros bem discretos. Todo mundo feliz, manipulando algum aparelho, cheirando um incenso, vela ou bálsamo, folheando livros. Um leve aroma de sândalo e alfazema tranquiliza, conforta e completa o cenário.

Pelo fato de a Good Vibrations incluir a presença de mulheres, ainda que vise a um público variado, fica claro que o feminino é considerado matéria simbólica a ser valorizada. E isso ocorre de um modo particular: a loja vai contra tudo aquilo que conota o padrão do mercado. A exposição de corpos de mulheres enfatiza o natural e a diversidade: pôsteres pendurados em todas as paredes mostram mulheres mais velhas; os corpos não são magros ou gordos, tampouco torneados por cirurgias plásticas ou ginástica; axilas e pernas não são depiladas; rugas, pelancas e os pelos não são escondidos — antes, fazem parte de corpos que querem ser sexy.

Notei a incorporação de uma estética claramente hippie, mas articulada a certos significantes que salientam a sensualidade e a sexualidade. A tendência é tentar valorizar um corpo não artificial, dando a impressão de que se quer legitimar uma nova concepção de sensualidade, em uma versão "politicamente correta". Nada avilta ou limita: os jogos eróticos podem ser operados em uma lógica que, longe de subordinar o feminino a mero objeto sexual, busca o conforto, a mulher comum, uma espécie de democratização das escolhas, a ideia de que o erotismo é possível e desejável para todos.

Chama a atenção também a organização dos elementos. Do lado esquerdo da loja está disposta, na parede, uma infinidade de dildos de comprimentos, grossuras, cores (lilás, azul-claro, rosinha, vermelho cintilante), formatos e texturas (do látex ao silicone) diversos. Alguns têm a forma exata de um pênis, incluindo saco escrotal; outros têm a superfície lisa. Uns são duros; outros são moles. Logo acima deles, estão expostas cintas para que os dildos possam ser vestidos. Todas são coloridas, algumas feitas de tecido, outras de couro.

Nessa mesma parede, há outros produtos expostos, incluindo uma seção reservada aos objetos ligados às práticas SM, como chicotinhos de couro ou de plástico de cores variadas, roupas de couro ou látex pretas, argolas e algemas. Há ainda espaço para óleos, bálsamos e lubrificantes, além de algumas prateleiras para filmes.

No centro da loja, encontramos livros classificados por gênero: ficção erótica, manuais para práticas diversas

(masturbação, sexo anal, sexo oral), técnicas de massagem, fotografia e sobre como fazer sexo seguro, além de livretos que explicam as vantagens e desvantagens dos óleos e lubrificantes. Impressiona a variedade e a sofisticação da informação fornecida, chamando particular atenção a quantidade de manuais. Há como que uma tentativa explícita de ensinar técnicas de exercício sexual, com ilustrações e descrições pormenorizadas sobre os movimentos corporais, e não existem muitas diferenças entre esses manuais e todos os dispositivos envolvidos e os manuais de ginástica. Ambos vêm de uma mesma tradição, da concepção do corpo moldável por técnicas e dicas para o desempenho adequado. Todos os manuais eróticos — sejam eles sobre práticas SM ou para masturbação e uso de sex toys — apresentam um texto de abertura com a preocupação de tornar legítima a prática em questão. O intento é retirar o caráter de perversão dos exercícios, descaracterizar qualquer sentido patológico atribuível aos agentes envolvidos e convidar o leitor a experimentar uma nova forma de sexualidade. Todos enfatizam como a expansão das fronteiras eróticas reforça a autoestima, libertando de preconceitos e estimulando a imaginação.

Outra prateleira expõe os vibradores. Os formatos são variados, oscilando entre o fálico e o criativo. Um deles parece um mixer e outro, uma furadeira elétrica, só que no lugar da broca está acoplada uma bola de textura confortável. A aproximação visual com eletrodomésticos parece exacerbar a noção de que se pretende tornar o exercício sexual uma prática rotineira e normal. Os designers desses produtos parecem estar sugerindo aos consumidores que deixem de lado as tarefas domésticas para investir no próprio prazer. Ironia ou não, essa estética que sugere uma continuidade dos objetos domésticos e das tarefas do lar dá o que pensar. É o caso também do vibrador que se assemelha a um microfone: como se a ausência da voz das mulheres, no cenário público,

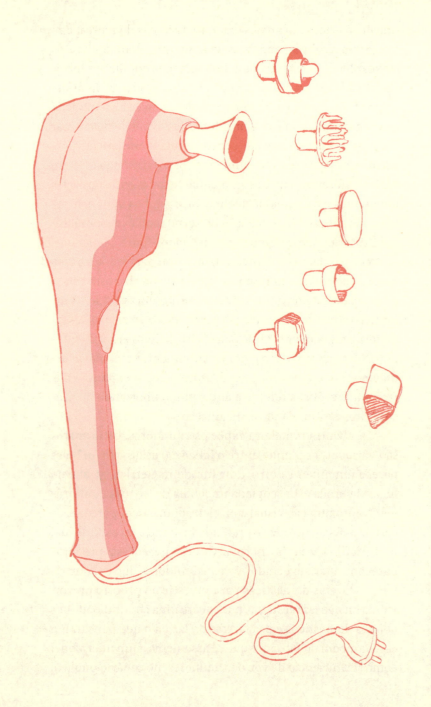

estivesse sendo elaborada criticamente, a partir de uma metáfora irônica, para salientar a ênfase em uma nova subjetividade, caracterizada pela busca do prazer, da autoestima, do divertimento. Os dildos e vibradores são peças vistosas. Dispostos nas prateleiras da Good Vibrations, perdem todo e qualquer caráter de violação. Intriga o fato de serem os elementos mais presentes, tanto no sentido quantitativo como no qualitativo, dada a exuberância de suas formas. O que faz pensar que há uma ênfase na "genitalidade" nessa nova configuração do erotismo. Os genitais parecem ser o objeto por excelência das sexualidades que se descortinam.

A fragmentação do corpo tem sido tema de inúmeros estudos. Na maioria das análises, tal fenômeno corresponde a torná-lo mero objeto, tendência resultante da cultura de consumo e das práticas médicas. Há, porém, abordagens no interior das teorias feministas que conferem maior complexidade ao tratamento do corpo.[14] Trata-se de autoras que contestam os binarismos mente/corpo, natureza/cultura e qualquer tipo de perspectiva que resulta em essencializar ou substancializar. O corpo, mais do que matéria biológica, passa a ser considerado um agente em processo dinâmico, uma corporalidade (Csordas, 1996). Essas teorias estão sendo elaboradas por autoras que buscam entender o corpo vivido, como é representado e usado em situações culturais particulares.

> Para elas, o corpo não é nem bruto, nem passivo, mas está entrelaçado a sistemas de significado, significação e representação e é constitutivo deles. Por um lado, é um corpo significante e significado; por outro, é um objeto de sistemas de coerção social, inscrição legal e trocas sexuais e econômicas. (Grozs, 2000, p. 75)

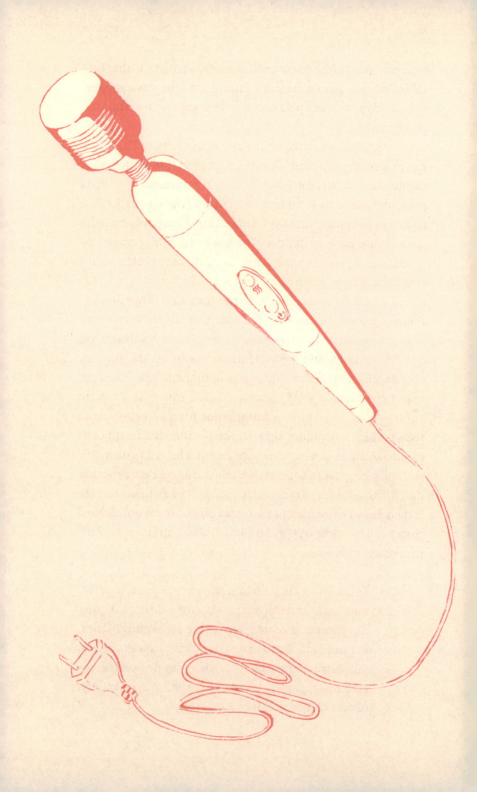

Desconstruir a polaridade mente/corpo, uma das bases dessa teoria da corporalidade, implica tomar a materialidade do corpo para além das inscrições definidas pelas leis e pelos termos da física. Pressupõe, portanto, tomá-la como uma continuidade da matéria orgânica e não associar a corporalidade apenas a um sexo — como na nossa tradição cultural, em que o corpo está associado à mulher, liberando os homens para os afazeres da mente; recusar modelos singulares e pensar a corporalidade no interior de um campo plural de alternativas, misturando sexo, classe, raça e idade, numa plêiade de possibilidades de exercício e de representação; ver o corpo como lugar ativo de inscrições e produções ou constituições sociais, políticas, culturais e geográficas, evitando análises biologizantes ou essencialistas (Grozs, 2000).

Seguindo essas teorias, a ênfase na genitalidade deve ser interpretada de modo pouco linear. De um lado, há visivelmente uma neutralização daquelas inscrições que posicionam as corporalidades segundo sexo, raça, idade etc. Não se trata apenas de um procedimento que apaga ou põe entre parênteses as posições sociais ocupadas pelos sujeitos que portam os genitais: trata-se de uma espécie de apagamento das inscrições de uma corporalidade, em que o próprio desejo ou prazer possa ser elaborado a partir de outras superfícies ou articulado a diferentes partes do corpo ou dos corpos envolvidos. De certo modo, focalizar nos genitais as possibilidades de fruição tende a obliterar a diferença (pelo menos as marcações sociais mais explícitas), mas, por outro lado, é preciso considerar que, a exemplo da diversidade dos dildos e dos vibradores, essa nova erótica está permitindo pensar outra qualidade de diferenças, expandindo ou mesmo explodindo a relação entre um tipo de corpo (com um sexo, uma cor, uma idade etc.) e sua correspondente preferência de exercício sexual. Assim, essas alternativas criam novos horizontes para a reflexão teórica: não há correspondência entre a posição do sujeito em termos sociológicos, de gênero e de raça e um tipo modelar de comportamento ou preferência sexual. O campo se alarga, ainda que ao preço da fragmentação, e ela própria é empregada como algo positivo, como uma ressignificação que visa à expansão das possibilidades de prazer e à implosão de modelos ou da modelagem convencional do comportamento sexual.

Nesse sentido, podemos interpretar o interesse e uso dos sex toys como uma tendência a construir alternativas para os experimentos sexuais e corporais. Tais alternativas sugerem lidar ou brincar com as diferenças, em vez de negá-las. Dito em termos mais claros: as diferenças não são apagadas, suas variáveis e seus marcadores são combinados de modo a permitir a dissociação entre prática sexual, identidade de gênero, corpos sexuados e até da noção de materialidade corpórea.

Contudo, existe um caso em que as diferenças parecem apagadas. Ele foi identificado primeiro em pesquisa de campo nos Estados Unidos, mas já pode ser observado no Brasil, sobretudo entre homossexuais, no Carnaval. A análise e as situações apresentadas a seguir tomam como suporte empírico os "clones": homens idênticos que desafiaram uma série de postulados da militância engajada, particularmente entre o final dos anos 1970 e o início dos 1980. Eles desenvolveram o que Levine (1998) chamou de uma subcultura homossexual marcada pelo gênero, a partir da exacerbação da masculinidade.

OS CLONES

A Castro Street é repleta de bares, clubes, lojas e cinemas. Há bandeiras com as cores do arco-íris hasteadas por todos os cantos. Gente na rua, muito movimento: em parte de turistas, já que é uma espécie de vitrine gay da cidade; em parte de moradores, consumidores, voyeurs e simpatizantes.

Ao entrar nas lojas gays masculinas dos arredores, notei não apenas a ausência de corpos de mulheres, mas certa semelhança com as lojas comuns do mercado erótico: são espaços construídos com a intenção estética de simbolizar violações. Com recursos como janelas encobertas ou escadas privativas, tem-se a nítida sensação de estar entrando num território proibido. Há muitas outras estratégias decorativas e de disposição dos acessórios que ajudam a corroborar com essa impressão: paredes e carpetes roxos, bonecos infláveis com roupas de couro, chicotes, pulseiras com spikes e com ênfase impressionante na apresentação dos genitais masculinos. Na verdade, há uma recorrência de produtos: vibradores, dildos de todos os tipos (todos enormes), cremes e lubrificantes, cintos, pulseiras de couro preto e filmes.

Em uma das lojas, dessas que vendem cartões e pôsteres, observei uma variedade de fotos com nus. Nada a espantar, a paisagem local estava repleta disso. Mas algumas dessas imagens eram de dois homens do mesmo tamanho, da mesma cor, do mesmo tipo físico e da mesma estatura. Um par de iguais. Havia todo um esforço para apagar diferenças entre os dois, de tal modo que o casal passava a ser par, dupla, duplo. Parecia ser uma tentativa simbólica bastante vigorosa da cena de Narciso no lago, diante da própria imagem.

Comecei a me dar conta de que aquela imagem dos iguais não estava apenas nos cartões e pôsteres. Na rua, via loiros com loiros, bigodudos com bigodudos. A semelhança era extraordinária e, ainda que existisse variação dos tipos replicados, o fenômeno da duplicação estava lá.

Na pesquisa que fiz sobre o assunto, em periódicos sobre a cultura gay americana, aparecem referências desde meados da década de 1970 ao que os autores nomeiam como "clones". Esse fenômeno é tratado como um estilo de vida da comunidade gay, localizado em Nova York e, em artigos mais recentes, em San Francisco. Entre as várias descrições sobre gays em saunas, casas de banho ou paradas, os clones são vistos com considerável desconfiança pelos especialistas e militantes (Holleran, 1992; Bakeman, 1992, Herdt, 1992).[15]

O estudo de maior fôlego sobre eles resultou de uma tese de doutorado em sociologia de Martin Levine, defendida em 1984, mas só publicada postumamente quinze anos depois, como *Gay Macho: The Life and Death of Homosexual Clone*. O livro analisa o modo de vida de clones com quem o autor conviveu, entre 1977 e 1984, no West Village em Nova York. Para o autor, "clone" é uma expressão empregada pelo universo gay local com sentido ao mesmo tempo crítico e celebratório. A masculinidade evocada é caricatural, porém hipervalorizada: na descrição do autor, a maioria dos rapazes (entre dezoito e 45 anos) era branca, com rosto bonito e corpo torneado por musculação. Eles vestiam roupas justas (jeans e camiseta branca), usavam bigodes pequenos ou cavanhaque. Eram participantes ativos do mercado de consumo, fãs de disco music, e frequentadores assíduos de saunas, clubes e boates. Para Levine, essa hipermasculinidade é um desafio ao estigma que tomava o gay como um homem falho. Os clones articulariam, assim, aspectos que simbolicamente configuram a masculinidade sancionada com a homossexualidade, provocando rupturas na associação entre sexo, gênero e orientação sexual.[16] Levine acompanhou o auge da visibilidade pública dos clones até seu desaparecimento, com o advento da epidemia de aids em meados dos anos 1980. Segundo o autor, esse declínio foi resultante de um processo que combinou variados fatores: muitos clones figuram entre as primeiras vítimas da doença; os estabelecimentos públicos em que a subcultura floresceu foram considerados perigosos para o contágio e fechados por determinação das autoridades ou por decisão da própria comunidade; o caráter radical dos clones perdeu força com a absorção do estilo que criaram pelo *mainstream* da cultura jovem gay pós-1990.

As críticas aos clones salientam, com vigor, o aspecto narcisista e hedonista que perpassa a prática. Sem dúvida, essa é a primeira impressão ao avistá-los. Sobretudo, se lembrarmos a análise feita por Richard Sennett em 1974, quando chamou a atenção para a valorização da intimidade nas relações sociais no século xx. O declínio do homem público e a invasão de aspectos do domínio privado sobre o público têm efeitos sobre variados aspectos da vida social e, no que se refere às relações amorosas, geram, segundo o autor, uma significativa intolerância em situações com ausência de afinidades. Essas relações vão sendo desfeitas à medida que os envolvidos deparam com diferenças e conflitos. Nesse sentido, o laço que une os casais é menos de natureza social e cada vez mais um elo identificado com fatores relacionados à troca de emoções e sentimentos. Nas palavras do autor:

> Na esfera da sexualidade, o narcisismo afasta o amor físico de qualquer compromisso, pessoal ou social. O simples fato de um compromisso por parte de uma pessoa parece, para ele ou ela, limitar as oportunidades de experiências "suficientes" para saber quem ele ou ela é e encontrar a pessoa certa para complementar quem ele ou ela é. (Sennett, 1988, p. 22)

Independente de um exame mais refinado sobre o conceito de narcisismo que está sendo empregado, vale a consideração de que os clones parecem ser uma ilustração radical dessa busca da satisfação do eu que não visa à mediação pelo outro. Nesse tipo de parceria, o jogo amoroso parece indicar a eliminação de qualquer referente que implique o enfrentamento da diferença, seja ela estabelecida em termos de gênero ou de outras variáveis, como cor da pele, estatura anatômica, etnia ou estilo pessoal. Parece também condenada a noção de que diferenças estimulam a busca de uma complementaridade entre parceiros, tão enfatizada em determinadas concepções sobre o amor romântico.

Mesmo sendo interessante prosseguir em abordagens sobre as implicações narcísicas do estilo de vida dessa parcela da comunidade gay, falta, a meu ver, uma análise que pense mais a fundo em que medida os clones, enquanto um fenômeno social, podem ser interpretados, seja no interior da cultura americana, seja à luz de algumas das teorias que estão hoje no debate sobre gênero. É preciso levar em consideração que os clones nasceram na sociedade americana, em que os direitos individuais são relevantes e, em alguma medida, propulsores da legitimação social de escolhas particulares, gerando processos ininterruptos de segmentação. Não é à toa que um fenômeno como esse já tenha encontrado, assim que apareceu, um nome e um lugar definidos como subcultura ou como estilo de vida. A comunidade gay nos Estados Unidos está repleta de "tipos" diferentes, que vão ganhando lugar no cenário cultural, político e mesmo no mercado de bens sexuais. Trata-se também de uma sociedade em que há uma valorização peculiar do que Hillel Schwartz (1996) chama de "cultura da cópia". Para ele, em relação ao passado, à memória ou ao bem cultural, a cópia, seja ela a reprodução de um modelo erudito, a xerox ou a duplicação na propaganda, impõe questões sobre o ideal da autenticidade e a reprodução do real — questões que não são propriamente novas.

O problema da reprodução de imagens é tema de parte considerável da análise da cultura no século xx. Mas, mesmo não sendo um debate novo, algo de peculiar ocorre em parte da cultura americana que é importante para entender melhor o sentido dos clones. Umberto Eco, no ensaio brilhante "Travels in Hyperreality" (1983), pode ser um valioso guia. Ele sugere que imagens como a do Superman, recursos como a holografia, museus como o da Fundação J. Paul Getty, hotéis como o Maddona Inn e construções como o Hearst Castle indicam um imaginário no qual o que está sendo reproduzido é obsessivamente perpassado por um ideal realista. Para adquirir credibilidade, todas as reproduções devem incorporar o ícone, algo que pareça ser perfeitamente igual ao original, algo como a cópia "real" da coisa que está sendo representada. Em seus próprios termos:

> O sinal aponta para a coisa, para abolir a distinção da referência, o mecanismo de substituição. Não a imagem da coisa, mas seu molde de gesso. Para seu duplo, em outras palavras. (Eco, 1983, p. 7)

Nas formas de apresentação dos museus com obras renascentistas e em tantos outros exemplos existe a noção de que o passado deve ser preservado e celebrado como uma cópia autêntica ou, como diria o autor, como seguindo uma espécie de filosofia da imortalidade sob forma de duplicação, numa espécie de reencarnação. Nesse sentido, para conotar o real, a coisa deve ser vista como real.

Em determinadas situações, a referida duplicação excede o sentido do original, criando "moldes" pretensamente mais reais do que aquilo que representam. A análise de Eco sobre o Getty Museum é definitiva nesse ponto. Lá, o trabalho de um homem e de seus colaboradores tenta reconstruir a credibilidade de um passado segundo regras de objetividade que estão longe de pertencer à cultura que está sendo apresentada. A implicação mais importante dessa análise é a de que há um ponto em que a obsessão por reconstituir nubla a relação entre o real e o falso: "O 'completamente real' torna-se identificado com o 'completamente falso'. A absoluta irrealidade é apresentada como uma presença real" (Eco, 1983).

Os clones — em certa medida e guardadas as devidas proporções — parecem indicar mecanismos associados a essa tendência à hiper-realidade. De fato, não se trata apenas de um jogo entre parceiros para se parecer. Por mais que na imagem deles sintamos seu esforço para criar, com a convivência, um único estilo, de modo a posicioná-los como idênticos, o que mais chama a atenção é o resultado: não são homens parceiros no amor e no estilo de vida, mas homens preocupados em parecer duplos, clones. Clones que não são clones de fato, havendo certa correspondência do parecer real com o absolutamente falso.

Outras interpretações são possíveis. Os clones levam à reflexão sobre certos aspectos subjacentes às teorias de gênero. O relacionamento entre idênticos desafia o sentido do dimorfismo sexual,[17] sobretudo o princípio da incomensurabilidade e da busca pela complementaridade, no modo de conceber a diferença entre os corpos masculinos e femininos. Essa noção está difundida por todo o corpo social, indo além das questões meramente anatômicas, e está presente, inclusive, em boa parte dos escritos feministas até a década de 1980.

Em certo sentido, esses homens iguais, como clones, rompem qualquer noção de complementaridade e de reunião de opostos. Aí reside a novidade do fenômeno, ainda que não esteja necessariamente presente na consciência dos agentes envolvidos. O exemplo ilustra, com a radicalidade que o caracteriza, uma alternativa simbólica para o casal que não só é constituído por parceiros do mesmo sexo, como por um duplo que extrapola os conceitos de simetria e igualdade. Os idênticos, nesse sentido, não brincam apenas com o real e o falso, o autêntico e a cópia, mas com o próprio sentido que atribuímos ao diferente e à alteridade nas relações amorosas e na sexualidade. Ao substituir o casal pelo "um", os clones desafiam a reflexão sobre sexo e gênero e causam efeitos políticos, sobretudo, na defesa da relação igualitária entre parceiros diferentes.

Os clones não são politicamente corretos. Emergentes no cenário pré-aids e no marco de uma obsessão pela cultura do corpo, provocaram reações na comunidade gay ilustrativas do desconforto que variadas vertentes de defesa das minorias sexuais têm diante de práticas que lidam com conteúdos tomados como objetificantes. Considerados "alienados", acusados da adoção acrítica de um comportamento de consumo e massificador, aparecem na bibliografia como que extintos. Alega-se que a maioria deles de fato morreu, mas essa morte é, sobretudo, simbólica. Eles incomodaram os militantes dos anos 1980 e 1990, não só pela atenção que destinavam ao corpo, mas pelo fato de parodiar as noções de diferença e de igualdade e, mais precisamente, o modo de articulá-las na luta política pela legitimação da diversidade sexual.

A Good Vibrations é exemplar como caso bem-sucedido do erotismo politicamente correto. Loja criada no marco das *sex wars* entre as feministas radicais e as libertárias, ela conseguiu fazer dinheiro e produzir efeitos positivos sobre o campo da defesa de direitos sexuais, ampliando, de modo muito rico, as possibilidades de pensar novas alternativas eróticas.

Ao tentar um exercício de pensar o que se ganha e o que se perde com essa expressão "politicamente correta", é possível reconhecer uma ampliação positiva do escopo de escolhas sexuais. É inegável que hoje as pessoas têm acesso a uma maior diversidade de experiências sexuais sozinhas, acompanhadas e junto a pessoas do mesmo sexo ou não, bem como podem realizar experimentos sexuais com sex toys, cujos efeitos sobre as fronteiras materiais corpóreas são bastante interessantes, como veremos adiante. Nesse processo, algumas das normas de gênero e sexualidade perderam preponderância, em especial as relacionadas ao controle da sexualidade feminina.

Tal diversificação de possibilidades sofreu, nessas duas últimas décadas, uma ampliação de fronteiras nacionais e também sociais: das experiências gays e lésbicas circunscritas a um campo político nos Estados Unidos, as novas modalidades de técnicas, produtos e acessórios migraram para outros países, sobretudo por meio das dinâmicas de mercado.

No caso do Brasil — e este será melhor explicado no próximo capítulo —, os resultados de minhas investigações indicam uma feminização da pornografia, sobretudo na sua vertente de lojas, que é extremamente relevante como mudança, especialmente se lembrarmos que a pornografia foi um gênero de expressões criado por homens e para desfrute masculino.

Contudo, trata-se de uma ampliação que traz implícito um preço: o do deslocamento do sentido da pornografia, que perde sua conotação de obscenidade e adquire um sentido de saúde e de fortalecimento do eu. De fato, noto uma substituição de significados. O "obsceno", caro às expressões eróticas que se desenham em materiais, desde o século XVI, está perdendo lugar para a noção da prática sexual como técnica corporal ou, mais precisamente, ginástica que visa à autoestima individual. Linda Williams (2004), ao estudar com seus alunos a pornografia no cinema, vídeo e fotografia sugere que o termo "ob/scene" seja trocado por "on/scene" dada a imensa visibilidade pública dessas expressões na contemporaneidade. Essa sugestão é interessante, sobretudo por assinalar a tensão entre o que passa a ser exposto na arena pública, rompendo normatizações, e o que vai sendo constituído como comportamento normal. A minha hipótese é a de que foi a aproximação da sacanagem com o cuidado saudável do corpo e da mente que tornou possível a expansão de fronteiras, seja em cenários transnacionais, seja em direção das mulheres, consumidoras preferenciais e alvo predileto das engrenagens do mercado. Por se tratar de um processo dinâmico e de mudanças com resultados inesperados, vale acompanhar nas páginas que se seguem as ressignificações, os usos e as implicações do erotismo politicamente correto, no Brasil e, mais especificamente, em uma cidade como São Paulo.

2.
Mercado erótico e feminilidades: sex shops em São Paulo

Um estudo pioneiro no Brasil articulando modalidades de erotismo e suas expressões transgressivas foi o de Néstor Perlongher sobre a prostituição viril.[1] *O negócio do michê* apresenta uma etnografia brilhante e rica que aponta experiências sociais envolvidas em uma dinâmica complexa entre as normas de gênero e de sexualidade e suas contestações no âmbito do mercado. É no universo das transações sexuais que prazer e prescrição se articulam e se retroalimentam, expressando o que Perlongher chama de "fugas desejantes", e uma diversidade de dispositivos instaurados para controlar ou neutralizar os perigos das fugas.[2]

Seguindo essa tendência, vários estudiosos brasileiros se dedicam a estudar as novas formas de sexualidade, tentando decifrar as convenções eróticas e, a partir delas, questões como a diferença e a transgressão.[3] Hoje não há como estudar apenas aqueles universos institucionais de produção dos saberes próprios à consolidação da "sociedade burguesa" dos séculos XVIII e XIX — clínicas, prisões e processos judiciais —, como foi inicialmente realizado por Foucault. Torna-se estratégico investigar as práticas que envolvem os erotismos, em meio a um universo que parece absolutamente central no mundo contemporâneo: o mercado. Além da constatação empírica de que para as novas alternativas eróticas esse universo é significativo, ele constitui atualmente uma figura das mais paradoxais. Nesse cenário, reúnem-se experiências que alternam, de modo intrincado, esforços de normatização e de mudança de convenções sobre sexualidade e gênero. Tal complexidade não deve ser tratada, acredito, a partir de uma abordagem vulgarizada do marxismo que apenas denuncia — de forma maniqueísta — as desventuras alienantes e instrumentalistas do mercado.

O propósito deste capítulo é aprofundar a discussão sobre o mercado erótico (produção, comercialização e consumo) e pensar suas conexões mais gerais com o mercado — ou seja, com uma lógica cuja operação implica a produção de diferenças a partir da oferta de produtos. Sobretudo, é pensar sobre o lugar que diferença e transgressão ocupam em segmentos desse mercado e em como isso incide na produção de corpos, além de refletir sobre a relação entre corpos e pessoas.

Peter Fry (2002) analisa o modo como os produtos entram no mercado, indo contra as perspectivas que tomam os consumidores como vítimas passivas ou, ainda, identificam os fabricantes como meros realizadores dos sonhos ou desejos dos consumidores. Essa produção é organizada para explorar todas as possíveis diferenciações sociais por meio de uma motivada diferenciação de bens. Ao lidar com os novos segmentos de mercado para os negros, Fry toma cuidado para não presumir que se esteja diante de algo que apenas pode ser visto como resultado de uma demanda da classe média negra. De fato, o autor compreende tal processo como constituinte da formação dessa classe média.

A indicação acima é valiosa para evitar tratar a emergência das sex shops como mero reflexo de novas configurações nas relações de gênero ou novos padrões de práticas sexuais. Trata-se, antes, de um processo de direções variadas que implica, de um lado, a articulação entre sacanagem, autoestima, ginástica e prazer, perdendo, assim, seu sentido clandestino anterior; do outro, regula certa constituição de etiquetas, para os praticantes, a partir de convenções de gênero e sexualidade.

A pesquisa realizada em São Paulo mostra uma clara expansão do que parecia estar vinculado apenas a um dos segmentos do mercado erótico norte-americano, criando faces e recortes intrigantes. Pude notar efeitos do erotismo politicamente correto: a criação, que data do século XXI, das sex shops em bairros de classe média alta, tendo como público-alvo mulheres com mais de trinta anos, heterossexuais e casadas que não frequentavam esse tipo de estabelecimento. Os dados apontam para uma interessante "feminização" desse mercado, tanto em termos de comercialização quanto de consumo. É importante mencionar que estamos diante de um fenômeno em que há uma segmentação do mercado por gênero, combinada ou articulada a uma segmentação por classe, idade e região da cidade. Quanto mais baixa é a estratificação social do público para quem a loja é organizada, maior é o segmento masculino, com índices expressivos de homens mais jovens ou bem mais velhos (é alta a incidência de motoboys, aposentados ou desempregados), e na maioria dos casos ela se localiza na região do centro antigo; quanto mais alta a classe social do público visado, maior é a participação feminina entre proprietários, funcionários e consumidores.[4]

Como se sabe, o mercado de consumo, sobretudo a partir dos anos 1950, foi consolidado por e para mulheres. Sharon Zukin (2005) assinala que é preciso ter em mente o papel produtivo das mulheres no consumo de massa não apenas como consumidoras, mas como estilistas, gerentes, publicitárias e especialistas em marketing. De fato, elas constituem o segmento de consumo mais significativo do mercado em geral, para o qual ele é organizado e diante do qual a demanda é "construída". Nesse sentido, não é de estranhar a introdução de novas modalidades de produtos em campos ainda pouco explorados. O que salta aos olhos nesse caso não reside no fato de o comércio tentar abrir negócios no ramo erótico, mas o sucesso significativo e a visibilidade que tem alcançado.

O QUE É UMA SEX SHOP EM SÃO PAULO?

Quando a pesquisa de campo foi feita, entre 2004 e o início de 2009, minha equipe e eu acompanhamos a conformação do mercado erótico em São Paulo a partir de três nichos: um mais antigo (que existe desde os anos 1970), localizado na região central; outro, criado a partir de meados dos anos 1990, com lojas espalhadas por diferentes bairros de classe média das regiões norte e leste da cidade (Santana, Jaçanã, Belém, Tatuapé, Vila Carrão, chegando até Guaianazes); e o terceiro, localizado nos Jardins e se estendendo até a zona sul (Itaim, Moema e Vila Olímpia). Nos levantamentos feitos na época, contabilizamos cinquenta lojas no município e na Grande São Paulo, e 34 lojas virtuais.[5]

A localização das lojas pelo município e as datas aproximadas de sua criação acompanham o processo de mudança da nucleação do centro metropolitano. As sex shops mais antigas e de conformação popular estão concentradas no Centrão e expressam, de certo modo, o esgotamento urbanístico do centro como local de empresas e bancos, seja a partir da degradação dos prédios antigos e da ausência de espaço para construção de novos, seja pela falta de segurança sentida pelos empreendedores dada a presença de população de rua, trabalhadores informais, desempregados etc.

Desde os anos 1960, a expansão significativa dos escritórios na avenida Paulista criou outra situação de esgotamento, não pela degradação, mas pela supervalorização dos terrenos e imóveis: 75% dos terrenos da Paulista foram ocupados nos anos 1970 e na década seguinte, elevando os preços às alturas. Os Jardins, área de ocupação mista e contígua à Paulista, sempre concentraram o comércio de elite para os estabelecimentos que investiam em um endereço com visibilidade. Esse é o caso das sex shops que atendem o público feminino de classe média alta, e foi entre a rua Oscar Freire e a alameda Lorena que as primeiras lojas eróticas de elite divulgaram seus produtos e alternativas de consumo.

Nos anos 1990, a criação das sex shops na zona sul da cidade acompanha de perto a expansão da centralidade rumo ao "vetor sudoeste", representando "a clara noção de uma nova centralidade com base em mecanismos de mercado e suas práticas e conceitos derivados — flexibilidade, atendimento ao cliente, prestação de serviços" (Frúgoli, 2000, p. 181). O surgimento do "Centro Berrini", em meados dos anos 1980, como local específico de edifícios empresariais — que demandavam espaço e luxo funcional, mas não um endereço com visibilidade — é exemplar desse deslocamento. Como aponta Frúgoli, essa nucleação não permanece fixa no espaço e no tempo: rapidamente os ciclos de ocupação e obsolescência das regiões centralizadas ocorrem rapidamente, o que explica a mobilidade da Berrini para os grandes terrenos da Marginal Pinheiros. Ele aponta:

> uma pulverização metropolitana da centralidade tradicional, que foi gradativamente deixando de ser a principal referência na cidade, com o surgimento espalhado de inúmeros centros, entre eles

os novos "centros especializados", funcionais, que demandam uma ocupação organizada. (Frúgoli, 2000, pp. 81-2)

Assim, nada garante que o local estratégico para abertura das sex shops e a cartografia apresentada acima não se modifiquem em pouco tempo.

Começarei minha descrição das sex shops da cidade pelo centro, mas antes vale indicar que as informações sobre o quadro econômico que recobre as atividades das lojas, relativas a número de vendas, preço de compra dos produtos por intermédio de importador e dinheiro que circula no negócio são pouco confiáveis. A totalidade dos dados expostos em reportagens e indicados pelos agentes do mercado foi fornecida pela Associação Brasileira do Mercado Erótico e Sensual (Abeme), criada em meados dos anos 1990 (alguns sites indicam 1995, outros 1997) por um publicitário, Evaldo Shiroma, que também é proprietário da JL Promoção de Eventos. Tanto a Abeme quanto esse escritório organizam o acontecimento mais importante do setor: as Erótika Fairs, que acontecem anualmente desde 1995, reunindo os principais lojistas, importadores e produtores de todo o país. Contudo, essa associação não tem site na internet. Tentamos ligar para o telefone de contato disponível, sem sucesso, o que impediu nosso acesso ao material de pesquisa para embasar os números divulgados.

Esses números são expressivos: o mercado brasileiro movimenta 800 milhões de reais por ano, apresenta uma taxa anual de crescimento de 10% a 15%. Existem, atualmente, setecentas sex shops e cinquenta fábricas de acessórios (lingeries, fantasias, até vibradores). São Paulo é o lugar em que esse mercado tem o maior sucesso, com 250 milhões de reais circulando por ano e 150 sex shops, que faturam 50 milhões de reais por ano em média.

Não é segredo que parte considerável das lojas operam muito rigor com o fisco e corre solta a reclamação de que, se todas as regras fossem seguidas e todas as taxas fossem pagas, os negócios seriam economicamente inviáveis. Não é, pois, de estranhar encontrar no domínio do mercado erótico uma imprecisão até calculada: quanto mais vultosos os números, maiores as chances de novos empreendedores. E é isso mesmo que se nota ao pesquisar o campo. Todas as pessoas entrevistadas que abriram o negócio, sobretudo no terceiro nicho (o mais rico), alegam ter consultado os dados de pesquisa fornecidos pela Abeme.

Mesmo sem instrumentos para apurar com maior rigor, a investigação qualitativa trouxe indícios que contestam a grandiloquência desses números. No período da pesquisa, a maior fonte de importação e de franquias de lojas do país era a empresa Ponto G. Criada em 1995, suas lojas têm um layout próprio que é adotado por toda a rede de franquias. Até 2003, elas vendiam produtos importados por uma distribuidora do mesmo proprietário.[6] A Ponto G tornou-se uma espécie de marco no universo dos lojistas do ramo: foi a primeira a importar, em maior quantidade, uma variedade de estimuladores, dildos e vibradores, bem como ensinou os comerciantes a vender esses novos produtos no mercado, tomando como alvo o público feminino. Em 2004, contudo, vários entrevistados sugeriram que já não compravam seus produtos por intermédio da importadora e assistimos ao fechamento de suas franquias. Em 2007, a Associação Brasileira de Franchising (ABF) excluiu a rede Ponto G de seus quadros filiados, depois que a comissão ética entendeu que o franqueador não cumpriu com suas obrigações.

Antes de ser um panorama seguro e de estável crescimento, a pesquisa revelou um esforço bastante significativo dos lojistas para manter seu negócio, por vezes tendo que adicionar estratégias para garantir uma visibilidade crescente, porém vicária em termos econômicos.

NO CENTRÃO

Um morador de São Paulo ou um visitante familiarizado com a cidade conhece a Amaral Gurgel, rua sombreada em todo o seu trajeto por um teto-viaduto apelidado de Minhocão. Também sabe que ela demarca a fronteira (mais socioespacial do que definida pelas normas urbanísticas) entre o Centrão, centro histórico e antigo núcleo financeiro, e os bairros de classe média e média alta, em particular Santa Cecília e Higienópolis.

Imagine-se debaixo desse viaduto, nas proximidades de uma das entradas do metrô, andando rápido entre uma borracharia, um bar e, logo em frente, um pequeno hotel usado para transações sexuais (antes por prostitutas, mais recentemente por travestis). No lado da rua contíguo ao centro, uma loja sem vitrine, mas com placa, indica o negócio: "Loja de conveniência erótica". É assim também que uma das duas vendedoras grudadas no balcão, folheando uma revista e sem querer muita prosa, qualifica o lugar. A porta de vidro transparente não esconde o que a loja vende. Ao passar por ela, prateleiras dividem o espaço aberto daqueles cem metros quadrados.

Toda a parte central da loja é ocupada por prateleiras com filmes eróticos — produtos dispostos segundo certa classificação, que não só separa as produções nacionais das estrangeiras, mas reúne os títulos pelo tipo de prática: sexo heterossexual, sexo entre homens, sexo "bizarro" (categoria empregada nesse universo que reúne filmes com cenas de zoofilia, sadomasoquismo, anões, pessoas extremamente gordas etc.).[7] Ao primeiro olhar, as imagens se sobrepõem numa espécie de *melting pot* de corpos e carnes. Contudo, a ordem é bem marcada: nas prateleiras mais próximas da porta e mais visíveis, as fotos mostram cenas de sexo entre homens musculosos e muitas mulheres, loiras oxigenadas com peitos grandes (principalmente quando os filmes são estrangeiros) ou morenas de coxas roliças (no caso das produções brasileiras). Dentre a filmografia nacional (cuja empresa de maior destaque é a Brasileirinhas)[8] há quantidade considerável de filmes que sugerem a "preferência nacional" pelo traseiro (como na série que reúne mais de oito filmes com o título geral de *Ânus dourados*),[9] bem como alguns que mostram uma influência das cenas e narrativas de algumas das historietas de Carlos Zéfiro, como "Primas safadas" e "As vizinhas quentes".[10] Seguindo adiante, os títulos dos filmes e as imagens vão descortinando cenas mais proibidas: primeiro, o sexo entre homens; nas estantes mais baixas e distantes do olhar do leigo, sexo com algemas, correntes e chicotes, depois com bichos (há certa predileção pelos cachorros), estrategicamente misturados ao sexo em que um dos parceiros é anão ou obeso.

A referência ao trabalho de Carlos Zéfiro, nesse caso, não é banal. Ele é tomado como o exemplar mais significativo de uma vertente popular e, hoje, tradicional da pornografia nacional. Seus *Catecismos* trazem elementos que indicam a relevância simbólica de certos traços que configuram não tanto o que caracterizaria a singularidade brasileira, mas certamente uma vertente do erotismo que se desenvolveu aqui dos anos 1950 aos 1970 e que habitou a mente e as práticas de uma geração de homens. Se hoje é possível dizer que estamos diante de uma multiplicidade de formas e propostas de erotismos, é inegável que os traços de Zéfiro ainda têm lugar — e as sex shops do Centrão revelam aspectos que dialogam de perto com tais referências.

Roberto DaMatta (1983), ao apresentar sua teoria da sacanagem a partir do material de Zéfiro, chama a atenção para características da ação e dos personagens que ainda fazem sentido, pelo que pude presenciar em campo. Há um traço claro de gradação no enredo das histórias: um primeiro momento, em que a mulher — por sua beleza e curvas — atrai o homem, que, logo em seguida, inicia a "cantada". Logo que a seduz, começa o que DaMatta chama de ritual de desnudamento, quando o olhar é decisivo e tem como mira o corpo feminino, em um movimento sequencial padronizado, da parte de cima para a parte de baixo, e, depois, para o corpo masculino. Na gradação das ações, o objetivo aparente é o de alcançar os genitais. Porém, como destaca o autor, a sodomia é elemento constante, sendo sempre a mulher o alvo da prática. Segundo ele, esse ato deve ser visto não como uma ruptura ao modelo genital, mas como uma ação complementar ao coito vaginal. Não existem referências à homossexualidade nos quadrinhos de Zéfiro, e os personagens são delineados a partir de sinais bem demarcados: os homens são ativos, ricos, controlados, experientes e bem-dotados; as mulheres são pobres, confusas, passivas e figuradas em uma imagem dupla, ora inexperiente na posição de esposa moralista, ora como prostitutas e depravadas. Porém, com o correr das práticas sexuais, essa caracterização rígida e polar dos personagens cede lugar ao comando das ações pelas mulheres, o que parece ter sido desabrochado por uma força interna. Todos esses elementos me parecem em total sintonia com os salientados por Bataille (1987) em sua teoria do erotismo dos corpos. Tanto lá como cá, o que está sendo assinalado pelos autores, antes de constituir a essência do erotismo ou a particularidade de um erotismo à brasileira, é um modelo perpassado por noções como o dimorfismo sexual, cujos efeitos implicam reforçar abordagens essencialistas e heteronormativas.

As convenções sexuais de gênero, idade e preferências por "fetiches" são empregadas na loja de conveniência do Centrão de modo também rígido, tentando tornar ainda mais pleno o sentido do termo "sexo explícito". Também são fortes os modelos de próteses, consolos e vibradores (os termos são "nativos") dispostos em ganchos nas paredes laterais. Para vê-los, é preciso passar por entre as prateleiras de filmes e, para expressar a primeira sensação visual que tive, pareciam pedaços de carne morta: têm a forma peniana (inclusive, glande e veias em relevo) e são vermelhos, azuis ou verdes, de coloração opaca e escura. Além do aspecto doente e levemente gangrenado, são embalados em um saco de acetato transparente, fechado com um papelão plastificado sem qualquer compromisso com o design gráfico. Uma das vendedoras nos informou que esses produtos são da "indústria nacional".

Tempos depois, descobrimos que eram produzidos por uma empresa familiar pequena, com atuação no mercado havia mais de vinte anos. Os proprietários (marido e mulher) tinham duas lojas (uma na avenida Ipiranga e outra na Penha) e a pequena fábrica.[11] De fato, existe uma diversidade considerável de pequenos empreendedores na confecção de lingeries e fantasias, a maioria envolvendo costureiras em produção doméstica. Dada a facilidade de acesso à importação de dildos, vibradores e estimuladores norte-americanos e suas cópias chinesas, a produção nacional de sex toys é limitada e de qualidade baixa, segundo depoimentos de diferentes lojistas.[12] O perfil desses empreendedores, pelo que os dados permitiram apurar, caracteriza o negócio como familiar, envolvendo outros parentes além de marido e mulher — no caso dos produtores de dildos, os sobrinhos (um dos quais se estabeleceu no mercado vendendo lingeries). A família não está preocupada com pesquisas de mercado, orientações de marketing, tampouco com a tendência — que será exposta a seguir, a respeito de outros nichos do mercado — de veicular produtos e serviços pela mídia. Outra característica desse tipo de empreendimento é a baixa preocupação com a modernização tecnológica, empregando apenas plástico duro e látex, em vez de silicone ou *cyberskin*, uma evolução da borracha com consistência de pele.

Além das poucas lingeries à venda e de uma pequena variedade de fantasias (roupas de vinil), a loja tinha cabines de *peep show* onde os consumidores podiam assistir aos filmes com privacidade. "Peep" tem na língua inglesa o sentido de "espiar" ou "espreitar". Usa-se esse nome também para as cabines onde se assiste a sexo explícito. No caso das lojas investigadas, os filmes são escolhidos pelos usuários a partir de canais e têm duração aproximada de sete minutos. Para cada sessão, o usuário compra uma ficha que custa 1,50 real. Existe variação considerável dentre os canais de filmes, considerando todas as lojas, mas todas elas fornecem mais de vinte canais e separam os de sexo homossexual, sexo heterossexual, sadomasoquismo e sexo com travestis (nos últimos dois casos a quantidade de filmes é bem menor). Boa parte das sex shops do centro, com exceção das pequenas lojas de galeria (como as da rua 24 de Maio), fornece esse tipo de serviço, raramente presente em lojas de outros nichos.

Na sex shop da Amaral Gurgel, os clientes das cabines eram homens com mais de quarenta anos ou jovens de até 25, aposentados ou desempregados e motoboys, sobretudo durante o dia. Em outra sex shop — bem próxima à avenida Paulista —, a frequência é diferente e apresenta certa variação entre o período diurno e o noturno. De dia, homens engravatados e jovens entram na loja com esse intuito, sobretudo no horário do almoço. A partir das seis da tarde e durante toda a noite, a clientela continua masculina, porém com predominância de gays, que, inclusive, usam as cabines em casais ou em grupos. Nesse horário, o lugar deixa de ser apenas um comércio e se torna um dos pontos de socialização do circuito GLS da cidade.

Longe de serem politicamente corretas, as lojas eróticas do Centrão representam um tipo de empreendimento com aspectos semelhantes ao modo como a pornografia sempre circulou: um negócio para o desfrute masculino, com clara e direta conotação sexual. As poucas mulheres nessas lojas são vendedoras ou, quando compradoras, profissionais do sexo que atuam nas redondezas. A presença de pesquisadores é tão estranha naquele cenário que quando uma aluna minha entrou em uma loja pequena de uma das galerias da rua 24 de Maio, depois de ter se apresentado e dito que estava ali em observação de pesquisa, viveu a seguinte situação, registrada no diário de campo em janeiro de 2005:

> **Vendedor** — *Vocês inventam cada desculpinha!*
> **Pesquisadora** — *Vocês?*
> **V** — *Vocês, putas, vêm aqui só encher meu saco!*
> **P** — *Infelizmente, não sou puta, sou pesquisadora mesmo!*
> **V** — *Aqui só vêm puta ou desocupada. Não dou entrevista, não falo, não deixo tirar fotografia nem usar o nome da loja. E não tenho cartão. E, se você não for comprar nada, não demore muito! Pode espantar os clientes!*

Do ponto de vista das convenções do mercado erótico, o que a situação ilustra se relaciona a uma modalidade de pornografia em que a fronteira entre a transgressão e o sancionado é claramente demarcada e já traz inscrita a marca de gênero: mulher ali atrapalha o negócio. É interessante notar que se essa concepção foi predominante até o fim do século xx, hoje ela sugere lojas organizadas por empreendedores de estratos mais baixos de classe média, para um público popular.

AS SEX SHOPS DE BAIRRO

Até fazer a pesquisa não imaginava encontrar lojas de produtos eróticos em locais como Santana, Tatuapé, Penha ou Jaçanã. Bairros de ocupação antiga e compostos, sobretudo antes de 1980, por segmentos de classe média baixa e por imigrantes, hoje são regiões com projetos imobiliários rentáveis e caros, que oferecem serviços e núcleos de comércio à população de alto poder aquisitivo. Encontramos no Tatuapé e em Santana, por exemplo, sex shops que ilustram bastante bem esse cenário de mudanças no quadro social e urbano, representando um perfil distinto das lojas do Centrão: com a preocupação de atingir consumidores de classe média alta, oferecem produtos para casais (lubrificantes, cremes aromatizados, dados e cartas para brincadeiras sexuais). Os estabelecimentos nos outros bairros mencionados possuem um perfil ligeiramente diferente. Neles encontramos lojas cujos proprietários também fabricam produtos, como lingeries no Brás, dildos e cosméticos na Penha, e acessórios sadomasoquistas no Jaguaré. Do ponto de vista empresarial, as lojas de bairro também constituem caso distinto se comparadas às do centro: seus lojistas são de estratos médios e há participação mais efetiva de mulheres, seja como vendedoras, seja como proprietárias.

Esse é o caso da dona da Picante Sex Shop, no Tatuapé, cuja história parece exemplar do quadro sociológico dos empreendedores eróticos de bairro. Lívia chegou a São Paulo do interior do Rio Grande do Sul para trabalhar como secretária. Travou amizade com uma moça, em um salão de beleza, que trabalhava em uma sex shop no centro[13] e a indicou para um emprego. Trabalhou como vendedora ali por quatro anos. A loja fechou e ela foi contratada pela proprietária de uma sex shop em Moema chamada Sex Appeal.[14] Ganhou a confiança da dona, foi promovida a gerente e, depois de três anos de economias, Lívia virou lojista: comprou os produtos em estoque e o ponto da loja do Tatuapé. Seu empreendimento tem uma marca singular: Lívia demitiu o vendedor homem, contratou uma moça (e a ensinou a atender os clientes com atenção e a dar explicações detalhadas sobre os produtos), redecorou o ambiente interno e diversificou as estantes com acessórios importados.

A tendência mais recente tem sido a de abrir o negócio erótico já voltado para o público familiar e feminino.

Mas nem sempre a meta é alcançada a contento, como notamos em campo. Nas lojas de bairro, os homens ainda são os consumidores mais numerosos, embora quando peçam explicações ou sugestões se refiram à parceira. As mulheres, em menor contingente, compram mais e compram produtos mais caros (estimuladores, além dos cremes, lingeries e fantasias).[15] Assim, uma das estratégias para alcançar o segmento feminino, segundo os vendedores e o material de divulgação utilizado por eles, é oferecer um serviço diferenciado: atendimento personalizado e entregas em domicílio. O risco de exposição dos clientes é maior em regiões residenciais, onde as relações face a face são marcantes.

Gostaria ainda de chamar a atenção para o fato de, nos bairros, haver um nicho de empreendimentos eróticos visando casais. Há um esforço para "não chocar" presente na retórica dos funcionários das sex shops e, sobretudo, no modo como apresentam os produtos, na sua disposição no espaço e, principalmente, nas explicações fornecidas para o uso.

O design interno das lojas apresenta um mesmo padrão de distribuição: da entrada, tem-se acesso visual às fantasias e lingeries; em outra sala, estão os cosméticos (gel, lubrificantes e cremes) e as brincadeiras (dados, cartas de baralho); e, finalmente, avistam-se os toys (dildos, estimuladores, bombas de extensão peniana etc.). Essa organização dá o que pensar, principalmente pela gradação, pelo ritmo da ação erótica assinalado por DaMatta (1983): o espaço da loja mostra, aos poucos e num calculado jogo de esconde/mostra, produtos considerados picantes, mas menos chocantes, e aqueles que sugerem desejos menos convencionais.

É interessante salientar que lingeries e fantasias são os produtos mais palatáveis ao gosto moral dos clientes. Nessa hierarquia pornográfica, vestir o corpo para o sexo e fazer uma performance que evoca posições sociais seriam práticas menos chocantes do que os toys de estimulação. Ou ainda: a estimulação visual — adornar o corpo para — situa-se nesse mapa de modo menos transgressor do que a estimulação direta do corpo, sendo o objeto que pode chocar mais, justamente, aquele cuja materialidade física em tese, e apenas em tese, afasta a relação entre dois corpos humanos.

Os produtos expostos nas vitrines e que colorem os ambientes internos são lingeries provocativas e fantasias femininas variadas: enfermeira, colegial, tiazinha, dançarina do ventre, empregada doméstica etc. (Vale destacar uma observação feita por vendedores: enquanto as mulheres procuram e compram fantasias de tigresa e bombeira, os homens compram para elas fantasias de colegial e empregada doméstica.) Ainda que o tecido empregado varie de qualidade, há uma constância de cores fortes (vermelho e roxo), transparência, couros, plásticos brilhantes e plumagens. As fantasias, as calcinhas e os sutiãs sugerem uma sensualidade cujas convenções parecem sublinhar dois sentidos: o de ser "vulgar" e o de ser para o corpo "feminizado", que pode ser tanto o da mulher como o do homem. Não são oferecidas fantasias masculinas e são raras as cuecas — que aparecem nas lojas para o público homossexual masculino. Esse fato não elimina a possibilidade de que homens comprem lingeries femininas, inclusive, para uso próprio, como alegam vendedoras de lojas diferentes: homens heterossexuais procuram calcinhas e sutiãs GG e, alguns deles, em seguida à compra, vestem os acessórios nas cabines da própria loja.

O relevante no caso parece ser que as inscrições de gênero são coladas a uma modalidade de sensualidade que enfatiza o "vulgar". A materialidade corporal associada a um sexo pouco importa, mas não o sentido de vestir, feminizando e tornando obsceno. Chama a atenção também essa correlação entre a transparência dos tecidos, como o voile ou a renda, contraposta à impermeabilidade do couro ou do plástico: o jogo de entrever e sentir o calor das partes íntimas ou o de vedá-las, interditando-as ao olhar e ao toque. Na pornografia, a escolha dos materiais e o modo como são empregados aludem a contrastes, através de sinais exagerados. Mais do que tornarem explícitos, são jogos de mostrar-esconder, deixar entrever ou interditar. Tanto o modo como os produtos são dispostos no espaço da loja quanto o uso desses materiais apresentam o movimento análogo ao do striptease, que "desenvolve no tempo os termos de um código que é o do enigma: promete-se, desde o início, a descoberta de um segredo, depois essa revelação é retardada ('suspensa') e, finalmente, simultaneamente realizada e retirada" (Barthes, 1979a, p. 154).

Os marcadores de gênero, no caso das fantasias, combinam feminilidade a atividades profissionais que evocam assimetrias sociais ligadas à subalternidade ou ao controle: posições de cuidado (enfermeira e empregada doméstica), de conotação pedófila (colegial), de sensualidade animal (tigresa ou coelhinha) e de domínio (bombeira, militar, policial). O corpo feminizado é o corpo vestido para depois ser despido, e não são oferecidas nem demandadas fantasias para vestir o parceiro que se relaciona com a figura performada. As convenções em destaque nas fantasias remarcam as posições de cuidado ou de controle, mas com o sentido da paródia. A ironia perpassa os produtos, sua materialidade e suas formas. As fantasias não são uniformes: são feitas para jogar, iludir, aproximar e afastar os sentidos evocados pelo referente. Assim, a saia curta e rendada da enfermeira, deixando aparecer a calcinha vermelha e o minijaleco com decote profundo com a enorme cruz (também vermelha) indicam o jogo de cuidar e, sensualmente, castigar.

De acordo com os lojistas de bairro, os produtos que menos assustam o público masculino são os anéis penianos. Esses pequenos anéis de borracha siliconada para serem vestidos no pênis, mantendo-o endurecido, são os primeiros a serem vistos quando adentramos o espaço destinado

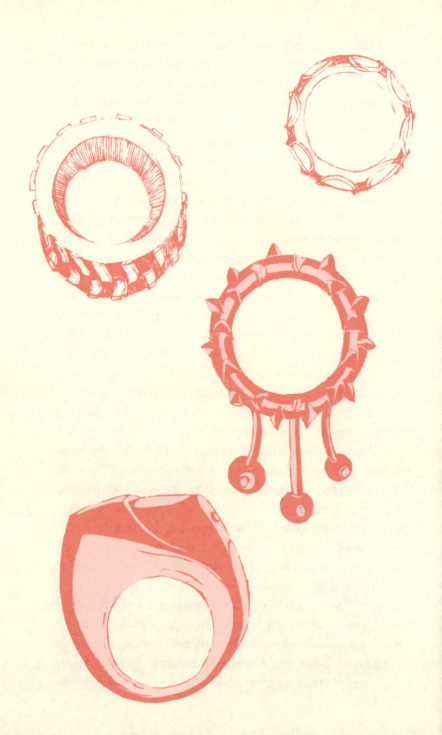

aos estimuladores, dildos e vibradores. Além disso, a peça traz acoplado um vibrador miúdo para estimular o clitóris. A concepção desse toy é a de que a estimulação venha acompanhada da penetração vaginal pelo pênis, o que significa que esse é um brinquedo para ser usado por um casal formado por um homem e uma mulher. O suporte corporal masculino é, nesse caso, imprescindível, o que não necessariamente ocorre quando se trata de dildos ou outros estimuladores, inclusive os de forma fálica. Ao nos deter sobre o sentido dos anéis (e das capas penianas), fica evidente sua função complementar ao pênis, que não é subtraído nem passível de substituição.

As normas e convenções heterossexuais são bastante valorizadas nas lojas de bairro, sobretudo a noção de que é possível abrir negócios eróticos em regiões onde vivem famílias, desde que o produto tente — ao menos em parte — preservar o divertimento para o casal.

AS BOUTIQUES ERÓTICAS

A primeira sex shop com características acentuadamente femininas na zona sul foi aberta em meados de 1990 e se localiza em Moema, mas foi apenas a partir de dezembro de 2003 que esse nicho adquiriu visibilidade com o lançamento da Club Chocolate. Filial de uma loja aberta em 2000, no Rio de Janeiro, foi inspirada na parisiense Collete, grande difusora de lojas que incluem produtos de design, moda e gastronomia. Em São Paulo, a Club Chocolate esteve aberta até 2008. A loja-conceito trazia projeto arquitetônico arrojado com três andares abertos, sendo que, no último, uma porta de correr inteiramente espelhada separava um espaço fechado de 25 metros quadrados chamado Clube das Meninas. [16] A placa na porta indicava que era proibida a entrada de animais, crianças e homens e, dentro, as paredes cor-de-rosa expunham lingeries sensuais e "chiques", e a maioria das peças era da Dior, Dolce & Gabbana e, principalmente, Madame V, uma marca brasileira que exporta 95% de sua produção (o site da marca está em inglês e a frase de chamada é "Seductive Lingerie from Brazil"). A média de preços das calcinhas fica acima dos setenta reais. Algemas com pele estilizada de onça, chicotes customizados e outros acessórios ficavam guardados nas gavetas e eram mostrados apenas quando solicitados.

Em maio de 2004, foi inaugurada a Maison Z, em um dos sobrados mais cobiçados e de aluguel elevado da alameda Lorena. Essa loja é propriedade de duas mulheres jovens, ricas e bem relacionadas: Patrizia Curi e Izabel Collor. Formadas em publicidade, as duas são organizadoras e sócias majoritárias do empreendimento, mas contam com sócios capitalistas, cujos nomes não quiseram revelar. Antes de abrir a loja, Patrizia trabalhou na Daslu (loja multimarcas de luxo mais conhecida de São Paulo até seu envolvimento em escândalos fiscais), que costumava contratar moças de famílias ricas e conhecidas da cidade como funcionárias. Izabel trabalhava na parte de promoções e merchandising da Nestlé. Segundo a gerente da loja que nos concedeu entrevista, as duas são socialites e resolveram investir no ramo erótico depois de assistir em Londres a uma palestra de Anita Roddick, a famosa criadora e dona da marca inglesa de cosméticos atinados com a preservação do meio ambiente The Body Shop. Nessa palestra, souberam que as filhas de Anita, chamadas Justine e Samantha, eram donas de uma sex shop de luxo, Coco de Mer, que busca atingir o público feminino rico com acessórios eróticos caros.[17] Inspiradas pela ideia de que é possível associar certos produtos eróticos a noções de elegância e sofisticação, as donas da Maison Z ajudaram a consolidar esse novo nicho. Uma das estratégias que formularam foi a de tentar diferenciar a noção corrente de sex shop da noção de erotic shop ou boutique erótica. É o que pudemos observar na entrevista realizada por ocasião da coleta de dados com a gerente Sonia, em 2006:

> **Pesquisadora** — *Por que diferenciar erotic shop e sex shop?*
> **Gerente** — *Sex shop já é uma coisa cravada na cabeça das pessoas, a gente sabe o que é sex shop no Brasil: é underground mesmo, é "submundão". É escuro, tem uma mulher que vai estar lá e vai te falar, como se fosse uma impressora, o que é um vibrador, ou não vai te explicar e vai te olhar feio, vai te estranhar. Aquelas coisas, aquelas embalagens sujas, aquilo que você não vai entender nunca. Coisa que você olha e fala: "Gente!". É um mundo muito longe do teu, sempre muito longe do teu. Acho, na verdade, que é o que atrai principalmente o mercado masculino. É uma fantasia, uma coisa longe da realidade. Quanto mais longe, melhor para algumas pessoas. Então, algumas até gostam de sex shop pra poder entrar na fantasia. Mas é diferente de erotic shop. Eu acredito que erotic shop seja uma coisa... é... não mais didática, mas mais... claro, mais chique, né? Mais limpa, quase uma clínica... não, uma clínica é horrível. Mas assim... é muito mais limpa mesmo. Imagina uma coisa: agora a loja está no oitavo andar, quer dizer, é o contrário do underground, né? Quando a gente estava na casa da Lorena tinham dois andares e a erotic shop ficava no segundo. Você entra num mundo desconhecido, mas com que você vai se familiarizar. Quando atendo um cliente, quero que ele se familiarize, que realmente perceba que aquilo ali pode fazer diferença, e acredito nisso, que aquilo não é uma brincadeira, que é realmente saudável. Porque tem muita gente que não é que tenha problemas, mas que não sabe até onde o prazer pode chegar.*

Esse depoimento ilustra as implicações sociais das boutiques eróticas sobre as normas de gênero e sexualidade: no segmento feminino com pretensões de elite se vendem produtos em um ambiente cujas referências e sinais pretendem afastar um conteúdo sexual caracterizado como sujo. A sujeira, no caso, é inteiramente erotizada, ainda que o termo "erótico" seja o sinal de distinção desses estabelecimentos em relação às demais sex shops. O sujo atrai os homens; o limpo — o que remete ao leve cheiro de lavanda que a loja exala — pretende tornar familiares os produtos que são vendidos a partir de uma retórica que intenciona, além do consumo, ensinar a tornar o prazer algo saudável. Essas ideias constituem o cerne do erotismo politicamente correto, e a proposta das boutiques eróticas supõe uma fissura de gênero: erotismo com transgressão é masculino; erotismo com sofisticação, luxo e saúde é feminino.[18]

De fato, a Maison Z — bem como o Clube das Meninas, a Doc Dog Fetish, a Revelateurs, a Love Place[19] — atende um público 80% feminino, 15% de casais e 5% de homens que compram produtos para uma mulher.[20] A loja funcionou durante um ano na alameda Lorena, tendo depois se transferido para um espaço de cinquenta metros quadrados no oitavo andar de um prédio da alameda Casa Branca, próxima dali. Esse fato não é sem importância: o sobrado da Lorena era um endereço de visibilidade, mas com um custo considerável incompatível com as vendas concretamente efetuadas. Depois de um ano, a loja mudou para um espaço mais barato, mas ainda nas imediações, e o negócio passou a girar em torno das vendas por internet.

O padrão parece ser este: o primeiro passo é o de divulgar a marca e tornar público o empreendimento e seus produtos; depois, com o negócio mais conhecido, realizar o lucro com as vendas "sem exposição". As lojistas argumentam que a mudança acompanha a demanda da clientela: para evitar o constrangimento das consumidoras, elas realizam a venda com entrega a domicílio, bem como organizam palestras e cursos sobre sexualidade e autoestima.

A descrição que se segue é a do sobrado de dois andares, local onde foi feita a pesquisa de campo e que apresenta as peculiaridades desse nicho. Seguindo o mesmo sentido de gradação presente nas sex shops de bairro ou das estantes de filmes das lojas do Centrão, o segmento "chique" apresenta os produtos como numa encenação de striptease: os objetos vão sendo desnudados com vagar. Para evitar a associação com o underground, a loja investiu na organização e exposição dos produtos a partir do eixo baixo e alto: primeiro e segundo andares. No primeiro andar, perto da entrada, um armário com joias e bijuterias e uma mesa com produtos variados (nécessaire estampado com imagens eróticas, caixas cobertas por fotografias de nus, quadrinhos, sabonetes em formato de bumbum ou seios). Ao lado dessa mesa, um "pequeno cenário" era composto por um sofá vermelho e prateleiras com sabonetes, cremes para massagem e sais de banho. Nesse espaço também eram expostas lingeries e roupas. A maioria dessas lingeries era de um tipo que poderia ser usado como roupa.

O segundo andar era dividido em três ambientes: espaço de lingeries, biblioteca e erotic shop. As lingeries que ficavam ali só podiam ser usadas como roupa de baixo — nas versões para o dia a dia ou mais sensuais e sedutoras. Encontramos conjuntos de calcinhas, *bodies*, sutiãs, pijamas coloridos (brancos, rosas, amarelos); modelos imitando *pin-ups* ou biquínis; lingeries pretas, algumas com cores mais fortes (vermelhas e laranja); calcinhas com amarrações diferentes, *robes de chambre* com transparências, rendas, paetês, plumas. A biblioteca consistia em um sofá, uma mesa com alguns livros e uma estante com TV/DVD e filmes. Os livros, nacionais e estrangeiros, versavam sobre comportamento: *Como sair de uma saia justa*, *Conhecendo melhor os homens* e *Sex and the City*, que inspirou a série. Os DVDs eróticos eram todos estrangeiros e havia a coleção completa da série *Sex and the City*.[21]

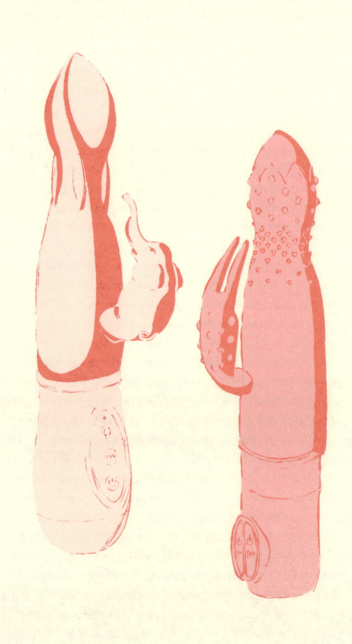

A primeira prateleira do espaço dedicado à erotic shop apresentava variados estimuladores femininos, como os ovos vibratórios ou as bolas de pompoar, também conhecidas como bolas tailandesas, usadas no pompoarismo, antiga técnica oriental derivada do tantra que visa ao prazer sexual através da contração e do relaxamento dos músculos circunvaginais. Estavam dispostos também kits femininos com óleos e géis (lubrificantes que esquentam ou que esfriam, muitos com diferentes sabores como baunilha, menta ou morango). Ao lado dessa prateleira, havia um armário com alguns acessórios, como capas penianas, algemas e brincos para mamilos, e poucas fantasias (como de bailarina e colegial). Ao fundo, finalmente, estava a prateleira com vibradores (*rabbits* de diferentes cores e tamanhos), estimuladores em forma de calcinha (*butterfly*), além de produtos para sexo anal — plugue com ou sem vibradores.[22] Todos os produtos dessa parte da loja, com exceção de alguns géis, eram importados. Segundo a dona da loja, os produtos brasileiros são de péssima qualidade.

Em nossas sessões de observação nessa boutique erótica, assistimos às vendedoras atendendo clientes. Havia uma recorrência nas falas: as funcionárias assinalavam que já tinham experimentado tudo e que todos os produtos eram muito bons: "Este gel é ótimo, eu já usei e realmente tive orgasmos mais prolongados com ele". Algumas explicações apresentavam um tom médico, mas sempre baseadas na vivência pessoal: "Este lubrificante dilata os vasos e dá mais prazer", "O plugue relaxa a musculatura e facilita a penetração anal", "Para o homem a sensação de frio é melhor, já para as mulheres é o calor que aumenta o prazer". Além disso, elas davam um jeito de associar ao discurso a ideia de que as mulheres modernas e ousadas devem usar esses produtos e lutar pelo seu prazer: "Este estimulador eu indico para casais que gostam de ousar, de tentar coisas novas", "Você é quem deve mostrar para ele as novidades, mostrar como se usa, mostrar que isso vai aumen-

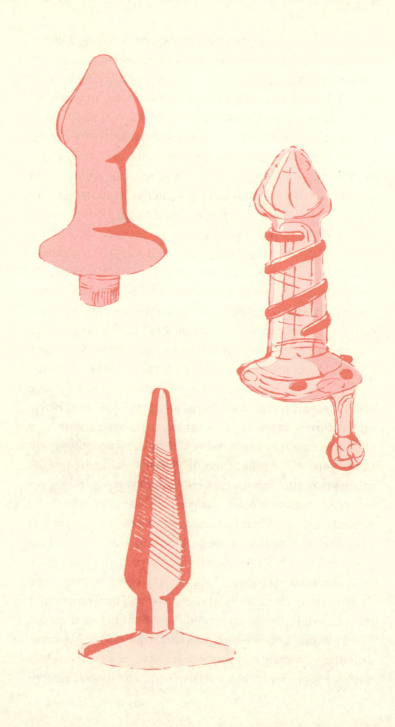

tar o prazer dos dois", "Você também pode usar esse estimulador sozinha, quando estiver no seu momento de prazer".[23]

Chamo a atenção para dois aspectos: diferente das lojas de bairro, as boutiques eróticas não investem tanto em fantasias, apenas nas lingeries; contudo, como nelas, há uma tentativa de produzir o que chamam de "familiaridade" em relação aos produtos e ao prazer saudável que podem provocar. Saúde e uma espécie de educação para o prazer são os elementos que caracterizam o erotismo das boutiques de classe alta.

CENAS EXEMPLARES

As duas cenas a seguir ilustram de modo contundente que está ocorrendo um investimento significativo em criar novas etiquetas sexuais para mulheres heterossexuais e, simultaneamente, elaborar parâmetros mercadológicos que estimulem a divulgação desse conjunto standard de etiquetas, de modo a estimular o consumo. É curioso notar os cenários: um flat nos Jardins; a Fundação Getulio Vargas. O elemento de classe parece evidente: trata-se da formação dessa etiqueta comportamental para atingir, de início, as mulheres da classe média alta, na condição de consumidoras e de profissionais de marketing.

Cena 1: A mulher-diamante
Domingo, 8h30. Sala de conferência de um flat nos Jardins. Eu e minha aluna ganhamos de cortesia uma participação no curso Mulher-Diamante, oferecido por Nelma Penteado. Na antessala estão expostos lingeries, cosméticos e acessórios de sex shops para venda. Na sala, encontramos sentadas aproximadamente cinquenta mulheres, a maioria de classe média, com profissões variadas: relações-públicas, dentistas, secretárias, muitas com pequenos negócios. Grande parte na faixa dos trinta anos ou mais.

A espera e o silêncio constrangedor são cortados por um som estridente e a apresentação de Nelma Penteado: "Ela já deu palestras para mais de 1 milhão de mulheres. Foi a primeira mulher a falar de erotismo para mulheres casadas. É a melhor palestrante do mundo". Nelma surge, toda de branco e strass.

Nelma — *Bom dia!!!*
Público — *Bom dia!*
Nelma — *Esse bom-dia está muito chocho! Quero ouvir um bom-dia com muita energia. Bom dia!*
Público — *Bom dia!*
Nelma — *Agora sim.*

Ela sobe no palco e dá início à palestra. Para começar, coloca uma música da Xuxa e nos convida a dançar. Em seguida, pede que viremos para a esquerda e façamos massagem na companheira do lado, para ela acordar. Enquanto isso, Nelma grita palavras de ordem para serem repetidas por todas. A maioria das frases deve ser dita para a pessoa do lado: "Acorda", "Xô preguiça", "Xô mau humor". A massagem termina com um abraço coletivo. Então, ela pede para todas fecharmos os olhos para agradecer a Deus por conseguirmos nos levantar todos os dias.

Depois da breve prece, Nelma afirma que o curso é uma troca, e que para que aconteça é necessário que todas estejam abertas, senão ela e todas nós apenas estaremos perdendo tempo. E Nelma não deixou os filhos em casa para perder tempo. Ela diz que pode ver no rosto e nos olhos ("Os olhos são a janela da alma") o que cada uma estava pensando.

Nelma — *Algumas estão totalmente abertas, algumas ainda tímidas, e algumas pensando: "O que essa mulher pode me ensinar? Eu que tenho mestrado, doutorado, MBA. Eu* *que sei tudo". Eu sei que não tenho MBA, mestrado etc., mas já falei para mais de 1 milhão de mulheres. E mudei a vida delas, por isso alguma coisa boa eu posso passar. Por isso, peço para essas pessoas que deixem de preconceito e aproveitem de verdade o curso.*

A palestra inicial gira em torno da autoestima.

Nelma — *Por exemplo, se quando você estivesse chegando aqui no flat você encontrasse uma pedra de rua no chão, você a pegaria?*
Público — *Não.*
Nelma — *Mas e se você tivesse encontrado um diamante? Você pegaria, traria para cá, ficaria olhando para ele a cada intervalo, cuidaria dele, mostraria para todo mundo, poliria sempre, não é verdade? Então, se você for uma pedra de rua, se você se sentir como uma pedra de rua, se você se tratar como uma pedra de rua, os outros te verão e te tratarão como uma pedra de rua. Os homens apenas vão te usar e jogar fora. Não vão te tratar como você merece! Mas, se você for um diamante, todos vão te tratar como um diamante. E um diamante, mesmo quando é quebrado, estilhaçado, nunca perde seu valor. Seja um diamante! Quem é mulher-diamante levanta a mão. Diga para sua amiga: "Você é um diamante".*
Público — *Você é um diamante.*
Nelma — *Diga para sua amiga: "Não deixe nunca mais ninguém te tratar como pedra de rua".*

E continua:

Nelma — *Estamos aqui conversando sobre autoestima, cuidar do jardim, não deixar ninguém destruí-lo. Mas algumas de vocês devem estar pensando... e a sacanagem?*

Eu vim aqui para aprender a sacanagem. Queria esclarecer que essa primeira parte do curso é para você aprender a cuidar de todas as árvores do seu jardim. Mas, na parte da tarde e da noite, focaremos mais no erotismo. Daqui a pouco, já darei algumas dicas de sacanagem. Só queria antes dizer que a sacanagem que eu ensino é a sacanagem do bem, não a sacanagem do mal. A sacanagem que deve ser usada para o bem, para melhorar seu casamento, para você ser mais feliz. Pois o mundo já está cheio de sacanagem do mal.

Enfim, as dicas:

Nelma — *Vou dar duas dicas rápidas que você pode seguir. A primeira: quando ele estiver tomando banho de manhã para ir trabalhar, você pega a cueca que ele vai usar e cobre de beijos de batom. Quando ele reparar, vai ficar surpreso, e você vai dizer que é para ele sentir seus beijinhos o dia inteiro. Na parte da tarde, você liga para ele e diz: "Quando chegar em casa, vou beijar seu corpo todo". Ele com certeza não vai tirar você da cabeça e vai chegar em casa todo animado. O resto da noite só depende de vocês! A segunda dica também é fácil e precisa apenas de um banheiro. Todo mundo tem banheiro em casa? Uma toalha. Todo mundo tem toalha em casa? E um sorvete de massa. Isso é fácil de arrumar, certo? Você liga o chuveiro para que o banheiro se encha de vapor. Pega a toalha e coloca no chão do banheiro. Lógico que fora do boxe, para não molhar, porque é em cima dela que vocês vão fazer amor. (risos) Você chama ele, pede para tirar toda a roupa e esperar deitado na toalha. Então você tira sua roupa e vai pegar o sorvete na geladeira. Lembre-se de deixar o sorvete já preparado na geladeira, não vai querer ir na padaria comprar e deixar o coitado no chão do banheiro* *esperando... (mais risos) Você entra com o sorvete na mão e diz assim: "Você tem que tomar esse sorvete sem derramar uma gota, porque onde cair você vai ter que chupar e esfregar o sorvete em várias partes do seu corpo". Depois, fala: "Eu também não posso deixar cair nem uma gota, porque onde cair eu vou ter que chupar". E então você passa o sorvete no corpo dele. Você vai ver, vai ser uma chupação só, uma loucura.*

Para esclarecer essa cena, são necessárias algumas informações: Nelma Penteado é pioneira em palestras sobre sexualidade para empresas e já ministrou inúmeros cursos, bem como prestou consultoria para várias das sex shops investigadas. Ela é uma morena alta, com aproximadamente quarenta anos. Sua trajetória pessoal intriga: proveniente da classe média baixa e de pouco estudo, iniciou suas atividades de orientação para mulheres em um salão de beleza. É casada com um português que é seu agente e responsável por sua imagem e sua agenda. Publicou alguns livros (o prefácio de um deles foi escrito pelo economista Maílson da Nóbrega), nos quais fica em evidência essa nova etiqueta sexual para mulheres. Uma "sacanagem do bem", que articula o estímulo à autoestima, temer e agradecer a Deus e cuidar do casamento. A dinâmica do curso combina certas modalidades de programa de auditório, cultos evangélicos, salão de beleza e, especialmente, casas noturnas de striptease. Aprende-se a andar com sensualidade, a empostar a voz, a olhar com altivez, a manejar com destreza a busca do prazer e o controle sobre o desejo do parceiro, além de uma série de jogos sensuais.

Tal etiqueta sexual para as "novas" mulheres parece inteiramente atinada e congruente com as demandas e aspirações das consumidoras. Diversas usuárias dos bens eróticos com o perfil social de classe média alta, em relacionamentos heterossexuais e com mais de 35 anos, afirmam que esse mercado abriu a possibilidade de "apimentar" suas relações. Elas não acham que estão contestando, com seus novos acessórios e brinquedinhos, a matriz heterossexual que organiza hegemonicamente as práticas sexuais.[24] Antes, tomam para si — levando em conta uma retórica de justificativa — a responsabilidade de manter seus relacionamentos diante da imensa competitividade de mulheres no mercado matrimonial, fato que não devemos desprezar, segundo dados demográficos, especialmente para a faixa etária em questão.

Se essa é a retórica que sustenta os novos atos de consumo, é inegável que não esgota todos os seus efeitos. Depois desse tipo de comentário, as usuárias frequentemente falam com eloquência e por tempo considerável sobre os novos prazeres e poderes envolvidos. O acento das falas incide sobre uma espécie de associação entre a valorização da autoestima (produzir prazer para si mesma), ser saudável (no sentido de "gozar") e aumentar os espaços de convivência e de diversão entre mulheres em novos universos de homossocialidade.[25] Vale destacar uma implicação relevante sobre tal feminização: ainda que essa ampliação do escopo das normatividades sexuais esteja sendo mobilizada em torno da saúde e da autoestima, assistimos à desestabilização das fronteiras que separam as mulheres "direitas" das "outras" (amantes e prostitutas, particularmente). A própria associação com saúde mental e corporal permite essa desestabilização. Por meio da comparação com a imagem do que representa a prostituta brasileira em cenário transnacional (e, em particular, aquilo que foi observado na Espanha) — a de que a brasileira, diferente das outras latino-americanas ou das mulheres do Leste Europeu, é valorizada por ser "carinhosa, doce e dócil" (Piscitelli, 2004) —, parece que essas fronteiras estão mesmo sendo nubladas: mulheres de classe média, heterossexuais, gostando de parecer ser "putas", enquanto prostitutas parecem querer ser algo semelhante a "amélias".

Cena 2: Sexo vende?

Fundação Getulio Vargas. Primeiro Fórum Marketing Erótico e Ética, sobre o erotismo como propulsor de consumo. O evento é voltado para profissionais do marketing, da propaganda, consultores e outros interessados. O primeiro palestrante é coordenador da área de marketing da GV, Marcos Cobra. Ele lançou um livro chamado Sexo e marketing (que está à venda no evento) e vai falar sobre ele. Marcos dá início à fala com uma pergunta: "Sexo vende?".

Marcos — *Claro que vende. Estamos no Brasil, que é o país, segundo dados de uma pesquisa, que faz mais sexo em todo o mundo. E como já nos disse Gilberto Freyre, nossa sexualidade vem da negra da senzala. O sexo faz parte da cultura nacional [...]. Apesar disso, eu gostaria de ressaltar que esse assunto ainda é um tabu. Mesmo dentro de um centro de pesquisa de ponta como a GV. Tive muita dificuldade para começar uma discussão sobre este assunto aqui, e mais ainda, para conseguir fazer este fórum. Muitas pessoas foram contra, falaram que era um absurdo. Outras diziam que o assunto não era relevante. Mas estamos aqui com o auditório cheio, meu livro muito bem-aceito, quebrando essas barreiras moralistas.*

Ele continua:

Marcos — *Em nossa época, as bases do marketing são: a satisfação de necessidades para a realização de desejos dos consumidores, sejam eles explícitos ou ocultos — a emoção é a chave; e a necessidade de investimentos em tecnologia e conhecimento como forma de sobrevivência e crescimento,* pois o conhecimento tem prazo de validade a cada dia menor. É preciso investir em pesquisa; os produtos devem se tornar objetos de desejo; a cabeça dos consumidores está lotada de informações desnecessárias. O apelo ao sexo é utilizado para conquistar a atenção do consumidor.

Isso significa, em seus próprios termos:

Marcos — *O objetivo do marketing é transformar desejo em consumo. Os consumidores são movidos por emoções, por isso o aumento dos apelos eróticos. Os produtos devem mexer com o lado lúdico e pudico do consumidor.*

Passou, então, a falar de erotismo e sexualidade:

Marcos — *O amor romântico é uma construção social baseada na atração sexual. A atração sexual é o real sentimento, a emoção que move o ser humano. Dessa forma, como fica o marketing erótico? O marketing elegeu a mulher como objeto de beleza. A sociedade de consumo tem a mulher como seu símbolo. Basta olhar os anúncios publicitários para ver a sexualidade implícita, ou mesmo explícita.*

E mais:

Marcos — *O marketing deve associar o consumo prazeroso com a figura da mulher. Deve-se transformar o produto em "prazer", "magia" e "sedução". Quanto mais atrativo e sedutor for o produto, mais ele induz o consumidor à compra. O produto se torna objeto de desejo. O marketing se torna a arte de realizar desejos explícitos e ocultos, por meio de produtos ou serviços atraentes e emocionantes, apresentados com efeitos extraordinários e de maneira fascinante.*

E o professor conclui:

> **Marcos** — *O sexo na sociedade de consumo está presente na vida de qualquer pessoa; o consumidor procura o sexo como afirmação social, pessoal e afetiva. O poder econômico é representado pela posse de símbolos sexuais representados por marcas e categorias de produtos.*

Nessa segunda cena, chama a atenção que uma das faculdades de administração de empresas de maior destaque no país ofereça uma atividade para formação de marketing, criando uma retórica que retira o erotismo da dimensão mais popular ou clandestina do mercado e elabora as bases para que alcance um patamar de maior status. Há na argumentação um componente que fala de perto ao público brasileiro, afinal, como sinaliza Marcos Cobra, a sensualidade ("da mulher negra") está na base de nossas tradições. Invocar Gilberto Freyre autoriza que o tema seja objeto de discussão na faculdade (pois isso lhe confere marca acadêmica), ao mesmo tempo que opera com aquilo que o senso comum toma como essencial de nossa cultura nacional. Assim, o "sexo vende". E se "o objetivo do marketing é transformar desejo em consumo", nada mais justificável do que verter para o consumo aquilo que constitui uma espécie de desejo nacional: a sacanagem.

A primeira e a segunda cenas ilustram a criação de um segmento claramente feminino. Destaca-se um sentido de feminilidade que, antes de constituir o lugar passivo do desejo masculino, reforça a posição de atividade: as mulheres passam a ocupar uma espécie de protagonismo e são responsabilizadas não apenas pelo seu bem-estar, como também pela manutenção do casamento. O efeito notável dessa nova modalidade de erotismo é o de provocar inflexões sobre os padrões da conjugalidade heterossexual: pretende substituir, com todos os ensinamentos, técnicas e aparatos à disposição no mercado, a discrição ou aparente indiferença sexual da esposa pela figura de uma companheira que, além de bem resolvida financeira e pessoalmente, tem iniciativa e criatividade eróticas.

Parte considerável do conteúdo das palestras no fórum de marketing relacionou mercado e desejo. Para entender as consequências dessas novas concepções, sugiro a leitura de Appadurai (1986), que propõe uma nova interpretação da circulação de mercadorias na vida social, com foco nas *coisas* que são trocadas, e não apenas nas formas ou funções da troca, como tem sido tradição em várias modalidades da antropologia social e econômica. Para Appadurai, mercadorias são objetos que têm valor econômico. Sua definição tem uma conotação exploratória e, para tal, ele se inspira em Georg Simmel (*Filosofia do dinheiro*, de 1907), mais propriamente na sua noção de que o valor não é dado pela propriedade inerente dos objetos, mas pelo julgamento que os sujeitos fazem deles. Julgamentos são baseados em subjetividades, que, por princípio, implicam em provisoriedade. Simmel sugere que os objetos não são de difícil aquisição por serem valiosos, mas são valiosos por resistir ao nosso desejo de possuí-los. Objetos econômicos supõem, para ele, aquilo que se localiza entre o puro desejo e a satisfação imediata, na distância entre o objeto e a pessoa que o deseja, distância essa que pode ser superada. A superação se dá pela troca econômica, a partir da qual o valor dos objetos é determinado reciprocamente, ou seja, numa dinâmica em que o desejo por um objeto é consumado pelo sacrifício de outro, que é foco do desejo de outrem. Os vários artigos do livro organizado por Appadurai apresentam insights sobre os modos como desejo, demanda, sacrifício e poder interagem para criar o valor econômico em situações sociais específicas. Eles interessam pela proposta analítica de investigar as trajetórias sociais dos objetos, ou melhor, sua vida social, buscando apreender como os significados vão sendo inscritos nas coisas, a partir de suas formas e seus usos.

Na análise dessas trajetórias, é preciso evitar a oposição polar (consagrada por vertentes da antropologia) entre sociedades da "dádiva" e sociedades da "mercadoria". A troca de dádivas tem sido apresentada em muitas visões (Sahlins, Taussig, Dumont),[26] sempre associada à reciprocidade e à sociabilidade; e a mercadoria, como engrenagem orientada pelos interesses, pelo cálculo e pelo lucro. A dádiva ligaria coisas a pessoas e a mercadoria "objetificaria" as pessoas na medida em que é tomada como uma espécie de *drive*, aparentemente isento de constrangimentos morais, entrelaçando as coisas pelo dinheiro. Indo contra essa interpretação, Appadurai propõe pensar sobre o que há de comum entre a troca de dádivas e a troca de mercadorias.

A ideia de trabalhar no registro das trajetórias dos objetos é bastante rica para a análise de meu material de pesquisa. Isso porque evita oposições simplistas e permite acompanhar, em uma perspectiva processual, as rotas de comercialização de bens eróticos, bem como as de consumo. Pelo que notei, a formação desse novo segmento do mercado erótico seguiu de perto algumas tendências norte-americanas. Muitas de nossas informantes, sobretudo vendedoras e donas das lojas para a classe média alta, mencionam *Sex in the City*. De fato, o período de maior intensidade na criação das lojas é concomitante ao sucesso desse seriado. Além dele, as lojistas brasileiras indicam programas de TV, como o de Monique Evans, na Gazeta, e matérias de revistas (citam, em particular, a revista feminina *Criativa*) como veículos de apoio à divulgação de seus produtos. Presenciamos, em campo, uma considerável atividade das lojas junto à mídia: vimos lojistas sendo entrevistados, acessórios e lingeries sendo emprestados para programas televisivos e matérias de periódicos variados. Trata-se, nesse sentido, de uma trajetória de comercialização fortemente articulada à divulgação midiática, associando os produtos a mulheres independentes financeiramente, ativas e livres.

Ao longo dos anos de investigação nas lojas, observei uma estreita vinculação da venda com atividades variadas de natureza mais pedagógica. Uma das sex shops que acompanhamos oferecia cursos de striptease e de sensualidade. Nas demais, a referência mais comum eram as palestras e os workshops de Nelma Penteado. Sem nenhuma exceção, tanto lojistas como vendedoras associaram a atividade comercial a uma espécie de apoio psicológico e de ensinamentos diversos para que as mulheres conquistem maior prazer sexual, o que, segundo elas, ajudaria a preservar o relacionamento amoroso. O acompanhamento detalhado dessa trajetórias tem permitido apreender a constituição de um mercado erótico feminino que não se limita à venda e à compra, mas a todo um conjunto de estratégias de divulgação e de lições práticas, um mercado cujas pretensões pedagógicas vão muito além de configurar uma operação livre de constrangimentos morais ou culturais.

Do ponto de vista das trajetórias do consumo, considero sugestivo o artigo de Alfred Gell[27] que trata das complexidades culturais nelas envolvidas e dos dilemas do desejo, tomando como material de análise uma comunidade da Índia Central. O consumo para os muria está fortemente ligado a questões de natureza coletiva que enfatizam o igualitarismo econômico e uma sociabilidade adensada. No século XXI, a localidade passou por mudanças econômicas significativas, de modo a constituir um nicho enriquecido de comerciantes. O interessante no caso, segundo o autor, é a regulação coletiva do consumo como parte de uma espécie de estratégia dos mais ricos para conter a potencialidade da diferenciação. Nesse caso, assiste-se a uma regulação social do desejo por bens.

Duas famílias que enriqueceram são analisadas no artigo, apresentando um comportamento de consumo altamente parcimonioso: acumulam riqueza sem gastá-la. No caso, os atos que dão visibilidade ao consumo não são do tipo da comensalidade pública, como o *potlatch*. Com a sensibilidade fortemente constrangida pelas pressões sociais, os ricos são obrigados a consumir como se fossem pobres e, como resultado, ficam ainda mais ricos. O que significa que, paradoxalmente, as normas igualitárias têm tido como resultado o aumento da desigualdade. Esse exemplo etnográfico intriga justamente por apontar dilemas postos pela interação de diferentes perspectivas para o consumo diante de fenômenos ligados à globalização.[28] Para Gell, o interessante é mostrar que aquilo que distingue a troca do consumo não é que o último tenha uma dimensão psicológica que falta ao primeiro, mas que ele envolve a incorporação do item que se consome na identidade pessoal do consumidor: "Penso na consumação como a apropriação de objetos como parte da 'personália' — a comida consumida numa festa, roupas usadas, casas habitadas " (Gell, apud Appadurai, 1986, p. 112). Ele propõe que concebamos o consumo como parte do processo que inclui a produção e a troca, e que não seja visto como seu último termo. O consumo é uma das fases do ciclo, no qual os bens passam a se ligar aos referentes pessoais, quando deixam de ser "bens neutros" (que poderiam ser propriedade de qualquer um e identificados com qualquer um) e ganham atributos de personalidades individuais, insígnias de identidade e significantes de relações interpessoais específicas.

Essa perspectiva é vigorosa para analisar o consumo de sex toys e a relação complexa que passam a ter com os seus usuários. Nas lojas pesquisadas, sobretudo as de maior poder aquisitivo, os vibradores e dildos são chamados de "acessórios" pelas mulheres e, segundo depoimentos, não devem ser vistos como "consolos", designação que alude à suposta solidão das viúvas. Os "acessórios" devem ser vistos como parte da diversão que "apimenta" as práticas. Vejamos um trecho de entrevista com uma lojista do Rio de Janeiro:

Eu não uso a palavra "dildo", chamo tudo de "acessório". Próteseou acessório. O distribuidor tem mania de chamar de prótese: "Ah, prótese faz assim ou assado". Eu acho que prótese é meio pesado, porque fica parecendo que você não tem o real, que usa uma prótese no lugar. Fica parecendo um problema médico. Então, eu falo acessório, porque acho mais legal. É justamente assim: na época em que as pessoas começaram a entrar nesta loja, existia uma pesquisa, comprovada, de que 80% dos maiores de 21 anos nunca tinham entrado numa sex shop. E eu percebi isso aqui. [...] Tinha muito essa coisa da pessoa entrar e perguntar: "É aqui que tem consolo?". E eu sempre coloquei: "Não, consolo, não. A gente vende acessório, que você pode usar com a parceira...". Porque consolo passa a ideia de que a pessoa vai usar sozinha, é viúva, ou então é separada, não tem ninguém. Entendeu? É consolo por isso! É um acessório pra estimular, melhorar o relacionamento com a parceira. Não é pra você ficar sozinho. Nada vai ficar no lugar do seu parceiro. E, quando as mulheres vêm, algumas falam: "Ah, eu queria comprar, mas não sei se vou espantar ele com isso". E eu digo: "Já conversou com ele, de comprar uma prótese, de comprar um acessório? Não? Então conversa primeiro". Porque muitos assessórios, como o de cyberskin, são mais próximos do real. Você pega um acessório, um vibro rígido, aquele tradicional, duro. Realmente, aquilo parece um consolo, é uma coisa bem... né? Já o realístico, não. Porque ele é real. A mulherada não pode ver um realístico que logo compra. E esse com o cyberskin, que tem textura de pele, então realmente... quem pega num cyberskin não adianta, quer levar na hora! Por outro lado, é por isso que eu falo: "Conversou com o parceiro?". Quando a mulher chega em casa com o realístico, choca o parceiro. Porque ele começa a achar que o dele é menor, que não está funcionando. Então, é por isso que eu falo que tem que colocar da seguinte forma: "Olha, é um acessório pra gente brincar, é uma coisa a mais. Não é porque eu estou insatisfeita". E hoje o que faz mais su-

cesso é o acessório que vem com estimulação de clitóris, porque os homens não se chocam tanto, porque sabem que tem mesmo uma coisa a mais do que o original. Tem todos esses com nomes... é rabbit, é borboleta, é dolphin... É brinquedo, tem essa coisa fabulosa de brincar com brinquedo de adulto.

Os atos de nomeação, nesse caso, indicam fortemente que se trata de uma operação em que o objeto passa a "vivificar" uma relação entre pessoas e com variadas possibilidades. Do ponto de vista dessa informante, que fala do lugar de lojista, o acessório traz alternativas que vão contra o sentido de tomar o objeto como algo que venha meramente repor uma falta. O acessório não demarca uma relação entre o objeto e a pessoa de tipo metafórica. Trata-se de "um algo a mais", que apresenta uma conotação mais metonímica e com sentido polimorfo: serve para estimular, para brincar, para o jogo entre os corpos, não como mero veículo ou instrumento para expressar as relações entre os corpos e a materialidade do objeto. Minha hipótese é a de que as "carinhas", as formas de bicho, os nomes sugerem uma espécie de "pessoalização" desses objetos. Os acessórios, nesse sentido, fazem parte das relações interpessoais em exercício. E mais: relações entre três corpos ou entre três pessoas.[29]

Outro aspecto que chama a atenção na fala da informante — e que foi enfatizado em outras situações de campo e nas entrevistas — diz respeito aos limites ou, mais propriamente, à expansão das fronteiras materiais do corpo. O consumo cada vez mais acentuado dos acessórios chamados de "realísticos" (aqueles que são fabricados com *cyberskin*) sugere, por um lado, que o corpo, na sua dimensão material, está aberto às experiências promovidas pelo toy, seja como extensão dele próprio, seja como organismo em separado; por outro lado, essas experiências só são possíveis na medida em que tentam transformar a materialidade física do objeto em "carnalidade". Seria redutor afirmar que o acessório "realístico" é um substituto do pênis. Considero, antes, que ele deve ser visto como uma expressão carnal de múltiplas direções e cujo sentido só pode ser decifrado em contextos de uso particular.

O mercado erótico permite vislumbrar os modos dinâmicos de que se revestem as relações entre corpos e pessoas, e até os limites materiais do corpo como algo em separado daquilo que designa pessoas. Não que as fronteiras estejam sendo inteiramente esfumaçadas, mas é inegável que há uma circulação dos sentidos atribuídos às coisas, às pessoas ou que transitam das pessoas para as coisas e vice-versa.

Nesse sentido, os acessórios abrem questões que interessam teoricamente: de um lado, enfatizam a sexualidade genital, apagando momentaneamente as posições de gênero, as circunstâncias sociológicas e a orientação sexual, como salientei no capítulo anterior; de outro, esses marcadores sociais da diferença voltam a operar, ainda que combinações surpreendentes sejam feitas. No limite, esses objetos permitem pensar sobre a genitalidade e sua articulação com fenômenos como a fragmentação do corpo e a dissociação entre gênero, sexo, materialidade corporal e orientação sexual. No caso da materialidade corporal, é pertinente se perguntar se as pessoas fazem ou não sexo com acessórios, questão que será devidamente analisada a seguir, mediante os diferentes depoimentos de pessoas que usam toys.

Resta assinalar que meu material de pesquisa tem indicado com clareza que, no Brasil, o conteúdo do erotismo politicamente correto ganha novos significados. Aqui, ainda que tenha aumentado consideravelmente a oferta de sex toys, como vimos com o mapeamento dos circuitos de produção nacionais de dildos e vibradores, não se verifica a mesma ênfase na genitalidade na comparação com o universo investigado em San Francisco. No Brasil, lingeries e fantasias são os produtos mais visíveis, não tendo a preponderância dos dildos e vibradores. Nos Estados Unidos, não encontrei roupas de baixo ou fantasias, apenas acessórios para vestir relacionados ao sadomasoquismo. Aqui, os marcadores de gênero parecem mais relevantes, em especial a noção de que o corpo "feminizado" é o que tem que ser vestido e despido. Além disso, tais vestimentas conotam posições de assimetria, jogando ora com o controle, ora com a submissão. Assim, no contexto investigado, o erotismo comercial perde parte do sentido politicamente correto do correlato norte-americano.

Esse aspecto não deve conduzir à conclusão rápida de que temos um quadro nacional de maior assimetria e desigualdade, em termos de gênero. Não esqueçamos que os produtos que sugerem feminilidade e sensualidade que estão sendo comercializados podem ser usados — e, efetivamente são, segundo dados etnográficos — não apenas por mulheres, como por homens, servindo para usos individuais, coletivos e de orientação não exclusivamente heterossexual. Tem aumentado significativamente a procura de dildos acoplados em cintas por casais heterossexuais, segundo vendedoras de várias lojas, indicando que o homem quer ser penetrado pela mulher. Isso ilustra como as alternativas contemporâneas estão dissociando categorias de gênero, sexo e orientação sexual, sem que possamos nos deixar seduzir por conclusões fáceis.

Noto ainda no Brasil a persistência de um modelo de erotismo que combina alguns elementos do politicamente correto com a transgressão. No caso, menos do que denunciar machismos, o interessante é apreender a lógica que articula os sinais sociais, de gênero, idade e raça na configuração desse campo, como estão sendo combinados e o que excluem.[30]

As combinações presentes no mercado paulistano indicam uma interessante intersecção entre gênero, classe (ou estratificação de classe média) e região da cidade: os polos mais populares são os mais masculinos e os de elite são quase inteiramente femininos. Tais intersecções não são evidentes apenas pela presença de empreendedores, vendedores e consumidores mais ricos ou mais pobres, homens ou mulheres. Existe, sobretudo, uma série de elementos — estratégias de marketing, projetos arquitetônicos e design gráfico — associados aos objetos em venda que compõem uma cultura material bastante rica para a análise antropológica. Cada nicho cria uma espécie de compêndio para o erotismo, segundo os eixos perto/longe (de casa ou da fantasia), baixo/alto, sujo/limpo, popular/sofisticado. Espaços escuros, distantes de "casa", no centro decadente, e frequentados por homens, evocam a ideia de "conveniência erótica" ou de que o desfrute sexual imediato e barato é que está associado à noção de transgressão. Afastar o sujo ou dotar a pornografia de sofisticação exige espaços claros, cheirosos e caros, frequentados por mulheres. Nesse caso, o erotismo perde a potência obscena e ganha o sentido de prazer saudável. Além disso, chama a atenção a alusão reiterada ao verbo "familiarizar": familiarizar-se com os acessórios significa aproximá-los de uma realidade conhecida ou torná-los normais, objetivo visado por muitas das táticas empregadas no mercado erótico em seu segmento mais rico e feminino.

Ainda que a interpretação baseada no contraste entre os polos seja válida e consistente, ela não apaga as nuances tampouco as possibilidades de contaminação de um polo por outro: as boutiques eróticas não são clínicas e as lojas de conveniência erótica do Centrão não são masmorras sadianas. Sem o investimento na vulgaridade, as boutiques seriam apenas lojas de lingerie. Sem o moralismo, que envolve o desfrute sexual e o associa a um tabu, as lojas do centro perderiam seu sentido.

Nesse mercado erótico, operam referências ao que é permitido e ao que é proibido, em termos sexuais, jogando com os sentidos evocados ora em uma direção, ora em outra.

É difícil e analiticamente irrelevante avaliar se um segmento desse mercado é mais transgressor que outro, ou se a obscenidade foi abstraída de uma de suas versões. O que importa é olhar para essa rica cultura material e prática de forma a decifrar suas tensões, fissuras e, sobretudo, o movimento dialógico de suas convenções.

3.
Usos

Neste capítulo apresento algumas reflexões a partir dos depoimentos de usuários de acessórios eróticos.[1] As relações implicadas nos usos desses objetos sugerem, em particular, experiências de deslocamento entre sexo e gênero, corpo e matéria, sujeito e objeto, presença e virtualidade, sobretudo se levarmos em conta a relevância contemporânea da internet como cenário erótico.[2]

Ao conversar com as pessoas sobre sua vida sexual, não encontrei explicações ou regularidades. Reuni um material que não se presta à localização de recorrências que possam ser tomadas como representativas de comportamentos "normais", "saudáveis" ou "desviantes", tampouco de carreiras sexuais masculinas ou femininas, heterossexuais ou homossexuais. Antes, analiso um conjunto rico de narrativas que indicam mudanças ou inflexões nas dinâmicas que operam os dispositivos da sexualidade. Como assinala Michel Foucault (1976), tais dispositivos — que mobilizam variadas estratégias desde o século XVIII — instauraram a ideia moderna que temos de "sexo", essa espécie de unidade fictícia que agrupa elementos anatômicos, funções biológicas, condutas, sensações e prazeres. Judith Butler (1990) chama essa unidade fictícia de matriz da heterossexualidade compulsória, cuja operação faz combinar, segundo um movimento de homologia, o corpo sexuado (do homem e da mulher com seus respectivos genitais), o conjunto de atributos de gênero (que conforma masculinidades e feminilidades) e o comportamento ou a orientação sexual (que indica heterossexualidade ou homossexualidade). Conceitualmente, é fundamental a noção de que os processos em que tais homologias se realizam são apagados, de modo a se acreditar que a matriz heterossexual define os padrões de normalidade da sexualidade porque constitui a natureza. Assim, seria antinatural, por exemplo, ser homem e não dispor de um corpo com genitais de homem, ser homem e não se comportar a partir de parâmetros masculinos, ou ser homem e praticar sexo com outros homens. A matriz heterossexual naturaliza uma espécie de composto que é simultaneamente sexual e de gênero, corpóreo e comportamental, e de modo dimórfico, ou seja, a partir de uma relação que define a diferença em termos de incomensurabilidade e de uma complementaridade necessária entre homem e mulher, masculino e feminino, pênis e vagina.

Todas as pessoas entrevistadas praticam sexo, deslocando os termos que compõem essa matriz, em maior ou menor intensidade, sozinhas ou acompanhadas por outras pessoas e/ou por acessórios. Mesmo dentre aqueles que classificaríamos como heterossexuais, é possível perceber afastamento das normas.

É o que ocorre com um dos entrevistados (caso 5), que se define como "heterossexual devasso". Ele tem mais de quarenta anos, nasceu em uma família de classe média baixa de São Paulo, fez algumas faculdades e hoje trabalha na publicidade. Ele descreveu sua trajetória pessoal apresentando um roteiro aparentemente convencional como homem heterossexual da sua geração. Sua vida sexual começou com informações trocadas com colegas de escola, beijando meninas da sua idade, aprendendo a se masturbar. Sua primeira relação sexual ocorreu com uma prostituta: a experiência foi, em seus próprios termos, "automática, quase mecânica", resultando em sentimentos de insegurança que, no entanto, mobilizaram nele a ideia de que "o sexo é o lubrificante da engrenagem do mundo". Sua vida sexual, no entanto, não tem nada de convencional e envolve práticas como o suingue — prática sexual que envolve mais de um casal, realizada em clubes destinados para esse fim, na residência de um casal interessado ou em um motel. Ele também pratica *bondage*, um estilo japonês de amarração sexual que usa cordas de algodão ou juta, e *shibari*, que significa, em japonês, amarrar pacotes e objetos de modo artístico.[3] Ele também usa dildo.

O acesso às noções concretas, aos materiais e aos procedimentos a adotar, bem como o contato com outros praticantes, se deu por meio da internet. Em particular, ele menciona a relevância do Orkut[4] não apenas para troca de informações, mas para se conectar à rede de suingue e ao BDSM. Através de uma reflexão bastante sofisticada, afirma que, ao frequentar os clubes com namoradas ou amigas, "descobriu o amor na suruba", tendo que aprender a lidar com elementos que, segundo ele, caracterizam os relacionamentos de casais, sobretudo, heterossexuais: a posse e o ciúme. Se o deslocamento daquilo que caracteriza a matriz heterossexual parece ainda não estar evidente (afinal, "suruba" pode apenas confirmar masculinidades), um comentário seu, em momento posterior da entrevista, chamou a minha atenção. Quando indagado sobre suas práticas sexuais e o que mais o agrada e mais o desagrada, ele disse: "Eu já fiz de tudo: já tive relação com homem". É importante notar que o "tudo", nessa frase, indica transpor o limite daquilo que qualifica a heterossexualidade, sobretudo, a masculina. No caso da heterossexualidade feminina, relacionar-se sexualmente com outra mulher não constitui, propriamente e aos olhos contemporâneos, total afastamento das normas. Para o entrevistado em questão, as práticas com homens não se deram em relações homoafetivas, tendo ocorrido sempre pelo desejo feminino. Seja pela experiência sexual entre homens, seja pelo uso de toys (ser penetrado pelo dildo e assim controlado pela mulher), o que está sendo dissociada é a conexão entre prática e identidade.

Encontrei semelhante tipo de deslocamento na maioria das pessoas entrevistadas, inclusive em mulheres que praticam sexo com outras mulheres, mantendo, sem problemas, sua identidade heterossexual ou, ainda, recusando rótulos identitários e transitando sexualmente entre pessoas do mesmo sexo, homens e objetos.

No caso dos objetos, os usos indicam que as experiências sexuais entre adultos se dão de modo mais polimorfo do que se admite socialmente. Em *Um caso de histeria*, Freud lançou a ideia de que, na infância, a sexualidade é polimorfa e perversa. É fundamental considerar que, diferentemente do que se alega em determinados círculos críticos à psicanálise, essa noção rompeu com o significado de perversão adotado em alguns âmbitos médico-legais do século XIX, que a concebia como desvio às normas ou patologia. Freud tomava a perversão, expressa na polimorfia da sexualidade infantil, como constitutiva da normalidade.[5] Na maturidade, a tendência seria de represamento desse polimorfismo perverso em direção à organização das pulsões, a serviço da função reprodutora e com a finalidade de atingir um objeto sexual. Assim sendo, mesmo que admitamos que Freud criou as bases de contestação à sexologia de seu tempo ao ressaltar a plasticidade da sexualidade humana e de que não há uma sexualidade natural (as escolhas sexuais são produções de desejo formadas na infância e também resultantes da vida adulta), ele supunha um processo de crescente organização das pulsões, no qual as zonas erógenas passariam a se subordinar ao genital, bem como a libido (autoerótica) se direcionaria para um objeto cada vez mais definido. Os relatos e as histórias desta pesquisa são enunciados por pessoas adultas que experimentam seus corpos, criando zonas de prazer além das fronteiras genitais, o que não permite afirmar que os objetos, investidos de forma libidinal, sejam inteiramente definidos ou estáveis.

Não se trata aqui de contestar os pressupostos da teoria da sexualidade em Freud, tarefa que exigiria exame de uma literatura vasta e sofisticada e interlocução com outro campo disciplinar. O propósito é problematizar, a partir do material levantado, a suposta ideia de que os processos para alcançar a maturidade dirigem e organizam desejos e prazeres, afastando polimorfismos. Questionar o alcance de tal noção é relevante sobretudo porque ela não se limita ao campo da sexologia ou da psicanálise, mas está difusa e ainda é bastante significativa na manutenção das normas vigentes de gênero e sexualidade. É, portanto, para os efeitos sociais desses deslocamentos entre sexo e gênero, prática e identidade, corpo e matéria, que interessa a perspectiva antropológica, seja para entender as experiências sexuais dos usuários de sex toys, seja para apontar as limitações de determinadas categorias que sustentam a heteronormatividade.

ROTEIROS SEXUAIS?

A ideia de trabalhar no registro das carreiras afetivo-sexuais tem sido adotada com certa frequência nos estudos sobre comportamento sexual. Isso porque permitem acompanhar em uma perspectiva processual as condutas e escolhas sexuais a partir das relações sociais envolvidas. Para falar em termos de carreiras sexuais e afetivas, bem como empregar esse instrumental metodológico na coleta de dados, é preciso situar e discutir — ainda que brevemente — a teoria de roteiro sexual, formulada por W. Simon e J. Gagnon, na passagem dos anos 1960 e 1970. As noções que dão base a tal teoria foram elaboradas em meio a uma abordagem de estudos concretos sobre sexualidade, em que os autores contestaram as perspectivas que pensavam a conduta sexual como meramente caudatária da natureza ou da formação individual, em termos psicossexuais. As condutas sexuais foram concebidas por eles, segundo os termos precisos de Júlio Assis Simões (2009) como "realizações sociais ordinárias resultantes de negociações diante das definições sociais e que se cristalizam em escolhas e práticas na vida cotidiana". Nesse sentido, é preciso reconhecer a importância e o pioneirismo de Simon e Gagnon, ao antecipar posições teórico-metodológicas do "construcionismo social" e das vertentes pós-estruturalistas contemporâneas que fortaleceram o exame de questões que envolvem as experiências eróticas e sexuais.

Os autores propuseram alternativas às noções correntes sobre sexo, recusando tomar a sexualidade como "função exemplar", seja enquanto fenômeno universal, seja como imperativo biológico. Para eles, "a vida sexual se assemelha a toda a vida social: é uma atividade provocada pelas circunstâncias sociais e culturais e uma atividade que difere de uma era histórica para outra ou de uma cultura para a outra" (Gagnon; Simon, 1973). Essa ideia mais geral implica que mesmo se tomarmos o ato mais elementar (que associamos como "fisiológico") do intercurso sexual como a penetração do pênis ereto na vagina, tal ato expressa diferenças de significado e sentido, dependendo do cenário sociocultural. Assim, os sociólogos alertam para o exame localizado, contextual e preciso de todos os fenômenos que envolvem tais atos, inclusive aqueles que são classificados na ordem da excitação ou do clímax sexual. Ao tratar o ato sexual como ato social, outra contribuição relevante dessa teoria é supor uma ligação entre a conduta sexual e a conduta de gênero.

Vindos da tradição de estudos da chamada Escola de Chicago e, em particular, das vertentes do interacionismo simbólico, Gagnon e Simon formularam a teoria dos roteiros sexuais a partir da definição de que a conduta sexual envolve um "esquema cognitivo organizado" que denominam de roteiro e que é invocado pelas pessoas para que reconheçam quando uma situação vivida é ou não sexual. Tal reconhecimento opera, segundo os autores, a partir da articulação entre três níveis da experiência: o nível intrapsíquico, o nível interpessoal e o panorama cultural. Como a combinação de tais níveis não é fixa ou dada,

> os roteiros estão implicados na aprendizagem do significado dos estados internos, na organização de sequências de atos especificamente sexuais, na decodificação das situações novas, no estabelecimento de limites para as respostas sexuais e na vinculação de sentidos provenientes de aspectos não sexuais da vida à experiência especificamente sexual. (Gagnon; Simon, 1973, p. 17)

Ainda que tais ideias forneçam pistas valiosas para o desenvolvimento de estudos sobre as trajetórias afetivas e sexuais vividas pelas pessoas, o esforço de ponderação crítica é bem-vindo, sobretudo diante dos debates atuais que problematizam noções como o desempenho de papéis, a socialização e a distinção sistêmica entre um interno psíquico e um externo social. A expressão "roteiro" parte da noção de que as pessoas aprendem a decifrar situações como "especificamente sexuais" e a se portar diante delas. Trata-se de uma proposição interessante, sobretudo por contestar que sexo constitua ato decorrente de uma necessidade física. Contudo, por estar ainda presa a uma tradição funcional-culturalista, mesmo criticando quaisquer determinações de causalidade, essa teoria se preocupa em distinguir níveis como o intrapsíquico, o interpessoal e o panorama cultural, sem considerar que essa divisão é tributária de um conjunto de concepções e práticas situado historicamente e que, no que tange ao sexo, corresponde à consolidação de dispositivos singulares de saber-poder (Foucault, 1976).

Além da incômoda abstração das assimetrias de poder, já implicadas nos tais "esquemas cognitivos", os roteiros sexuais supõem uma noção de aprendizagem ou de socialização segundo a qual as pessoas adquirem, em faixas de tempo estabelecidas a partir de certa linearidade, habilidades para condutas condizentes com o desempenho de papéis ou mesmo em relação às experiências sexuais. "Linearidade" essa que está longe de caracterizar a trajetória dos entrevistados desta pesquisa: as narrativas apontam para experiências em que o sexo oral, em alguns casos, pode anteceder o primeiro beijo.

É preciso admitir a relevância do conceito de roteiro sexual e empregar muitos dos seus ensinamentos metodológicos. Um deles deriva da ideia, lançada por Gagnon (2006), de que o roteiro sexual fornece material para pensar as "convenções mutuamente compartilhadas". É importante assinalar que o que ele entende por compartilhado não diz respeito apenas às atitudes ou condutas sancionadas. Quando trata das "representações de sexo explícito" ou, como ele mesmo diria, da pornografia, Gagnon afirma se tratar de materiais que podem operar em certos cenários e na história de cada pessoa como algo que fornece instruções culturais.

Maria Luiza Heilborn (1999), em vez de falar em termos de carreiras sexuais-afetivas, usa a noção de trajetória biográfica, o que, em suas próprias palavras, significa que:

> O privilegiamento das circunstâncias e datas funciona como um catalisador de reminiscências que promove a rememoração da trajetória de vida nesse âmbito [...]. A sucessão de experiências, as datas e circunstâncias em que ocorrem, os intervalos entre elas e seus desdobramentos — em suma o desenrolar dos eventos — traduzem-se em roteiros sexuais, delineados sobre um pano de fundo onde se combinam as diferentes marcas sociais que delimitam o campo de possibilidades dos indivíduos: origem e classe social, história familiar, etapa do ciclo da vida em que se encontram, as relações de gênero estatuídas no universo em que habitam. (p. 41)

Roteiros que servem para rememorar e pensar, mas que revelam mais descontinuidades e dissociações do que o previsto.

A solução para o dilema metodológico de usar ou não o roteiro sexual está em empregá-lo para se desfazer dele, ou melhor, para contestar a sua linearidade pressuposta. Daí a utilidade e a relevância do conceito de trajetória biográfica sexual e afetiva, que permite compreender de maneira processual e contingente como as pessoas colocam em prática aquilo que assimilam das normas e convenções sociais e, assim, produzem e modificam as percepções que têm de si mesmas, podendo, por vezes, se abrir para novas experiências.

É intrigante examinar nessas trajetórias como as pessoas articulam suas experiências afetivas à forma como se definem em termos de orientação sexual. Como mencionado, alguns se identificam com as orientações correntes, ainda que a correspondência entre certas práticas e determinada identidade não seja automática, estável ou garantida. Outros apresentam considerável desconforto com as definições. É o caso a seguir.

A entrevistada (caso 10) é uma jovem universitária de dezenove anos que estuda enfermagem e mora em São Paulo, em uma casa que divide com outras moças. Nasceu em uma cidade do interior de Minas Gerais, filha única. O pai é engenheiro-agrônomo e a mãe, professora do ensino fundamental, e os dois estão casados há mais de vinte anos. Vejamos como ela se posiciona:

Pergunta — *Você diria, se fosse se classificar...?*
Resposta — *Nada.*
P — *Então, posso presumir que você já tenha experimentado com meninas também?*
R — *Já.*
P — *Muitas, uma, mais de uma?*
R — *Não, poucas.*
P — *E foi só uma ficada ou mais de uma noite?*
R — *Não, com uma menina eu tive um relacionamento. Foi curtinho, quase um ano. Com outra menina foi só umas ficadas.*
[...]
P — *Vocês assumiram esse relacionamento? Estavam namorando? Seu pai conheceu, ou sua mãe?*
R — *Eu não contei pra todo mundo, mas quis assumir para as pessoas de quem não tinha como esconder: pai, mãe, amigos mais chegados...*
[...]
P — *E o que seu pai e sua mãe disseram?*
R — *Com meu pai foi tranquilo. Mas minha mãe é muito católica. Ela falava que não era certo, que não era coisa de Deus, essas coisas que a gente ouve. Perguntava onde errou, queria que eu conversasse com uma psicóloga...*
P — *E você foi na psicóloga?*
R — *Fui porque minha mãe quis, não por vontade própria.*
P — *E fez terapia por muito tempo? Te ajudou em alguma coisa?*

R — *Existia uma confusão, então até que me ajudou. Mas eu acho que com o tempo teria resolvido isso sozinha.*

P — *Que confusão?*

R — *Eu tinha uma vontade de decidir se gostava só de meninas ou se gostava só de meninos. Mas eu não conseguia me decidir, porque, na verdade, eu gostava dos dois. Tinha na minha cabeça que precisava me decidir por algum dos dois lados.*

P — *Você tinha que se dar um nome?*

R — *É, eu achava que precisava me dar um nome. Mas agora desisti disso, gosto de meninas e de meninos.*

Com catorze anos, ela deu seu primeiro beijo em um namorado. Ficou com outros meninos e, com dezoito anos, teve sua primeira relação heterossexual, com seu atual namorado.

P — *Você disse que sua primeira vez com um homem foi aos dezoito anos. E com menina?*

R — *Com a menina foi antes.*

P — *Então, só pra situar: o primeiro contato sexual com alguém foi com uma menina, e não com um cara?*

R — *Isso, foi com uma menina.*

P — *E rolou penetração?*

R — *Sim, rolou.*

P — *Com o dedo? Como foi?*

R — *Primeiro foi com o dedo, aí a gente começou a introduzir outras coisas.*

P — *O rompimento do hímen foi com a menina?*

R — *Não, o rompimento mesmo foi com o menino.*

Qual experiência definiria a perda da virgindade? A entrevistada oscila: quando indagada sobre o primeiro contato sexual, ela se referiu ao que viveu com o menino, aos dezoito anos, contudo já tivera relacionamentos íntimos, inclusive penetração, com a namorada. Mesmo não querendo decidir por um dos lados e recusando uma orientação exclusiva, ela — aliás, como parte considerável da sociedade, começando pelas leis — associa virgindade à presença do hímen. Não estamos, nesse caso, diante de uma ambivalência. As convenções e normas sexuais estabelecem, com rigor, a vinculação entre perder o hímen e a penetração pelo pênis. Porém, nem sempre é linear ou óbvia a associação entre certos eventos considerados significativos no roteiro e as experiências corporais e concretas vividas pelas pessoas. O problema se agrava com a ausência de referenciais alternativos que permitam nomear e reconhecer possibilidades mais flexíveis, gerando uma confusão que é vivida com significativa dificuldade. Na trajetória dessa entrevistada, apenas recentemente suas opções foram qualificadas como escolhas legítimas.

Outro entrevistado (caso 6) não se define por sua orientação sexual, mas pela posição que ocupa na cena sado-masoquista. Ele é um homem de 36 anos, violinista profissional e solteiro, que se qualifica como *switcher*,[6] expressão comum na cena sm para se referir à pessoa que gosta de transitar entre a posição de dominação e a de submissão. Nascido no interior de São Paulo, perdeu o pai quando ainda era bebê. A mãe, professora de inglês, casou novamente, e ele tem uma irmã já adulta. Diz nunca ter se relacionado sexualmente com homens e garante que teve namoros duradouros. Deu seu primeiro beijo na primeira namorada, com quem transou pela primeira vez. Afirma que, até poucos anos atrás, não tinha intimidade sexual com quem não estivesse namorando. Seu roteiro poderia ser visto como convencional, mas ele alega que sempre, desde o início da vida sexual, teve fantasias:

> R — *Desde a descoberta da sexualidade, tenho as fantasias SM. Já vieram, de dentro.*
> P — *E eram fantasias de que tipo?*

R — *De dominação. O lado de submissão existia, acredito, mas era misturado. Eu pendia mais para o lado da dominação. E foram possíveis dentro desses relacionamentos comuns... nunca mudei de padrão... meus critérios sempre foram namorada... e o que pudesse fazer dentro disso. Nunca busquei o extra [...] uma fantasia forte mental [...] eu ia propondo, aos poucos, alguma prática. "Posso te amarrar?" Só o fato de dar uma ordem... certas práticas comuns do sexo já têm um caráter de dominação, ou então era eu que colocava assim e já me bastava. Bastava encaixar na fantasia e a fantasia faz o resto, né?*

P — *Depois é que a submissão fez sentido pra você?*

R — *Eu sempre me masturbei, e a masturbação tinha SM também. Eu ficava sozinho em casa e fazia alguma coisa — hoje tem um nome, como "autodom" ou coisa assim. Fazia alguma coisa comigo mesmo. Nesses momentos, eu era o quê? Eu era um dominador, fazendo em mim, ou era um submisso, recebendo? Era uma coisa meio híbrida! Por isso, eu me classifico como switcher. Desde o começo, as coisas caminharam juntas.*

Na trajetória desse entrevistado existe uma articulação entre fantasias e práticas sadomasoquistas e uma vivência sexual e afetiva em conformidade às convenções sociais. Esse tipo de articulação, aparentemente paradoxal, não deixa de ser comum: as normas de gênero e sexualidade nunca deixaram de conviver com transgressões, sobretudo, vividas em clandestinidade. O que parece intrigante nesse caso não é tanto esse aspecto, mas a própria escolha de ser *switcher* e a descrição que a acompanha. A situação é híbrida e, como na frase enunciada pelo sujeito, não culmina em desfecho estável. Ser dominador ou submisso depende inteiramente da fantasia particular.

Essa ênfase na perspectiva daquele que fantasia as cenas eróticas é relevante para pensar outros casos e experiências. Uma das entrevistadas, usuária de toys, mencionou, por exemplo, que gosta de olhar o objeto entrando e saindo do seu corpo. Essa predileção segue de perto uma indicação sugerida por Hart (1998) de que, no coito homo ou heterossexual, dependendo do ponto de vista, é o pênis masculino ou o dildo que "desaparece" e "reaparece" no corpo. De modo que as noções corriqueiras sobre a falta do pênis e a imagem da castração devem ser, pelo menos, relativizadas. Para aquele ou aquela que o recebe e o observa, não é a ausência de uma parte do corpo que conta na fantasia, mas imaginar e ver essa parte aparecendo e desaparecendo de seu corpo.

A dissociação entre prática e identidade, em um exercício quase permanente de polimorfismo sexual, está presente no relato de outra entrevistada. De fato, esse caso é paradigmático para contestar as armadilhas de alguns implícitos na noção de roteiros sexuais. A entrevista foi excelente, tamanha a eloquência dessa mulher de 41 anos (caso 8), psicóloga e ativista de variadas causas relacionadas à sexualidade.[7] Nascida no bairro de Interlagos, na capital paulista, de pai mineiro, torneiro mecânico, e de mãe cearense, gerente de finanças, ela fez curso de teatro, de circo e podia namorar em casa. A educação sexual recebida na escola pública e na faculdade, segundo ela, foi muito teórica. A referência mais importante, além do pai e da mãe (que tinham livros sobre sexualidade na biblioteca da casa), veio da experiência com oficinas de combate à aids, nas quais se "falava livremente sobre o corpo, o erotismo nesse corpo, o erotismo com o outro e os apetrechos todos que se usa nesse erotismo".

Sua trajetória é riquíssima. Ela está no quarto casamento: o primeiro foi com uma mulher e durou dez anos; o segundo foi com um homem homossexual soropositivo e durou quatro anos; o terceiro, com um heterossexual "que ela chama de coisa" (por ser uma pessoa com quem não tem afinidades) e com quem ficou casada por dois anos; e está, há um ano, com um rapaz português heterossexual. Desde criança, teve namoradinhas e namoradinhos, mas foi apenas a partir dos dezessete anos que teve contato sexual com homossexuais, ao ingressar no curso de teatro. Dessa experiência e do convívio com pessoas GLBT (o termo é empregado por ela) resultou a participação no grupo de mulheres É de Lei, onde ampliou seu conhecimento sobre sexualidade: "ali, acho que encontrei minha galera".

R — *Fui muito apaixonada pela minha primeira mulher, loucamente apaixonada, e aí a gente começou a transar. E era muito diferente, transar com menino é muito diferente de transar com menina. Eu lembro que as pessoas perguntavam: "O que é mais gostoso, transar com menino ou com menina?". Os dois. "Mas, o que é melhor?" Não sei, acho que os dois. "Você não sente falta?" Falta do quê? Quando você está com um, está com um, quando está com outro, está com outro, não existe essa coisa de déficit, não rola isso, porque é muito diferente!*

Seu relato impressiona tanto pela diversidade de elementos como pelo ritmo da narrativa e pelos termos empregados. Ela conta que, na infância, já beijava a irmã e uma amiguinha; no final da adolescência, se apaixonou por um namorado com quem, ainda virgem e com medo de engravidar, fez sexo anal. A prática durou quase um ano, e ela não menciona nenhum episódio de dor ou desconforto. Depois, ao perder o hímen, teve uma ejaculação feminina. É praticante de *fist fucking*, ou melhor, da penetração anal com os punhos, e aprendeu a fazer sexo seguro e sem se contaminar no relacionamento com o marido soropositivo. Relata ainda o tempo longo em que fez sexo pela internet com o atual marido, que mora em Portugal, e com um dildo, que a acompanhou por doze anos.

Sua entrevista traz a eloquência narrativa das histórias de Juliette, famosa libertina de vários livros do Marquês de Sade.[8] Cada episódio em que ela está presente constitui uma aventura com um personagem marcante da corte, um juiz, uma condessa, um barão ou um bispo. Certamente, no caso de Sade, a diversidade está relacionada às convenções do erotismo literário, do século XVIII, e a importância da paródia política nelas. Angela Carter (1978) afirma que Juliette é uma personagem que jamais perdeu a atualidade: é possível tecer analogias entre ela e as mulheres que lutaram pela liberação sexual dos anos 1960, guerrilheiras transgressoras e também eloquentes. Não se estranha, nesse sentido, a possibilidade de um paralelo. A entrevistada é, até pela experiência militante, uma libertária. Mas seu ativismo não se expressa apenas na forma prática da política. Além de sua história ser um contraexemplo a qualquer linearidade, ela parece ter cumprido uma espécie de compêndio: do pretenso polimorfismo perverso infantil, migrou para o sexo anal, o sexo com mulheres, com homens, homossexuais e heterossexuais, sexo presencial e virtual, com gente e com objetos.

Sua disposição para o sexo é permanente. Essa qualidade ou natureza incansável é também um ritmo discursivo que a aproxima de Juliette e, paradoxalmente, de uma vendedora de sex shop que, numa tarde de pesquisa de campo, descrevia com riqueza de detalhes as sensações que teve com cada objeto disposto nas prateleiras.[9] Na literatura libertina, na política libertária ou em um episódio, no mercado, é possível testemunhar uma intensidade e uma diversidade de composições que contrastam com o teor monossilábico, tímido e por vezes apenas evocativo que noto em outras entrevistas. Falar sobre sexo constrange, ainda mais se o convite sugere discorrer sobre predileções e fantasias que envolvem ou articulam a imaginação às convenções normativas, ao corpo e a suas sensações e seus fluidos. As entrevistas são todas recortadas por risos. As conversas têm algumas esquisitices que são, inegavelmente, engraçadas. Mas há uma variedade de risos: *rictus* nervosos, em alguns casos, e risos de relaxamento, em outros. Nessas diferentes expressões, vale notar que o riso parece preencher algo inefável em termos da narrativa. É precisamente essa qualidade inefável ao tratar os aspectos concretos do sexo que é contrastante com a discursividade quase "guerrilheira" da entrevistada. Sua loquacidade, contudo, mais do que uma liberdade sem normas ou uma marca de estilo individual, interessa na medida em que tanto a semântica quanto a sintaxe do discurso revelam convenções.

As aventuras de Juliette expressam, em alguma medida, aspectos idiossincráticos da passagem do iluminismo aristocrático para o republicano. O estilo pessoal para a venda constitui, inegavelmente, uma estratégia de marketing, no caso da vendedora de sex shop. As convenções reveladas pela narrativa da entrevistada têm a ver, ao que parece, com aquilo que já pode ser tomado como temas e prescrições politizadas. Mas não só. Além de ativista, ela é uma consumidora do mercado erótico, uma usuária da internet, alguém que gosta de bens eróticos. Sua fala expressa convenções que estão sendo criadas ou mantidas no marco da vida urbana e contemporânea, exposta ao repertório sociocultural que a constitui. Expressa o peso acentuado que a fruição sexual passou a ter: sua legitimidade e visibilidade, os termos e temas que são mobilizados em torno dela.

A sensação que fica é a de que, no mundo atual, o que não é mais possível é a ausência de interesse pelo sexo. Interesse que suprime as fronteiras de gênero, idade (com exceção das crianças), nacionalidade, classe e do que se pode aferir como alguns limites corporais — o que, em tese, produz dor pode legitimamente ser sentido como prazeroso. Atualmente, está em vigência um conjunto de prescrições que, antes de serem modos de controle ou produção de perversões, demandam a atividade, a criatividade e a diversificação. Tais prescrições são difundidas em variados âmbitos, havendo, entretanto, um protagonismo significativo do mercado. Ele passou a fornecer o acesso aos elementos que permitem a diversificação de práticas sexuais para um contingente maior de agentes. E não estou apenas me referindo aos bens e objetos produzidos e comercializados, mas aos serviços sexuais, aos ambientes de encontro, presenciais e virtuais. Nesse sentido, a narrativa exuberante da entrevistada revela um estilo singular — que tem a ver com sua trajetória pessoal —, mas inteiramente tecido em meio aos fios que tramam o repertório de que dispomos.

Outra dimensão que sobressai neste último testemunho tem a ver com um aspecto da vida contemporânea que chama, a cada dia, mais a atenção: sua narrativa indica um foco de atuações, reflexões e demandas que constitui uma espécie de corporalidade erótica, e não propriamente questões de identidade ou de direitos, decidir por esta ou aquela orientação sexual. Não é um corpo minimamente estabilizado pelas convenções que definem feminilidade, masculinidade ou instituem as zonas de prazer ou sobre as quais incidem tabus. Ao contrário, são visíveis processos práticos de articulação entre corpos e erotismos. O que foi outrora definido como perversão passa a estimular, fornecer mapas libidinais, a indicar alternativas variadas e não previstas. O que é constrangimento em determinado momento passa a constituir o índice que proporciona prazer em outro, e assim sucessivamente.

Para adensar a análise dessas corporalidades eróticas, é hora de examinar como esses corpos são tocados, não apenas por outros corpos, como também por objetos.

BENS ERÓTICOS OU AGENTES ERÓTICOS?

Em 2000, a filósofa espanhola Beatriz Preciado publicou, na França, seu manifesto contrassexual, afirmando se tratar de um texto sobre os sexos de plástico e sobre a plasticidade dos sexos: uma reflexão provocativa, na qual o dildo[10] ocupa o lugar estratégico de tecnologia de resistência ou, nos seus próprios termos, de uma "contradisciplina" sexual. Ela sugere que é hora de aprendermos com o dildo, este

> objeto móvel, que é possível deslocar, desatar e separar do corpo, caracterizado pela reversibilidade no uso, e ameaça constantemente à estabilidade das posições dentro/fora, passivo/ativo, órgão natural/máquina, penetrar/defecar, oferecer/tomar. (Preciado, 2002, p. 70)

Em anexo instrutivo do livro, Preciado informa que objetos feitos em madeira ou couro imitando o membro viril e untados com azeite aparecem em escritos relativos a jogos sexuais que datam do século III, na cidade de Mileto, conhecida pela fabricação e exportação de olisbos (termo clássico desse objeto usado pelas mulheres na masturbação). O termo "dildo" aparece em inglês a partir do século XVI e deriva do italiano "diletto", que quer dizer prazer ou gozo. "To dildo", no inglês clássico, significa acariciar sexualmente uma mulher. Preciado menciona também outros sentidos da palavra, como burro ou idiota, e a associação etimológica, no castelhano, com "dilección", que significa vontade honesta e amor. Assim, mais do que um objeto funcional, a autora quer chamar a atenção para aquilo que o dildo passa a evocar ou sugerir: algo que se refere ao prazer feminino, que se aproxima ao membro viril masculino sem sê-lo, trazendo ainda referências à tolice e ao laço amoroso.

Independente da investigação da origem da palavra ou de seus usos mais remotos, o tratamento desse objeto e seu uso desestabilizam as distinções entre o imitado e o autêntico, entre a referência e o referente, entre a natureza e o artifício, entre os órgãos sexuais e as práticas sexuais. Trata-se de pensar a relação entre corpos e objetos sexuais lançando mão de uma noção indicada por Butler e Rubin (2003) de que os variados fetichismos são inteligíveis no momento em que situamos suas histórias, rotas espaciais e materiais. Antes de se constituir perversões marginais em relação às normas sexuais e de gênero, tais práticas estão imersas no processo da produção moderna do corpo e de sua conexão com os objetos manufaturados.

> Não vejo como se possa falar de fetichismo, ou sadomasoquismo, sem pensar sobre a produção da borracha, nas técnicas e acessórios usados para o manejo de cavalos, no brilho dos calçados militares, na história das meias de seda, no caráter frio e oficial dos instrumentos médicos ou no fascínio das motocicletas e na liberdade enganosa de sair da cidade para pegar a estrada. A propósito, como podemos pensar sobre o fetichismo sem considerar o impacto das cidades, de certas ruas e parques, de zonas de prostituição e de "diversão barata", ou da sedução das lojas de departamentos, com suas pilhas de mercadorias desejáveis e glamorosas? (Butler; Rubin, 2003, p. 179)

Tal articulação entre a produção de objetos em meio a processo social e a normas sexuais e de gênero está na base, por exemplo, da criação do vibrador, de sua incorporação pelo mercado consumidor e dos usos que transgridem as funções originalmente planejadas. Sua origem está associada à histeria.

Elaine Showalter (1985) chama a atenção, ao estudar as articulações paradoxais entre mulheres e modalidades de doença dos nervos, em cenário britânico, que embora a histeria tenha sido considerada, por séculos, uma doença feminina (a palavra é derivada do grego "hysteron", útero), ela assumiu centralidade no discurso médico e nas definições de feminilidade e, mais propriamente, de sexualidade feminina entre 1870 e a Primeira Guerra Mundial. Nesse período, a psiquiatria em geral e as vertentes influenciadas pelo evolucionismo darwinista em particular[11] associavam explicitamente a neurastenia, a anorexia nervosa e a histeria aos perigos resultantes das ambições geradas pela ampliação de oportunidades abertas às mulheres, sobretudo na educação e no mercado de trabalho.[12] Muitas batalhas foram travadas entre autoridades médicas e feministas (entre elas, algumas médicas como Mary P. Jacobi e Elizabeth G. Anderson), em função precisamente da estreita vinculação entre a histeria e a figura da "nova mulher" novecentista: ilustrada e sufragista.

Em meados do século XIX, Robert B. Carter publicou um estudo clássico, associando a histeria à frustração ou a desordens de natureza sexual e, a partir daí, foram criadas técnicas variadas para o tratamento. De um lado, procedimentos de rememoração pela hipnose, como a técnica desenvolvida por Jean-Martin Charcot, quem, segundo Freud, legitimou a histeria como uma doença. Diferente das visões pregressas, ele observou atentamente que os sintomas histéricos eram produzidos não por danos físicos, mas por emoções que as pacientes não conseguiam controlar. Freud estudou com ele por um ano, mas já tinha conhecimento de um procedimento empregado por Breuer, em sua paciente mais famosa, Bertha Pappenheim (mais conhecida como Anna O.): a *talking cure*. Freud sugeriu tal técnica para Charcot, porém este se mostrou indiferente a ela.[13] De fato, a hipnose foi um episódio no tratamento desse caso, sendo Bertha a primeira pessoa em quem se empregaram os preceitos da análise psicanalítica. Freud teve também um caso paradigmático de paciente histérica, Dora (cujo nome verdadeiro era Ida Bauer), e, por meio da análise, penetrou os mistérios sexuais que resultavam em seus sintomas.[14]

De outro lado, foi elaborado, segundo Showalter, todo um sistema de curas que incluía tônicos, banhos (duchas e imersões) e, em alguns casos, choques elétricos para estimular nervos e músculos. Foi nesse contexto que o médico norte-americano George Taylor inventou em 1869 um massageador vibratório, movido a vapor, com a finalidade de tratar "distúrbios" femininos relacionados à histeria: ansiedade, insônia, irritabilidade. Na década seguinte, um médico inglês, Joseph Mortimer Granville, criou um aparelho mais portátil e movido à bateria.[15] Data de 1899 a publicação da primeira propaganda nos Estados Unidos desses instrumentos elétricos para uso médico, no *Home Needlework Journal* e, no ano seguinte, no catálogo da Sears.[16]

Raquel Maines (1999) assinala que a intervenção tecnológica na sexualidade foi não apenas uma constante na modernidade, mas aponta para aspectos importantes das noções forjadas sobre o prazer sexual. O tratamento da histeria com o uso das vibrações (no início, controlado pelos médicos) foi acompanhado pela criação de instrumentos para evitar a masturbação com as mãos.[17] Ainda que inúmeros males já tivessem sido atribuídos à masturbação, foi apenas a partir do século XVIII que ela passou a ser considerada doença. Thomas Laqueur (2003), ao tratar da história cultural do sexo solitário, localiza em 1712, com a publicação do tratado inglês anônimo *Onania: The Heinous Sin of Self Pollution, and all its Frightful Consequences, in Both Sexes Considered*, a mudança do sentido da masturbação de pecado para doença e decadência. Essa nova inflexão só foi possível no cenário cultural ambientado a partir das preocupações com a formação individual, de modo a evitar "Escolher o tipo de solidão errado, o tipo de prazer errado, o tipo de imaginação errado, o tipo de envolvimento com o eu errado" (Laqueur, 2003, p. 22). Um século mais tarde, registrados como cintos de castidade, muitos desses aparatos foram mecanizados e eletrificados com a comercialização de baterias.

É paradoxal e interessante essa convivência entre a repressão à masturbação e as técnicas de cura da histeria por intermédio de objetos que servirão de modelo prostético para os acessórios eróticos contemporâneos. Como salienta Preciado (2002), o vibrador e o tratamento da histeria no século XIX destacaram um modelo de corpo no qual a paciente que se mostrava indiferente ao coito heterossexual era descrita como carente de energia sexual, a qual era suplementada pela máquina. Foi elaborada também a noção de que o orgasmo opera no espaço de intersecção de duas lógicas opostas: doença (masturbação) e cura (histeria), veneno e remédio. Aliás, a tensão entre o uso de vibradores, como remédio e como veneno, permaneceu viva, tal o receio dos médicos de que com o uso descontrolado desses apetrechos a cura da histeria pudesse resultar em vaginismo ou lesbianismo (Maines, 1999).

O controle médico dos vibradores foi predominante até os anos 1920, quando o mercado norte-americano passou a divulgar produtos semelhantes como presentes que o marido poderia comprar para a esposa.[18] Tal divulgação, no entanto, teve curta duração. A veiculação da imagem desses acessórios em material pornográfico custou seu desaparecimento do ambiente de consumo, sobretudo de catálogos de compras e dos magazines. Foi apenas depois da invenção da pílula anticoncepcional, nos anos 1960, e de toda a liberação sexual resultante dos movimentos juvenis e feministas que os vibradores ressurgiram, introduzidos no mercado como artigos sexuais. Alguns dos modelos que foram desenhados a partir da forma do dildo tiveram origem nas sex shops criadas por feministas na década de 1970, como a Good Vibrations.[19] Preciado (2002) associa os desenhos contemporâneos do dildo vibrador às influências do movimento feminista e afirma que ele vai além da imitação do pênis: trata-se de uma prótese complexa da mão lésbica. As baterias trouxeram de volta, segundo a autora, a mão que masturba, que tinha sido retirada por meio de tecnologias da repressão ao onanismo e estimulavam a produção do orgasmo longe do contexto terapêutico e fora da relação heterossexual.

Tal articulação entre dildos e feminismo, contudo, está longe de ser tão bem-sucedida. De fato, o uso desses acessórios, cuja forma parece mimetizar o pênis e o perigo simbólico do falo, ainda gera significativo contencioso para vertentes do movimento. Lynda Hart (1998), ao comentar as *sex wars* dos anos 1980, indica variantes do feminismo radical que consideram que esses objetos, assim como as práticas sadomasoquistas, são imitações das relações heterossexistas, resultantes da dominação patriarcal.[20] Muitas dessas críticas apresentam uma enorme confluência com as teorias que supõem que a relação entre dildo e pênis seja de substituição. Do ponto de vista dos estudos, Preciado afirma que as poucas reflexões a respeito do uso de dildos por mulheres estão aprisionadas a problemas teóricos relativos à "inveja do pênis" ou ao "falo feminino".[21] Para além da discussão sobre os significantes fálicos, a autora propõe apreender as práticas associadas e os usos desses objetos. Mais do que uma posição estratégica entre o falo e o pênis, "o dildo é a verdade da heterossexualidade como paródia" (Preciado, 2002, p. 68). Sua existência concreta e material parodia as distinções binárias que articulam o sistema heteronormativo (como as oposições pretensamente estáveis entre masculino/feminino e ativo/passivo), e mostra que tais normas são contingentes e arbitrárias.

Para pensar sobre os dildos e as próteses me parece relevante chamar a atenção para uma dupla dimensão: de um lado, o uso desses objetos suplementa, expande ou amplia a natureza limitada da carne humana; de outro, essa operação implica remodelar o corpo segundo novas configurações (movimentos, texturas e até temperatura). Nesse sentido, os dildos sugerem inscrição, articulação e interpelação (Hart, 1998). Eles ampliam a capacidade de agência humana, mas se é a tecnologia que faz isso, na ausência de outra agência humana, ou não, depende inteiramente da posição daquele que a usa e de sua localização na fantasia e nas cenas.

A reflexão sobre as relações entre objetos e pessoas ganha maior complexidade ao introduzir a noção de "agência social". Alfred Gell[22] afirma que a agência é atribuível àquelas pessoas — e coisas — que são vistas como iniciando sequências causais de um tipo particular: quando algo ocorre, é suposto como causado por uma pessoa-agente ou por uma coisa-agente, como quando as pessoas atribuem intenções e consciência aos objetos, como carros ou imagens de deuses. De fato, pondera o autor, costumamos atribuir mente e intenções aos animais e aos objetos, mas são sempre mentes e intenções humanas, na medida em que são o único tipo a que temos acesso — mais precisamente, à nossa mente e às nossas intenções. Assim como a ação não pode ser conceituada a não ser em termos sociais, nossa mente também é inevitavelmente social. Desse modo, a agência que se associa aos objetos é inerentemente social, não se tratando de agentes autossuficientes, "mas 'apenas secundários' em conjunção com certas associações (humanas) específicas" (Gell, 1998, p. 17).

Para esse autor, onde quer que ocorra a agência humana ela se realiza no mundo material. A principal implicação de tal argumento é que as "coisas" nas suas propriedades causais como coisas são tão essenciais à operação da agência quanto os estados da mente, que, no entanto, consideramos normalmente como o "motor" inicial de uma sequência causal. Romper a primazia do racionalismo é o objetivo do autor, mas, como ele mesmo salienta, é preciso evitar incorrer em qualquer forma de mistificação da cultura material. Ele estabelece uma distinção entre agentes primários (seres intencionais) e agentes secundários (artefatos), e é por meio dos secundários que os primários distribuem sua agência no marco causal, constituindo, assim, a agência efetiva. Falar em agentes secundários não resulta em eliminar deles sua capacidade de ação, nem tomá-los por agentes, apenas como uma força de expressão. Significa considerar que a origem e a manifestação da agência tomam lugar em um meio que consiste, em grande parte, de artefatos. Os agentes, nesse sentido, não usam simplesmente os artefatos, podendo, inclusive, ocupar seu lugar na conexão com outros seres.

De modo a ilustrar a rentabilidade das considerações sobre a análise de casos concretos, Gell lança mão de exemplos que podem ser bastante adequados para pensar sobre a relação entre os usuários e os acessórios eróticos. O primeiro traz à cena uma menina e sua boneca. Ela ama a boneca e a considera sua melhor amiga. O brinquedo tem um nome, roupas para ocasiões particulares, e a menina conversa com ele todo o tempo. Tal situação significa que a menina, em uma situação-limite, como a de ter que salvar a boneca ou o irmão num bote salva-vidas, escolheria a boneca? Não. A menina estabelece a diferença, mas esse fato não desfaz o sentido atribuído, por ela, ao tomar a boneca como um ser social ou até membro da família. Mesmo considerando que a boneca não é um agente autossuficiente como um ser humano e que a menina sabe disso, a boneca é tomada como uma emanação ou uma manifestação da agência, primeiramente da própria criança, mas não só: conforme afirma o autor, isso expressa um espelho, um veículo, um canal de agência ou até mesmo uma fonte dessas experiências potentes de "copresença".

Se a boneca guarda alguma relação de semelhança figurativa com seres humanos, um segundo exemplo são os carros. O autor não está, nesse caso, pensando no carro como uma propriedade ou como meio de transporte, pois tais sentidos não são, em si, lócus de agência. A situação evocada é a de quando o carro é tomado como algo investido de agência social. Como quando o vendedor confronta seu cliente potencial e aspectos de sua fisionomia e aparência (dentes bons, cabelo bem penteado, índices corporais de sucesso nos negócios) com um carro particular, uma Mercedes-Benz último modelo, preta etc. O carro, no caso, não apenas reflete a personalidade do dono potencial, mas é possível dizer que porta uma personalidade. No seu testemunho pessoal, Gell diz que tem um Toyota que diz estimar com amor objetivo. O Toyota tem um nome (Toyolly, ou simplesmente Olly), e o autor acha que o carro tem muita consideração por ele: só quebra em situações pouco inconvenientes. Racionalmente, ele admite que tal sentimento parece bizarro, mas não o é levando em conta que muitos donos de carros sentem algo semelhante e que esse tipo de laço faz parte de um modus vivendi em operação no mundo das tecnologias.

O interessante nesses exemplos tão familiares e cotidianos tem a ver com duas ordens de questão. Em primeiro lugar, com pensar sobre as implicações de tomar coisas como agentes sociais. Não cabe atribuir consciência à essência dos objetos. Estamos, desde sempre, diante de situações contextual e socialmente delimitadas, em que é possível presumir que se sinta que as coisas são pessoas não só pelo afeto investido, mas pelos tipos de relação que emanam dessa interação. Os objetos podem configurar, em cenas particulares, o ativo na relação, bem como, nesse *setting*, o ser humano seria o passivo. Há uma intercambialidade possível, uma transitividade a ser considerada. E esse é o aspecto a remarcar na segunda ordem de problemas, para a qual eu gostaria de chamar a atenção: quando estabelecemos uma fronteira rígida entre a autodeterminação das pessoas e a materialidade inerte das coisas, perdemos de vista que pessoas e objetos são igualmente constituídos por agência social, por uma atividade e uma mobilidade de lugares de ação entre eles.

Os toys ou acessórios podem ser analisados dessa perspectiva. Não é de estranhar, portanto, que sejam agentes relacionados com as mulheres, entre as mulheres, com os homens, entre homens, e entre homens e mulheres. Resta, contudo, desenvolver ainda quais os efeitos dessas relações quando pensamos em cenários que estão mobilizando práticas eróticas, de forma que não seja estranho perguntar se os acessórios têm gênero e em quais situações, se estão ou não implicados em relações homo ou heterossexuais, e se seria descabido afirmar que também podem ser tomados como agentes eróticos — do mesmo modo que as pessoas envolvidas —, e não somente bens eróticos.

SEX TOYS: ACESSÓRIO, JAMES, JACK, BRINQUEDINHO, CONSOLO

Os depoimentos sobre os usos de toys permitem vislumbrar que a relação com os objetos implica experiências marcadas pelo trânsito ou pela circulação da agência entre os elementos envolvidos. Em diferentes cenas descritas, a atividade ou passividade sexual pode estar investida na pessoa ou no objeto. A partir das narrativas, nota-se que há mecanismos de personalização que são postos em operação quando, por exemplo, se atribui um nome próprio a um objeto. E existem outros tipos de circulação da agência quando consideramos o modo como os entrevistados se referem a ele: muitos empregam a palavra "brinquedo", outros "acessório", para outros tantos ainda faz sentido usar o termo "consolo", enquanto "toy" é a expressão mais amplamente utilizada. As diferentes designações, os nomes atribuídos, como as pessoas escolhem os objetos e suas predileções por forma, tamanho, matéria-prima e cor, sugerem um rico material do qual extrair implicações.

O esforço mais relevante aqui é o de tentar qualificar melhor, a partir de casos localizados, as diferentes operações relacionais entre pessoas e objetos. Há a relação de substituição quando o objeto é escolhido e usado de maneira próxima ao referente.[23] Quando o uso é estabelecido de modo a ampliar a natureza limitada da carne humana (Hart, 1998), em situações em que avistamos certa distância entre o objeto e o referente, falo em uso do toy como prótese. O emprego dessa palavra, sem carregar sentido médico ou êmico, se associa às interessantes sugestões feitas por Preciado (2002) e Hart (1998) sobre tomar os dildos como objetos agrupados como próteses. Em todas essas operações, noto o peso da paródia, da evocação satírica, seja em relação a masculinidade ou feminilidade, a diferentes orientações sexuais ou às variadas manifestações de corporalidade.

As pessoas entrevistadas usam muitos objetos: dildos com a forma fálica, com a forma de *bullets*, vibradores com forma de dildo, *rabbits* ou *butterflies*. Algumas preferem os plugues e todas usam óleos e géis (alguns os esquentam, outros os esfriam). Algumas vestem lingeries transparentes com rendas e cores fortes, enquanto as que simpatizam com as liturgias sadomasoquistas usam algemas, chicotes e cordas (para o *shibari*). Todos esses apetrechos são, em seu conjunto, designados como "brinquedos", "acessórios" ou "toys". Mesmo a calcinha provocante, a corda ou a algema são qualificadas desse modo, o que significa que também são consideradas bens eróticos.

"Acessório" é uma designação bastante difundida na rede que compõe as sex shops do nicho de classe média alta. As entrevistadas provenientes dessa rede às vezes usam também "toy", e tal fato parece revelar a estreita vinculação do uso desses bens, no contexto particular do mercado. "Acessório" é também a palavra empregada pelos agentes de mercado e pelos consumidores para outros produtos, como cintos, sapatos, bolsas, bijuterias. Há nessa designação, portanto, uma operação que avizinha ou similariza os produtos que adornam as vestimentas e o bem erótico. Chamar de toy ou acessório afasta, inclusive, os possíveis mal-entendidos em relação à vulgaridade. Longe de reduzir as experiências transgressoras de muitos dos usos e práticas sexuais das entrevistadas que empregam tais palavras, quero assinalar que o modo de designação exprime certas fronteiras de status, bem como aquelas atinadas às normas de gênero e sexualidade. Até para expandir as opções e experimentações sexuais, é preciso ter certa etiqueta para não assustar, radicalizar ou confundir.

"Brinquedo erótico" é expressão recorrente nas entrevistas, mais frequente do que "toy" ou "acessório", e, mesmo estando hoje bastante difundida, parece ter sido introduzida em meio às ações de prevenção às DSTs e à aids desde meados dos anos 1980, com a ação de oficinas promovidas por organizações não governamentais para ensinar a utilizar camisinhas. Uma de nossas entrevistadas (caso 8) faz parte dessa rede e, mais do que a mera informação da história de uso da palavra, afirma que o sentido de brinquedo está associado a

> R — [...] uma coisa de criança. Um lance que criança me ensinou que é muito parecido com brincadeira erótica. A gente pergunta: "Isso aqui é uma espada?". A gente é tão besta, adulto é tão imbecil... Aí a criança responde: "É uma espada na hora que eu quero que seja uma espada, senão vira uma vara de condão ou uma arma na hora que eu quero". Então, "brinquedo erótico" e "cena erótica" são uma coisa meio igual à da criança, de transformar aquilo ao seu bel-prazer naquele momento.

A associação parece sugerir, portanto, que os bens eróticos podem ser investidos de múltiplas faces, o que reforça sua qualidade transitiva: mais do que uma palavra que as crianças empregam — "brinquedo" —, o que importa é remarcar a operação infantil de fazer uso de objetos que podem ser transformados, conforme a imaginação e o desejo. Em certo sentido, chamar os objetos de tal modo aproxima a prática sexual dos adultos dos polimorfismos infantis. Mas, antes de expressar uma imaturidade, parece que são recursos que indicam a natureza contingente e dinâmica das experiências sexuais que estão sendo tentadas. Indica também operações em que a atividade ou a passividade podem circular entre o brinquedo e a pessoa. Uma menção comumente feita nos relatos e que implica esses trânsitos é feita quando, por exemplo, se usa o diminutivo para designá-los, como "brinquedinho" ou "gosto daqueles coloridinhos". A referência lúdica está sempre presente, embora, nesses casos, pareça evocar a infantilização do objeto para desfrute pessoal. A pessoa seria o ativo e a infantilização seria um modo de tornar o objeto passivo.

Uma operação inversa seria a de investir o objeto de uma espécie de pessoalização, como nos casos em que há atribuição de nomes próprios aos dildos, como James ou Jack, e as referências a momentos ou cenas de uso em que, mesmo controlando o toy com as mãos, a pessoa cria uma cena em que recebe passivamente do objeto a ação que lhe proporciona prazer. Três entrevistados, dois homens (caso 11 e caso 14, que se declaram gays) e uma mulher (caso 9, que se declara bissexual) disseram dar esses nomes aos seus brinquedos. É interessante remarcar que os nomes foram dados a objetos que imitam o pênis e que a referência a "James" apareceu em dois casos. Vejamos o caso 9:

P — *Você já deu nome para algum brinquedo?*

R — *Não sou de comprar e dar nome. Mas, às vezes, brincando com o parceiro, acaba surgindo, e daí eu adoto. Mas não é um nome que eu uso com todos os parceiros. É um nome que só usamos entre a gente. Então, o mesmo objeto pode ter mais de um nome.*

P — *Então, nunca rolou de...*

R — *(risos) Não, nunca rolou de ter alguma coisa com dois nomes diferentes com a mesma pessoa. Geralmente, estou saindo muito com fulano, com ele tem um nome. Eu termino com ele, arranjo outro e daí surge outro nome.*

P — *E como você escolhe esses nomes?*
R — *Ah, é coisa que surge. Numa brincadeira... O último foi... a gente deu o nome de James pro meu consolo. A gente tava brincando e o cara falou: "E aí? Vou chamar o reforço...". (risos) E aí saiu um James não sei por quê, e ficou. Até hoje, com ele, eu uso o mesmo nome.*
P — *E os outros brinquedos, além do consolo? Eles têm nome?*
R — *Hummmm... acho que não. Acho que com ele é diferente porque reproduz um órgão. E, talvez, porque é até comum os homens darem nome ao próprio órgão... porque também... "Vou lá pegar o pau?!" ou "Vou lá pegar o consolo?!". Acho que o nome facilita, fica uma coisa mais íntima. E nome pra coisa tipo bolinha anal? Ia chamar de "cebolinha"? Meio esquisito! Acho que é mais para o consolo, vibrador... coisas que são mais comuns mesmo. Não sei se eu daria um nome pra uma algema...*

O mesmo nome foi atribuído pelo caso 14. Quando foi indagado se comprava os brinquedos que dizia usar, respondeu:

R — *Comprar, comprar mesmo, comprei uma vez um consolo. Fui numa sex shop comprar filme pornô e achei aquele consolo tão parecido com o real, até na consistência, que comprei e dei o nome de James. E já, dentro do casamento, uma vez ou outra me masturbei usando o James.*
P — *Mas tinha uma coisa de usar junto com o parceiro ou era um uso seu?*
R — *Não, era um uso meu. Usei pra mim. E deixava guardadinho. Com o parceiro não usei.*
P — *E o que te chamou atenção era a aparência realística?*
R — *E a consistência.*
P — *O material era...?*
R — *Acho que era látex mesmo, mas muito parecido. Achei: "Nossa, é igualzinho a um pau duro!", aí comprei.*

P — *E você gostou da aparência realística...*

R — *Gostei e usei algumas vezes. "Ah! Vou usar pra ver como é com o James!"*

P — *E por que o nome James?*

R — *Não sei, falei "Vou dar um nome". É feio falar "consolo" e tal, aí dei o nome pra ele. Tinha dezoito centímetros, o James. Depois, emprestei pra uma amiga e ela nunca mais me devolveu. Ia usar com o namorado e deve estar com ele até hoje. E eu não quis mais o James de volta.*

James é um nome jocoso, associado a um chofer ou mordomo. Esse parece ser o sentido da escolha do nome no caso 9, ainda que não explicitado pela entrevistada. O namorado chama um reforço e o James aparece. A situação sugere, portanto, a presença de um terceiro elemento entre os parceiros, em uma associação irônica com um empregado. Há, de fato, uma prática entre homens de nomear seu órgão, mas os nomes normalmente são em português, como Bráulio, já de domínio público. Na situação descrita, parece haver uma cuidadosa operação de convidar um terceiro personagem para compor a cena erótica, na qual ocupará outro lugar, realizando função distinta daquela do namorado: ele vem em auxílio e ocupa uma posição de apoio. Percebe-se que o uso paródico do nome acaba, de certo modo, por proteger as habilidades viris do namorado.

Já o James do caso 14 é convidado para as práticas solitárias do entrevistado, parecendo expressar outro tipo de desejo. A escolha do nome, na situação descrita, também pode estar ligada ao personagem de folhetim: o motorista. Mas não seria então um personagem auxiliar ou secundário. Chama a atenção, na cena descrita, a associação do nome a algo que parece ser "tão real". Vale assinalar que o consolo com aparência realística, como sugerido no primeiro capítulo, mais do que real é hiper-real. Há nele uma tentativa inegável de aproximar o objeto do pênis: a semelhança é cuidadosamente buscada em razão dos relevos de enervações, da forma da glande e da cor da pele. O modelo, no entanto, supera o real, ganhando uma forma idealizada: o que evoca a pele "branca", por exemplo, traz um roseado que só encontramos em recém-nascidos, e os de pele "negra", são mais pretos que o ébano; além disso, os tamanhos, embora variados, são sempre exuberantes. Eles são vendidos com diferentes texturas e, na situação descrita pelo entrevistado, a escolha foi pela rigidez do látex. O tamanho acentua o sentido da operação: no caso, a escolha indica uma clara tentativa de atribuir virilidade ao objeto. O James pode ser emprestado para uma amiga, e pode não interessá-lo mais. Há nessa relação uma clara paródia à masculinidade viril, à importância que ela tem nas fantasias gays contemporâneas (Braz, 2010) e ao jogo de colocá-la à disposição: ver como é experimentar o James e depois não querê-lo de volta.

O trânsito entre ativo e passivo não esgota todas as possibilidades de pensar as interações entre as pessoas e os objetos. Em alguns casos, essa relação parece ser de substituição: são narradas situações em que o dildo é o substituto presencial do namorado que mora em outro país, durante o sexo via internet; ou, ainda, em que a jovem sente que se masculiniza ao vestir o pênis, como ela mesma se refere, para penetrar a namorada. Neste último caso, a entrevistada é declaradamente lésbica e nunca se relacionou sexualmente com um homem. É bastante reservada e até monossilábica ao se referir aos objetos — usa um dildo e o veste com uma cinta, depois de muita negociação com a namorada. A relação de substituição aí se estabelece entre dildo, pênis e sua conotação direta com a masculinidade. A articulação incomoda a entrevistada, a ponto de ela alegar ter sentido prazer apenas tardiamente.

Em outras situações, e para outras pessoas, mesmo diante de operações de substituição há maior eloquência e divertimento. No caso 8, a mulher bissexual, cuja trajetória sexual já foi anteriormente tratada, discorreu na entrevista sobre o ciúme que teve de seu brinquedo na relação com uma companheira e do uso combinado que fez dele com o atual marido no sexo virtual, durante o ano em que ele vivia fora do Brasil. Ela conta que ganhou um dildo, que chama de "pinto", de um amigo, em meados dos anos 1990. Nesse momento, era casada com uma mulher e foi sua primeira tentativa de usar o brinquedo acompanhada:

R — *Usei esse pinto com a Maria. Não foi legal. Não gostei. Fiquei com ciúme do pinto.*

P — *Como assim? Conta.*

R — *O pinto era meu, caralho!* (risos)

P — *Ela usou seu brinquedo, foi por isso que você ficou com ciúme?*

R — *É.*

P — *A ideia era que ele era um brinquedo seu, pra você brincar?*

R — *É. Acho que por isso que joguei ele fora. Não queria compartilhar ele com ninguém. Imagina meu atual marido pegar meu pinto! Nem que fosse pra enfiar em mim. Eu não queria.*

[...]

P — *E como ele era?*

R — *Enorme. Enorme mesmo, bem grandão. Grosso, só que muito claro, e com veia. Um saco enorme! Mas bem flexível, bem flexível!*

[...]

P — *Foram doze anos com o mesmo... de 1996 a 2008. Você jogou ele fora quando?*

R — *Joguei fora agora, quando meu marido chegou.*

P — *Doze anos com o mesmo brinquedo...*

R — *Nunca tinha pensado nisso!* (risos) *Nunca tinha feito essa conta!*

P — *Foi seu companheiro de mais tempo!*

R — *(risos e bate palmas) Esse foi meu maior casamento!*

Mais adiante na entrevista, ela associa claramente o brinquedo ao atual marido:

R — *Foi lindo...*

P — *Mas por quê?*

R — *Porque aquilo me dava a fantasia de que era o pinto do meu marido.*

P — *E tinha essa coisa, antes, de você personalizar o pinto? Esse é o pinto de fulano, essa fantasia?*

R — *Não nunca, foi só com ele...*

No exemplo anterior, a substituição indica outro ser, a ponto de a entrevistada não querer partilhá-lo seja com uma companheira, seja com o atual marido — a convivência dele com o objeto foi virtual. Ela traça uma ligação direta dildo-pênis, inclusive ao alegar que sua fantasia estabelecia uma semelhança entre os dotes do brinquedo e os do marido. Nesse caso, mas também no anterior, é feita uma operação metafórica entre o objeto e um referente, sendo esse o órgão sexual ou o sexo da pessoa e ainda o gênero que ela porta. Estamos diante de usos que sugerem uma substituição, mas, diferente da interpretação tentada pelo feminismo radical, não me parece imitar ou reproduzir o modelo falocêntrico. A substituição é feita, mantendo presente uma tensão entre a semelhança e o simulacro — cópia que se exibe como uma reprodução imperfeita ou, como nos termos de Deleuze (1988),[24] imagem que ainda produz um efeito de semelhança, importante para revelar o deslocamento que a simulação pretende. Lynda Hart retira uma implicação valiosa desse deslocamento ao se referir ao uso de dildo por lésbicas. Para ela, menos do que uma alienação heteronormativa, tal uso instiga uma crise de representação, justamente pelo retorno do pênis na imaginação:

> Lésbicas que consideram seu falso pênis amarrado à cintura a "coisa real" têm instigado uma crise representacional ao produzir um imaginário em que o "retorno" fetichista/alucinatório do pênis ao corpo de uma mulher vai além da propriedade plástica ou transferível do falo para outras partes do corpo ao representar um falo sem referência ao "real" do pênis. O pinto da lésbica é o falo como significante flutuante que não tem uma base para se apoiar. Não retorna ao corpo masculino, não se origina dele nem se refere a ele. Pintos de lésbicas são o máximo do simulacro. Ocupam o status ontológico do modelo, apropriam-se do privilégio e se recusam a reconhecer uma origem fora de sua própria autorreflexividade. (Hart, 1998, p. 123)

Além da substituição, o uso pode indicar que o objeto esteja sendo tomado como uma prótese, no sentido sugerido por Hart (1998) e Preciado (2002), suplementando as limitações da carne. Algumas pessoas entrevistadas explicitaram não gostar de imitações dos genitais, como pode ser visto no caso 10:

P — *Esse brinquedo que você usa tem cor?*
R — *É azul brilhante.*
P — *Você escolheu pela cor?*
R — *Escolhi pela cor, ele é brilhante!*
P — *Você acha que tem alguma associação? As cores aparecem muito nos seus brinquedos. Acha que é um jeito de personalizar? Você dá nome?*
R — *Tem um nomezinho, sim. O que é só meu tem um nome, o que era nosso — meu e da minha namorada — não tinha*

nome. [...] eu acho que tem essa personalização. Preferi escolher um mais colorido, mais bonito e de uma cor que pra mim faz diferença. Gosto de azul e peguei o brilhante porque achei mais feliz. Gosto que vibre, ele fica se mexendo ali sozinho, é divertido.

A escolha das cores, nesses usos protéticos, resulta em um esforço de criação que vai além das associações dildo/genitais. A plasticidade dos objetos, nessas situações, é invocada com vigor: cores brilhantes que sugerem felicidade ou a vibração que faz com que se movam sozinhos, parecendo um ser com vida. Há também o caso das pessoas que escolhem os plugues, como no caso 7 a seguir, de uma jovem que se relaciona com meninos e meninas e gosta bastante de toys:

P — *Você diz que gosta dos plugues. Você compra aqueles mais duros?*

R — *Os mais durinhos, mas tem os mais molinhos e tem a diferença de tamanho. Normalmente compro o mais coloridinho, acho mais bonitinho.*

P — *Me fale dessas preferências. O plugue foi uma coisa criada, pelo menos do ponto de vista do mercado, para o segmento gay masculino. E essa é sua escolha, o que você mais curte...*

R — *É o que eu gosto mais. [...] e meu preferido é o laranjinha.*

P — *E por que você gosta mais dele? Por causa da cor, da forma ou dos dois?*

R — *Não sei, acho que pela cor e pela forma. Ele tem uma basezinha meio quadrada, retangular, na verdade, e aí ele vem, não é muito grosso, e vai afinando e acaba ficando meio assim uma arvorezinha de Natal, um pinheirinho...*

O uso a partir de uma relação protética sugere que o objeto venha a suplementar ou expandir a associação figurativa entre dildo/genitais. Formas e cores convidam a outras possibilidades de fantasia. Chama a atenção essa articulação entre o toy, o plugue descrito a partir de uma narrativa que emprega eloquentemente os diminutivos e o pinheiro de Natal. À primeira vista, seria possível interpretar o caso como expressão que revela alguém ainda enlaçado à fase anal. Antes, parece ser um caso de deslocamento paródico: a referência infantil, o gosto pelo anal com um objeto que não imita o pênis, têm o sentido de arremedo, um divertimento produzido a partir de convenções patologizantes.

Como tenho insistido, os usos, em variadas cenas descritas pelos entrevistados, parodiam aspectos que compõem as normas de gênero, de sexualidade e as que implicam uma fronteira rígida entre sujeito e objeto ou pessoas e coisas. As paródias são realizadas como imitações burlescas, como no caso do entrevistado (caso 14) que classifica seus acessórios para as práticas sadomasoquistas inflexionando em gênero: o chicote é masculino e, de preferência, rústico; a algema é feminina, pois brilha e pode ser tomada como um adorno. A ausência de nuance e essa explicitação do senso comum sugerem, menos do que falta de sofisticação, um arremedo. Outro entrevistado (caso 5) traz mais um exemplo do uso dos objetos a partir da paródia: conta que escolheu para si uma "pica vermelha" em homenagem ao socialismo e, em particular, ao Partido dos Trabalhadores. Interessa lembrar que as paródias que articulam sexo a política têm longa tradição, como mostram as obras de Sade e toda a sátira política que as envolve.

O alcance teórico do uso de objetos em forma de paródia é o de indicar uma operação entre o referente e o simbolizado que não é de semelhança, mas de deslocamento. Não se trata de mimese, mas de mímica, como sugerido por Homi Bhabha (1994) a respeito do "mimetismo colonial". A mímica, ou paródia, é um modo de expor as normas à ambivalência. O exagero e o burlesco abrem para o ridículo e para a crítica, ou pelo menos sugerem que as normativas podem servir para outros usos. São precisamente esses deslocamentos o que interessa reter na análise das narrativas dos usuários de sex toys: os usos que sugerem como as prescrições de gênero podem servir para gerar formas de prazer, em vez de reproduzir as assimetrias que alimentam a desigualdade.

2. Perigos

4.
SM

Nesta segunda parte do livro retomo o ponto de partida: entender as articulações entre gênero, violência e erotismo. Longe de solucionar o enigma, as variadas experiências eróticas contemporâneas mostram — seja nas modalidades de um mercado cada vez mais transnacional, seja nos usos que as pessoas fazem de objetos, técnicas e fantasias — que as prescrições de gênero e sexualidade estão sujeitas a deslocamentos e ressignificações. Trata-se, inegavelmente, de uma dinâmica viva que supõe a criação ou invenção de novas normatividades, bem como idiomas diversificados para velhas e persistentes restrições. Prazer e perigo permanecem combinados nos erotismos, expressando assimetrias de poder relacionadas não apenas a gênero, mas a idade, raça, etnia, nacionalidade e classe social. Hierarquias permanecem marcadas pelos mesmos eixos que produzem a desigualdade social, econômica e política. Contudo, tais marcas de diferença são também empregadas de modo a tensionar o que é sancionado, provocar um arremedo, parodiar. O efeito mais significativo de muitas das experiências de que tratei até aqui foi o fato de submeterem as inscrições normativas à ambivalência. Inscrições fálicas são tornadas sex toys, ampliando o escopo de experimentações sociais e corporais.

Diante de novos limites da sexualidade, porém, restam algumas questões: e quando os toys são chicotes, *floggers*, palmatórias e cordas? E quando a relação entre passivo e ativo se dá entre pessoas que escolhem posições em um jogo de dominação e humilhação? Qual lugar simbólico ocupa o mestre e seu submisso (ou escravo) numa sociedade que reconhece os direitos sexuais?

As práticas sadomasoquistas, sobretudo as que se desenvolvem em meio ao mercado erótico contemporâneo, interessam particularmente ao desenvolvimento dessas reflexões. Âmbito estratégico para a investigação antropológica, as variadas expressões SM introduziram retórica, técnicas e rituais sobre o lado "seguro, saudável e consensual" de práticas eróticas que lidam com risco.

No início de minha pesquisa sobre sex shops, ainda nos Estados Unidos, encontrei, nos catálogos e manuais sobre direitos sexuais e técnicas eróticas, material sobre SM. Ignorante e intrigada, tive a curiosidade atiçada ao ler que:

> Na verdade, SM não tem nada a ver com coerção, nem sexual nem não sexual. A dominação comum em todo jogo de SM não é um intercâmbio violento de dor, mas um intercâmbio consensual de poder. (Good Vibrations, 1994, p. 210)

Tal definição contesta o senso comum sobre sadomasoquismo, inclusive a conceituação presente no dicionário, que define a prática como uma perversão de ordem sexual ou, ainda, algo que descreve uma dinâmica entre pessoas envolvidas em comportamento coercitivo ou abusivo.[1] O contradiscurso fornecido acentua que SM é um exercício erótico de poder, e não um abuso físico ou emocional. Suas expressões mais antigas podem ser encontradas desde o século XVIII, na Europa, mas ganham a conotação de minoria sexual a partir dos anos 1970, nos Estados Unidos. As primeiras organizações explicitamente SM foram os grupos heterossexuais The Eulenspiegel Society, criado em 1971 em Nova York, Society of Janus, criado em San Francisco em 1974, e o Samois, com orientação lésbica, fundado em 1978 (Rubin, 2004). Essas expressões coletivas sadomasoquistas passam a ter visibilidade, no cenário político, no mesmo momento em que aparecem alguns grupos feministas contrários à pornografia e ao sadomasoquismo (como o Women Against Pornography). Os estudos a respeito indicam não ser possível entender a retórica desses grupos SM e suas propostas práticas sem levar em conta os contenciosos políticos com os conservadores e com os radicais: de um lado, o movimento em torno da New Right, de outro, o feminismo radical.[2]

Simultaneamente, é necessário considerar a influência que muitas práticas SM sofreram (tanto nas modalidades heterossexuais como nas gays e lésbicas), o que a bibliografia chama de *leather culture*. Associada por alguns aos veteranos de guerra da Coreia e por outros aos jovens rebeldes e aparentemente sem causa dos anos 1950, o *leather folk* começou reunindo gente que gostava de andar de motocicleta vestida com jaquetas e calças de couro e que se encontrava em poucos bares espalhados pelos Estados Unidos. Com a cultura do couro, o SM se tornou um movimento de maior destaque, passando a reunir interessados em variadas modalidades de "radical sex" a partir dos anos 1970. Guy Baldwin, psicoterapeuta norte-americano, além de ser adepto do que designa como "SM/*leather/fetish erotic play*" desde jovem e de atender gente engajada nessas práticas, escreveu a coluna "Ties That Bind" por toda a década de 1980 na publicação *Drummer* (importante publicação *leather*, cujo aparecimento remete aos anos 1970). Suas principais colunas foram publicadas em livro, no qual o autor conta que uma das fortes influências simbólicas foi a série de histórias em quadrinhos de *Tom of Finland*, que circulou desde os anos 1950, ganhando maior divulgação a partir dos anos 1970 (Baldwin, 1993). O conteúdo erótico é acentuado nesses desenhos, evocando o que mais tarde foi definido como "sexo radical": *fist fucking*,[3] SM heterossexual, gay e lésbico. Baldwin informa também que parte considerável das lideranças gays e lésbicas participou dos movimentos *leather*. Há mesmo uma aproximação significativa entre cultura *leather* e SM (em suas diferentes expressões).[4]

Além disso, muito do que é praticado, nas experiências SM, apresenta um diálogo crítico e em forma de paródia, tendo como referências Freud e, mais precisamente, Richard von Kraft-Ebing — sexólogo a cunhar, no final do século XIX, o sadismo e o masoquismo como psicopatologias. Em *Psychopathia Sexualis* (1886), ele definiu o sadismo como "psicopatia", ou mais precisamente como uma manifestação aberrante do desejo inato de humilhar, de machucar, ou ainda de destruir os outros, de modo a produzir prazer sexual para si mesmo.

Desde os anos 1970, alguns grupos organizados de SM escolheram adotar outras expressões: jogos de dominação/submissão, sensualidade e "mutualidade", mágica sexual, sexo radical ou jogo de poder e confiança. Esses grupos têm o cuidado de, em suas palestras e workshops, divulgar a necessidade de as práticas SM se darem em meio a um contexto de segurança, devendo ser estruturado a partir da negociação e comunicação entre as pessoas envolvidas: "Você não pode dominar seu parceiro ou parceira a não ser que ele ou ela permita que você assuma o controle, e você não pode subjugar seu parceiro ou parceira a não ser que ele ou ela aceite o controle" (Good Vibrations, 1994, p. 211).

No início do século XXI, após intenso e longo combate à epidemia da aids e em contexto de mercado, essas práticas encontraram lugar, bastante sintonizadas com alguns aspectos do que chamei de "erotismo politicamente correto". Nos catálogos e folhetos a que tive acesso na Good Vibrations, há o esforço de tornar o sadomasoquismo uma alternativa erótica aceitável, a partir de uma retórica que salienta o jogo consensual entre parceiros que brincam com conteúdos e exercícios, ligados às posições de dominação e de submissão. Os chicotes coloridos e as cenas nos filmes reforçam essa tendência. Tudo parece estar sendo cuidadosamente montado para encenar uma situação que teatraliza a humilhação. A dor parece não fazer parte dessa encenação, assim como o subjugo real ou concreto. E essa simulação vai sendo montada, no texto, a partir da explicitação de algumas fantasias sexuais: de um lado, o desejo de ser dominado e subjugado por sequestradores, estupradores, às vezes "alienígenas"; de outro, aquele que posiciona o sujeito no controle de uma relação com uma espécie de escravo amoroso.

No limite, o texto dos manuais tenta legitimar o SM, empregando o argumento de que o jogo de poder é central na imaginação erótica. A noção que está por trás de tal afirmação é a de que o sexo entre duas pessoas raramente ocorre em meio a um patamar igualitário ou de satisfação mútua, em um orgasmo simultâneo. É mais frequente que os parceiros se revezem no controle das sensações do outro. Sem dúvida, importa assinalar que esse tipo de sugestão incorre em uma espécie de naturalização do erotismo. Como se ele fosse desencarnado de todo um mapeamento simbólico, cuidadosamente tecido em meio a processos históricos e culturais.

É interessante notar que os manuais SM e o capítulo sobre essa prática no manual da Good Vibrations apresentam, em contraste com os relativos a outras práticas, afirmações mais categóricas e toda uma caracterização detalhada sobre como definir quem está no controle e quem está submetido. Além disso, enfatizam a todo instante o fato de essa ser uma das expressões do sexo seguro: assim como os sex toys, os jogos SM não implicam o intercurso genital; e os manuais aconselham a não ingerir álcool ou drogas quando os praticam. Há um conjunto de normas que o potencial praticante deve seguir: identificar seus desejos e fantasias; encontrar o parceiro; negociar a cena; procurar o local adequado para ela; escolher a posição e os personagens; cuidar da saúde e da segurança.

Minha primeira hipótese, sobretudo diante dessa vertente mercadológica, foi a de que o pragmatismo que recobre os *SM plays* seria resultante justamente da premência de torná-lo politicamente correto, afastando-o da violência. Indaguei, inclusive, se todo o cuidado com segurança, saúde e consentimento não seria decorrente de um esforço de neutralização ou apagamento das desigualdades de gênero que marcam a violência. De fato, os produtos relacionados ao SM nas lojas são cuidadosos a esse respeito. Contudo, foi preciso conhecer melhor as práticas e os praticantes, bem como as referências simbólicas que estão sendo mobilizadas, de modo a reconhecer que o SM não se reduz a uma vertente tão politicamente correta e que suas variadas manifestações trazem elementos que, inclusive, contrastam com a violência, sobretudo quando a consideramos marcada por gênero.

Pesquisas etnográficas acompanhando a difusão e a visibilidade das práticas sadomasoquistas começaram a ser feitas no Brasil no século XXI. Regina Facchini (2008), ao analisar a sexualidade de mulheres na cidade de São Paulo, apresenta uma rica investigação sobre uma rede de adeptas ao BDSM (*bondage*, disciplina, dominação, submissão, sadismo, masoquismo). Essa sigla é empregada pelos sujeitos de sua pesquisa como forma de salientar a diversificação de práticas, para além daquelas inscritas nas liturgias e nos rituais SM. *Bondage*, por exemplo, é uma atividade de privação de movimentos ou sentidos, normalmente praticada com cordas. O importante a remarcar aqui, segundo a autora, é que se trata de um campo complexo que reúne diferentes concepções de liturgia, de dominação profissional, da relação entre o intercurso sexual e o BDSM, e distinções relativas aos temas caros a esse universo, como a consensualidade e o risco compartilhado.

A rede de praticantes é formada por pessoas da classe média paulistana que criaram, no início dos anos 1990, o SoMos, uma comunidade de adeptos SM, responsável pelas primeiras reuniões no país e ainda hoje atuante. Naquele período, as pessoas interessadas nessas práticas se encontravam no clube Valhala, que fechou. Durante os primeiros dez anos do século XXI, encontraram-se no clube Dominna, criado há treze anos. Atualmente, esse clube não opera com espaço físico próprio. Contudo, são realizadas festas com frequência mensal com encenações de FemDom (dominação feminina), podolatria, *bondage* e as *play parties* (momentos mais íntimos da comunidade, que se realizam em espaço separado).

O estudo de Facchini aborda experiências observadas e narradas, e decifra a formação e os contornos de uma comunidade (ou confraria) a partir das intrincadas relações entre as práticas e escolhas eróticas referentes ao BDSM e aquelas que são vividas no cotidiano, fora do clube e distante da internet, qualificadas por seus informantes como "mundo baunilha". Dessas relações de contraste e oposição, saltam intrigantes considerações sobre normas de gênero e sexualidade. A autora assinala que, no meio BDSM que investigou, os marcadores de diferença relacionados a sexo, gênero e orientação sexual são mobilizados de modo bastante flexível, sem que sejam demarcadores de segmentação entre comunidades SM, como no caso das experiências norte-americanas. Além disso, segundo seus termos, a descontinuidade entre desejos, práticas e identidades relacionados à "orientação sexual" convive, em intrincados esquemas classificatórios, com distinções entre "sexo biológico" e expressões ou "identidades de gênero", mas sobretudo com classificações que remetem a desejos e práticas BDSM ou fetichistas [...], ainda que haja coincidência entre desejos e práticas, ela não necessariamente leva a identidades que substantivem condutas em personagens, conduzindo-nos a considerar o BDSM como *prática* ou mesmo *arte erótica* que, embora tome parte na produção de subjetividades, não são transpostas, de modo substantivado, como algo que possa descrever os sujeitos. (Facchini, 2008, p. 214)

Bruno Zilli (2007) estudou, a partir de sites brasileiros, o discurso de legitimação do BDSM. Ele mostra como linguagem e conclusões psiquiátricas do século XIX a respeito das fronteiras entre os comportamentos patológicos e os de natureza moral ecoam nas reivindicações de direitos às identidades BDSM. O advento da internet, inclusive, é um fator decisivo na difusão dessa forma de erotismo no país, sobretudo nas interações entre adeptos e na criação de comunidades. No Brasil, até a década de 1990, o acesso a informações sobre técnicas e objetos e as possibilidades de encontrar pessoas interessadas nessas práticas eram bastante reduzidos: na cidade de São Paulo havia uma sex shop, no centro, que oferecia produtos e serviços SM, segundo uma informante, vendedora nos anos 1980 e atualmente proprietária de loja. Os interessados ainda podiam estabelecer contatos através de anúncios classificados em jornais ou revistas eróticas (Facchini, 2008), seguindo o mesmo padrão dos entusiastas SM dos anos 1950 aos 1970 nos Estados Unidos (Rubin, 2004).

Chama a atenção o fato de que, no Brasil, tais práticas ganharam visibilidade recentemente, com a expansão do mercado na direção dos produtos e bens eróticos. Tal aspecto delimita, entre nós, um universo singular de relações sociais, bem como de referências, imagens e práticas, se comparado à diversidade de expressões SM nos Estados Unidos, visíveis desde os anos 1970. É preciso lembrar que as variadas alternativas sadomasoquistas, em cenário norte-americano, tiveram destaque e participaram ativamente nos contenciosos políticos de diferentes posições feministas, do movimento lésbico e do gay. No Brasil, como salienta Facchini, os adeptos, a discussão e o debate "BDSM não est[ão] inserido[s] na agenda política dos 'direitos sexuais', também não est[ão] no campo de interesses do movimento feminista" (Facchini, 2008, p. 196). Aqui, o SM é uma das expressões das novas faces do erotismo, particularmente daquelas alternativas que estão se desenvolvendo e se difundindo no marco do que tenho chamado de erotismo politicamente correto.

IMPRESSÕES DE CAMPO

Nos bares, clubes ou festas para praticantes SM, o espaço é organizado segundo certas convenções partilhadas. Mesmo levando em conta as particularidades, é possível encontrar em San Francisco, em Madri[5] ou em São Paulo lugares com um mesmo cuidado na disposição de elementos que sugerem a releitura dos cenários inventados pelo Marquês de Sade ou por Sacher-Masoch, além dos elementos vindos da tradição *leather* e SM, do fim do século XX. Em todos os sinais contaminados por essa simbologia, há uma distinção entre um ambiente dito "social" e uma série de espaços, em separado, repletos de equipamentos variados para as práticas.

Gayle Rubin (2004) conta como The Catacombs, clube aberto em 1975, em San Francisco — famoso, inicialmente, pelas festas para homens gays praticantes de *fist fucking* e depois ampliadas para os SM, tanto heterossexuais, bissexuais e lésbicas —, foi consolidando um conjunto de convenções espaciais para garantir *"fit, comfort, rhythm and grease"* (p. 127), ou seja, um ambiente intensamente sexual e, simultaneamente, aconchegante e confiável. O espaço foi arquitetado e decorado por Steve McEachern, que o criou para seu amante no porão de sua casa vitoriana. Em 1981, Steve morreu de enfarto, sem deixar testamento. Sua família desmantelou totalmente o lugar. Foram feitas duas tentativas de reabertura do clube em outros locais de San Francisco. Na terceira delas, por iniciativa do companheiro de Steve, o Catacombs III abriu suas portas, tendo recuperado parte significativa do conceito e dos equipamentos originais. Em 1984, em meio aos impactos gerados pela aids (sejam as mortes prematuras ou o pânico coletivo ocasionado por elas), o Catacombs encerrou suas atividades.

As imagens que constam da descrição, bem como os comentários detalhados de Rubin, registram, a meu ver, dois aspectos: de um lado, o esforço por criar um espaço moldado para garantir o exercício de certas modalidades sexuais com equipamentos — em sua maioria, fabricados artesanalmente — e assegurar o conforto. O chão do Catacombs, por exemplo, era de madeira corrida, e a calefação permitia a nudez. Trata-se de um tipo de cuidado que indica uma concepção de sexo radical cujo foco põe em evidência certas modalidades de dor, até elas estudadas e convencionadas. Foram sendo pesquisadas técnicas e testados objetos, de modo a expandir as potencialidades materiais e sensoriais do que o corpo pode permitir em termos de prazer. Por outro lado, o Catacombs sugere outro elemento intrigante: Steve McEachern criou esse espaço como um presente de aniversário para seu amante, Fred. Antes de reforçar apenas o ajuste espacial e tecnológico para práticas sexuais anônimas e pontuais, esse espaço de festas foi um presente amoroso, assinalando uma relação consentida. Assim, mesmo considerando que ali seria possível desfrutar, segundo o desejo do cliente, um encontro meramente sexual, havia um elemento de tensão sugerindo um laço romântico.

Quando meus alunos me levaram para nossas expedições de campo, notei que essas convenções viajaram no espaço e no tempo. Algumas são bastante vigorosas, outras sofreram atualizações. O *fetish club* chamado Libens foi aberto em maio de 2008 (e fechado em março de 2009) por um casal de praticantes SM, Mister Y e sua esposa e submissa marYa. Com aproximadamente trinta anos, ele é um moço bem claro e forte; marYa — seu codinome é grafado assim — está na mesma faixa etária, é branca e loira (tingida) e ligeiramente gorda. Eles fazem parte de um segmento de classe média e viviam, naquele momento, dos rendimentos do clube.

O Libens estava situado em Santana e a vista exterior da entrada sugeria um imóvel residencial adaptado. A frente era estreita, sem placa chamativa na fachada. O clube Dominna, no bairro do Tatuapé, também ficava em uma casa alugada, sem placas de identificação. Independente de eventual intenção em manter a discrição, são estabelecimentos do mercado que, a exemplo das catacumbas, no porão de San Francisco, trazem a conotação implícita de ser um espaço para iniciados ou simpatizantes.

Importa assinalar que o Libens era um estabelecimento criado e administrado por um casal. O Dominna foi criado como uma sociedade de amigos, mas uma das donas era casada com um sócio e mantinha com outra das proprietárias uma relação SM.[6] Conheci em campo uma variedade significativa de gente com compromisso amoroso. Além disso, muitas das práticas de que tive conhecimento e a que assisti em São Paulo se deram em meio a comemorações, reforçando laços de amizade e amor.

A fachada do Libens era toda de vidro escuro, com uma porta entreaberta. Essa ausência de sinais externos, contudo, rompia-se ao entrar: sequências de fotos estampavam as paredes com dorsos nus amarrados com cordas (o que constitui as práticas de *shibari*), fotos de *bondage* (além da amarração, é feita a suspensão com cordas), podolatria, fetiche de látex, uso de adaga, uso de velas, uso de agulhas, ou ainda cenas de mulheres tendo o cabelo raspado. Nessa entrada repleta de imagens, encontrei uma "citação" *leather*: no centro do hall, uma moto forrada em couro preto. Toda a área, chamada localmente de "social", tinha o formato de um retângulo, composto por duas saletas pequenas. Na primeira, havia um par de mesas, dispostas uma depois da outra. A ideia do espaço social, também no Dominna, é de socialização. As pessoas se sentam às mesas conjuntamente e, quando não se conhecem, têm ali oportunidade de se apresentar. À direita das mesas, havia um balcão de atendimento, onde eram feitos pedidos e as comandas eram anotadas e pagas.

Em uma noite de janeiro, chegamos e cumprimentamos um par de dominadores (um senhor totalmente grisalho, que devia ter mais de sessenta anos, magro, usando barba; uma senhora loira, de cabelos compridos, lisos, um pouco gorda) e, sentados com eles, dois rapazes mais jovens, aparentemente iniciantes, um deles em um banco bem mais baixo. Notei alguns assentos desse tipo espalhados pelas salas para que os escravos ou submissos pudessem se acomodar. Na parede do fundo, da segunda saleta, havia quatro quadros com gravuras de rostos e nomes: Masoch, Sade, Anne Desclos e John Norman.[7]

Depois desse espaço, um corredor estreito conduzia ao *dungeon*, a masmorra, palavra bastante empregada, desde os anos 1970, nos clubes SM. Em todos existe essa fronteira espacial, separando uma área "social", aparentemente coletiva, socializante e de conversação, e o *dungeon*, lugar mais escuro ou, parafraseando Braz (2010), a meia-luz, onde se pratica, com maior ou menor liturgia, as atividades variadas que compõem as cenas praticadas.[8] Rubin, ao se referir ao Catacombs, sugere que essa separação replica no espaço a distinção entre a parte da frente e a de trás, parodiando a noção de que "as costas eram para sexo" (2004, p. 125). Ali, no marco das experimentações dos homens gays dos anos 1970, em meio a troncos de madeira e postes de luz a gás (que tentam estilizar uma ambientação do século XIX), era proibido fumar, usar drogas ou beber. Além dessas regras, algumas práticas como a suspensão por cordas e em roldanas eram autorizadas e supervisionadas pelo próprio Steve McEachern.

No Libens, o *dungeon* era bem pequeno, talvez de uns três metros quadrados. No fundo, disposto sobre uma parede pintada em azul-celeste, havia uma cruz de santo andré, na qual estavam fixadas, nas pontas superiores, duas algemas em couro. Essa cruz, ou sautor, equipamento SM bastante comum, traz como referência um símbolo heráldico, de tradição cristã, na forma de cruz diagonal ou da letra X, relativo ao martírio de santo André, apóstolo cristão e irmão de são Pedro. Ao lado esquerdo do X, havia uma canga (peça de madeira que prende, simultaneamente, o pescoço e os braços dos supliciados) e, ao direito, uma mobília para a prática do *spanking*, ou melhor, um apoio feito de madeira que mantém o espancado de joelhos, com o tronco apoiado para a frente.

A sala foi dividida ao meio, nas paredes e no teto, por um suporte de metal do qual pendia o que nos disseram ser o "novo brinquedo" da casa: uma roldana com correntes e ganchos para a prática de suspensão. Na parede à direita, em frente à porta, ficava pendurado o suporte que prendia — de modo organizado — cordas e instrumentos de *spanking*. Os chicotes, na maior parte, eram *floggers*, instrumentos para açoite e flagelo de múltiplas pontas feitos de diferentes materiais, grossuras e quantidade de tiras. *Floggers* de corda, de camurça, de tira mais fina de couro, de tiras mais grossas, de couro sintético costurado, alguns compridos com as pontas finas e leves, utilizados para "aquecer" a pele para o *spanking*. Além deles, havia um relho e as *canes*, caniço usado para espancar e, segundo depoimentos, o mais dolorido de todos os chicotes. Um objeto me impressionou: redondo como se fosse um rolete vermelho cheio de pontas de metal. É chamado de "ralador" e usado diretamente sobre a pele, machucando e tirando sangue.

Diferente de outros *dungeons* descritos ou vistos, esse tinha cadeiras em toda a extensão de uma das paredes, colocadas umas ao lado das outras. Um aspecto singular, indicando uma divisão espacial entre aqueles que praticam as cenas e os espectadores que, passivamente, veem. No Dominna, que também contava com um espaço social, repleto de mesas e de um bar, as cenas ocorriam em dois *dungeons*, um deles especialmente criado para a prática do *shibari*. Não que fossem espaços muito maiores, porém as pessoas participavam das cenas, outras assistiam a elas, em um espaço ocupado apenas pelos equipamentos.

Dois aspectos a comentar: a fronteira entre o espaço "social" e o *dungeon* não deve ser vista do prisma da distinção entre público e privado. O social, no caso, sugere a interação coletiva, conversas, paqueras e até negociações para as cenas ou para os relacionamentos. A maioria das pessoas já se conhece (algumas conversam diariamente pela internet) e, muito animadas, fofocam sobre as situações variadas que vivenciam no cotidiano do "mundo baunilha" ou nos eventos promovidos pelos ambientes SM. No *dungeon*, o que se passa não é privado ou menos público. Não existe um limite que estabeleça claramente um espaço para intimidade. Além disso, existe uma noção difusa de que as cenas se destinam a ser praticadas e vistas. Nesse caso, ver é também uma prática, de modo que não faz sentido pensar na perspectiva de um palco com encenações e uma plateia. O voyeur é um personagem ativo e frequente nesses universos.

A aparência teatralizada do *dungeon* remete diretamente a aspectos presentes nos cenários escritos de Leopold von Sacher-Masoch, romancista austríaco, segundo a maravilhosa interpretação feita por Gilles Deleuze. No sentido de enfatizar os elementos romanescos, presentes em obras como *Vênus das peles* (1870), ele chama a atenção para a forte presença da marca estética e plástica: "O gosto pelas cenas fixadas, como que fotografadas, estereotipadas ou pintadas, se manifesta nos romances de Masoch no mais alto ponto de intensidade" (Deleuze, 1983, p. 77). Como esculturas ou quadros, os atos de amarrar, pendurar e crucificar são descritos cuidadosamente, ou melhor, liturgicamente. O sentido evocado por essa ambiência e atos parece, de acordo com Deleuze, assinalar na experiência a espera e o suspense.[9] Assim, menos do que encenar uma peça — o que já implicaria uma fronteira entre atuar/ator e assistir/plateia —, trata-se, parece, de uma atuação coletiva a remarcar, a tentar eternizar esteticamente, cada um dos gestos. O tempo da forma do masoquismo é "esperar infinitamente o prazer, mas esperando intensamente a dor" (Deleuze, 1983, p. 79).

Mas há algo forte que marcou minhas impressões sobre esses clubes e que já tinha notado nos usos que as pessoas fazem dos objetos eróticos: uma conotação significativa de simulação perpassa os elementos materiais e espaciais. O cuidado ou requinte estético que emana dos livros de Masoch não aparece neles. Uma sensação recorrente é produzida pela exposição, sem nuance, dos referentes simbólicos associados ao SM. As marcas que sugerem a aproximação com os castelos sadianos, com os jardins da *Vênus das peles*, com as senzalas, como no clube Dominna, são apresentadas, deixando à vista do observador sua qualidade de cópia ou de algo escolhido para estilizar. A estilização estimula a sensação daquilo que evoca, e não para assegurar uma experiência ontológica. Como no ato de simular, são feitas cópias que guardam alguma semelhança com o referente, mas que produzem ou provocam um efeito de deslocamento (Deleuze, 1988).

24/7

As pessoas no clube se apresentam com seus *nicknames* — mais uma das palavras empregadas em inglês —, a maioria compatível com os apelidos empregados na internet. São nomes escolhidos que já assinalam a posição ou status que o sujeito tem nas relações SM. Assim, *nicks* como Mestre K ou Y, Rainha Laura e Domme Virgínia são comuns. Nomes de escravos(as) ou submissos(as) são grafados em minúsculo e incorporam uma letra que faz referência ao nome de seu(sua) senhor(a), como marYa, esposa de Mister Y. As posições de status são eminentemente relacionais: Dominatrix, Dom/Domme, Dono/Dona ou Mestre/Mistress, e se afiguram em relação aos subs (submisso/a) e escravos(as). Ainda existem os que se qualificam como sádicos ou masoquistas.[10] Caso especial, parece, são os *switchers*: pessoas que podem ocupar posição de dominação ou submissão, dependendo da relação escolhida.

Existem diferenciações estabelecidas nessas posições. Dominatrix é a dominadora profissional (a que vende seus serviços na dominação feminina), Dom/Domme é o par dominador dos subs, Mestre/Mistress dominam com ênfase no castigo e no sadismo. A Rainha é a escolhida pela comunidade e supera qualquer Mestre ou Dom. Não existe uma distinção muito clara entre ser sub e ser escravo. Masoquista é alguém que está numa posição de submissão, buscando a dor corporal.

Facchini (2008) indica que essas relações são produzidas em meio a uma comunidade, como uma espécie de confraria imaginada, definida por contornos (litúrgicos ou normativos) e por controles. Assim, é preciso ter em mente que as relações não são essencialmente diádicas. Elas podem se estabelecer entre Dono/Dona e variados subs ou escravos e, fundamentalmente, são definidas a partir de um conjunto de prescrições partilhado coletivamente. Tal controle comunitário "por outro lado, não deixa de propiciar um campo de conflitos, fazendo com que a comunidade se estruture em um equilíbrio tênue entre vaidades, fofocas, posições isolacionistas, debates de concepções, solidariedade e busca de respeito" (p. 198).

Além de termos que contemplam as relações no marco de uma comunidade, existe outro aspecto a remarcar: as posições ocupadas pelas pessoas e as interações estabelecidas entre elas não são pautadas pelo sexo biológico dos parceiros. Ser mulher ou homem não é critério de dominação ou de submissão, bem como não há uma exigência de que essas posições sejam estipuladas a partir da orientação sexual. É possível que um heterossexual seja sub ou mestre de alguém do mesmo sexo. Também há a possibilidade de o jogo erótico envolver uma relação sem haver sexo.

Na primeira visita ao Libens, conheci narinha e Mestre Sargitarius. Ela era uma moça de aproximadamente 25 anos, estudante de administração, morena com os cabelos pintados de dourado. Mestre S, dez anos mais velho, era branco e prestava serviços de informática. Ele se vestia com roupas comuns de trabalho, calça e camisa clara de mangas curtas. Ela estava arrumada para a "noite": scarpins altos e estampados, meia arrastão sete oitavos, um vestido preto curto e justo, cabelo cortado reto, frisado, com presilhinhas, maquiagem leve. O conjunto sugeria uma "meninota", uma sedutora Lolita. Já se apresentaram com seus *nicks* e logo narinha caracterizou sua posição e relação com Mestre S como sendo D/s (de Dominação e submissão), com componentes de sadismo.

Ele ficou calado a princípio, "siderado" nela, que, eloquente, transmitia enorme vivacidade. A jovem nos disse que a relação deles é 24/7 (vinte quatro horas por dia, sete dias por semana), o que significa que ela é sua escrava, mas também é sua companheira. Mesmo tendo se conhecido há menos de um ano, moram juntos. Como a relação SM é 24/7, narinha presta contas de tudo o que faz durante o dia. Não só relata como pede permissão. Na hora do almoço, quando está no trabalho, avisa os horários de saída e pergunta sobre o que comer. Em casa, faz a comida para ele, serve, faz toda a limpeza e lhe dá banho.

Na narrativa, Mestre S usou imagens que supostamente estariam relacionadas com a escravidão no passado para descrever como vivem. O que importa para eles é o que se estabelece como fantasia. O repertório serve como cenário e inspiração para as práticas. Em dado momento, ao comentar sobre a distinção entre escrava, submissa e masoquista, narinha explicou: a sub é aquela que deseja servir; a escrava é a que pode ou não servir, e costuma questionar, contestar; a masoquista vai querer provocar seu dominador para ser punida. O Mestre assinalou se tratar de um jogo de recompensas e castigos, e ela completou se referindo a como se comporta, enquanto escrava, de modo a obter o que quer. Esse "o que quer" foi entoado de modo a demarcar seu consentimento no subjugo e o prazer que a relação lhe proporciona.

O enlace entre narinha e seu Mestre apresenta uma conotação contratual, como, aliás, está na base da relação masoquista a partir da interpretação de Deleuze sobre a obra de Sacher-Masoch, indevidamente ignorada em contraste com a significativa visibilidade de seu nome, designando uma perversão. É o contrato que exprime não simplesmente o consentimento da vítima, mas, sobretudo, sua habilidade em persuadir, seduzir e até ensinar seu algoz. Ele produz uma espécie de efeito de tipo jurídico que, segundo Deleuze, diferencia cabalmente a dinâmica erótica do masoquismo em comparação ao efeito institucional provocado pelas cenas de Sade. Enquanto Masoch dá particular importância à forma estética (na arte e no suspense) e à forma jurídica (o contrato e a submissão), Sade acentua o naturalismo, a partir de um sistema movido a moto-perpétuo. O pensamento de Sade se exprime em termos de instituição: as interações entre libertinos e vítimas são baseadas em um estatuto de longa duração, segundo uma configuração involuntária (a vítima é presa da vontade soberana do libertino), sendo os direitos e deveres substituídos por um modelo dinâmico de ação, de poder e de potência (Deleuze, 1983, p. 84). A submissão no caso dos personagens de Masoch não é passiva. Severino apela para se tornar escravo de sua deusa das peles, primeiro em sonho e, em seguida, em um relacionamento que pretende eterno. Sua escolhida, Wanda, é a vizinha misteriosa que passa a ser, na narrativa em forma de suspense, sua Vênus. Ele a seduz com tempo e calma, convencendo-a a amá-lo, e, a partir de então, ensina a ela como submetê-lo e provocar sua sujeição física.

Deleuze acredita que o romance traz todos os elementos que fornecem a base do masoquismo e que foram desconsiderados pela psicanálise:[11] a presença de uma significação especial de fantasia, ou melhor, a recorrência de uma forma de fantasma que aparece nas cenas sonhadas, dramatizadas ou ritualizadas; o emprego frequente do que ele chama de "fator suspensivo": a espera, o atraso como forma de tensionar o apelo sexual; a recorrência no texto de um traço demonstrativo, ou seja, persuasivo (o escravo ou submisso clama e exibe a humilhação). Há também o elemento de provocação, como se, ao demandar a punição, o masoquista aliviasse a angústia de ansiar um prazer proibido; e, finalmente, o contrato que supõe a vontade dos contratantes, estabelecendo direitos e deveres por um tempo determinado.

No final de uma das publicações de *Vênus das peles* são apresentados três diferentes contratos estabelecidos pelo próprio Masoch com suas mulheres e amantes.[12] O primeiro foi estabelecido por ele, então com 33 anos, com Fanny Pistor

Bagdanow, sua amante no período, e entrou em vigor em 8 de dezembro de 1869. Reproduzo, a seguir, um pequeno trecho:

> Sob palavra de honra, Leopold von Sacher-Masoch compromete-se a ser o escravo de madame Pistor, e a executar absolutamente todos os seus desejos e ordens, e isto durante seis meses.
>
> Por sua parte madame Fanny de Pistor não lhe pedirá nada de desonroso (que lhe possa fazer perder sua honra de homem e cidadão). Além disso, deverá lhe deixar seis horas diárias para seus trabalhos e não lhe verá nunca as cartas ou escritos. Por cada infração ou negligência, ou por cada crime de lesa-majestade, a Dona (Fanny Pistor) poderá castigar a seu gosto o escravo (Leopold von Sacher-Masoch). Em resumo, o sujeito obedecerá à sua soberana com uma submissão servil, acolherá seus favores com um dom encantador, não fará valer nenhuma pretensão de amor nem nenhum direito sobre sua amante. Por seu lado, Fanny Pistor compromete-se a usar frequentemente e sempre que possível peles, principalmente quando se mostre cruel.

Essa dimensão do contrato, mesmo sem a referência explícita feita pelas pessoas que conheci na cena SM, parece estar inteiramente de acordo com a bandeira "são, seguro e consensual" que sustenta as práticas contemporâneas, tanto no Brasil como no exterior. Há um "zelo escrupuloso com a lei" que, segundo a leitura de Deleuze (p. 96), leva ao absurdo. Voltarei a essa reflexão, mas trata-se aqui de entender que, mesmo no caso do autor que dá origem simbólica a essa expressão do erotismo, há a operação de elementos que conferem "agência" aos escravos e uma maior permeabilidade entre a cena literária ou encenada, no clube, e a vida cotidiana das pessoas. Nesse sentido, o 24/7 implica uma fronteira tênue com o que está presente na liturgia das cenas praticadas pelos membros das confrarias. A sensação que fica é a de uma dinâmica que certamente terá que ser mais investigada, de que os limites entre a vida no mundo SM e no "baunilha" vão se esvaindo, mas ao preço de um esforço enorme em ir estabelecendo, até inventando, rotinas ritualizadas. Por mais irônico que possa parecer, não é fácil garantir a experiência do domínio e da servidão em meio a uma vida organizada para a autonomia dos indivíduos. Não se trata, apenas, de evitar o estranhamento público (ou privado) quanto às assimetrias acentuadas presentes nessas relações. No caso de narinha e Mestre S, foi preciso ir criando um conjunto de prescrições para o dia a dia, o que, certamente, deve ser exaustivo.

Ao senso comum seria mais provável imaginar que existam muito mais dominadores(as) do que submissos. Outra das idiossincrasias interessantes dessas experiências é que ocorre justamente o contrário. É muito comum ouvir, no clube, uma queixa em relação à exiguidade de pessoas que ocupam essas posições. São muitas as atribulações das Rainhas, dos Mestres e das Mistress. A eles cabe inventar as punições, criar o material apropriado, não hesitar no controle às solicitações e provocações dos subs. Além disso, Mestre S alertou que um dos cuidados que um dominador deve ter, em uma relação 24/7, é o de estimular que os escravos não parem de estudar, de trabalhar, de ter amigos e não rompam laços familiares. É preciso evitar, segundo ele, a dependência do Dono quando as relações chegam a termo. A palavra "guiar", aliás, foi bastante empregada por ele: "O Dono deve guiar sua peça, cuidar dela".

Patrick Califia,[13] fundador do Samois e uma das maiores referências do cenário SM norte-americano, discute os aspectos paradoxais da relação entre *top/bottom*. A partir de sua posição como *top*, ele indaga as razões da significativa escassez de dominadores nesse campo e argumenta que a fantasia de dominação, com o paradigma da dissimetria de status (idade, classe, educação), é pouco vivenciada.[14] Tal disparidade é ainda mais intrigante pela natureza consensual que caracteriza o processo de negociação entre parceiros. De modo levemente irônico, ele reclama que, ao ser basicamente um sádico, não tem interesse em roupas ou no comportamento submisso do que diz serem as empregadas francesas ou em *bondages*. Diz que as subs que conhece não acreditam nele. Aliás, pontua: elas *escolhem* não acreditar nele. De um lado, tal fato tem a ver com a pouca experiência da maioria dos parceiros e o parco conhecimento disponível sobre a variedade de dominadores e de subs. De outro, ele já se sentiu, em inúmeras ocasiões, como se fosse um objeto na mão de suas escravas ou submissas, sendo demasiadamente solicitado. Os subs não precisam ter habilidades ou competências, não são desafiados e não precisam ter energia. Além da comunidade não oferecer treinamento aos Donos — o que exige deles imenso esforço —, ele afirma que nas discussões sobre segurança e consentimento o foco de atenção está inteiramente direcionado para a proteção ao sub, quanto aos eventuais danos físicos ou psicológicos. O *top* que apresenta seus limites, inclusive, nem é considerado um verdadeiro dominador.

Ainda que os marcadores de diferença sexual não possam ser considerados critério para posicionar o dominante ou o submisso nessas relações, é preciso admitir que as tensões de gênero permanecem atuantes. Não se trata de uma operação de inversão que garantirá a transgressão, como erroneamente imaginou Deleuze ao acentuar que a posição de dominação deveria ser ocupada por uma mulher. Esse não é o elemento inovador, até porque no cenário sm não existe sequer a preponderância de um dos sexos no lugar da

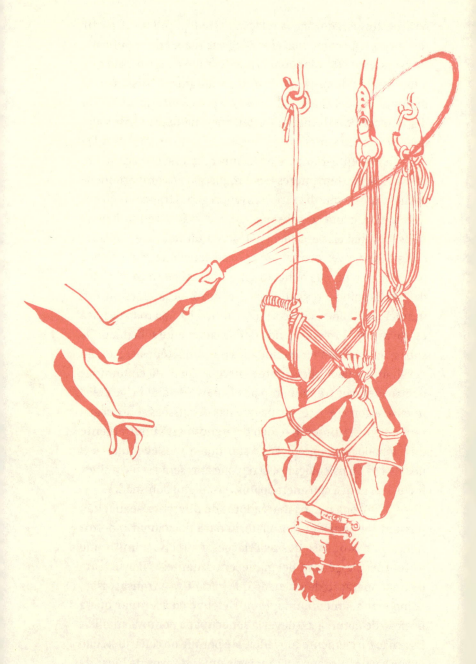

submissão. O que me parece relevante atentar é para o caráter marcado, até exagerado, dos gestos e sinais que indicam o mando ou a obediência. Assim, o que marca em termos de gênero as dissimetrias de poder é acionado, produzindo um efeito quase caricatural. As tensões são escrupulosamente ativadas como para afastar a verossimilhança, expondo a armação contingente que trama o poder. De fato, o lado contestador dessas iniciativas quanto às normas de gênero está nessa espécie de ritualística que expõe as posições de mando e controle, que ainda marcam as relações de gênero de um modo extrapolado, causando uma sensação de algo inapropriado.

QUANDO A PELE VIRA CARNE

Deleuze afirma que os textos de Masoch (e os de Sade) não constituem propriamente pornografia. Ele cria o neologismo "pornologia" de modo a definir esse gênero de linguagem erótica, cujo traço marcante não é o do mero comando e descrição, mas da demonstração (em *Justine*, por exemplo, há toda a discussão com a vítima) ou da persuasão (no modelo literário de Masoch, ele é um educador da mulher déspota). Assim, a fórmula "faça isso — faça aquilo", seguida por obscenidades, é substituída pela abundância de palavras que passa a agir sobre a sensualidade. A ênfase na linguagem literária deve ser acrescida de outro elemento fundamental para a compreensão do SM: a encenação da prática do flagelo.

    A encenação começa pela atenção aos objetos e, em particular, pela invenção de aparatos que são criados e cuidados com enorme zelo. O fetiche pertence essencialmente à dinâmica erótica do masoquismo, daí a exuberância das peles, o rigor, a altura dos saltos dos sapatos e, em particular, o gosto pelos chicotes.[15]

Mestre S e narinha mostraram seu arsenal, guardado em um estojo especialmente escolhido para abrigá-lo. Havia uma chibata de cabo fino, leve e de ponta macia. Ela explicou que servia para aquecer a pele para receber o *spanking*. Havia *floggers*, um de tiras plásticas, como cerdas grossas de uma vassoura, outro um chicote artesanal feito por um amigo Mestre, de cabo curto de borracha e com tiras de couro sintético, um pouco mais duras e pesadas do que as de camurça. Havia nozinhos na ponta de boa parte dos fios, o que provoca muito mais dor no contato com a pele. Havia também um conjunto de *canes*: uma era praticamente uma vara de marmelo e outras eram moldadas em madeira ou látex. Segundo narinha, as *canes* são os instrumentos que mais ferem. É preciso saber usá-las, esperar passar a dor de uma pancada para dar outra, senão a pessoa passa a não sentir mais nada. Uma das *canes* tinha quatro pontas soltas, como se fosse um *flogger*. Esta, disse a submissa, era a escolhida para o castigo: as varinhas se abrem quando batem e é como se quatro *canes* batessem ao mesmo tempo. Havia ainda um relho de couro cru.

Causou impressão não apenas a descrição detalhada de cada chicote e seu uso, mas o brilho no olhar de narinha ao manusear, esticar e torcer, movimentando o ar com um chiado peculiar. A cada peça, uma demonstração, experimentando as texturas e o volume sobre as mãos espalmadas. Um modo de lidar com os objetos não muito diferente da relação das pessoas com dildos e vibradores. O chicote é também um acessório erótico. Porém, pode produzir hematomas.

Não que a dor seja menor em função de um corpo já calejado. Dor é dor, ainda que a tolerância a ela possa ser expandida. Para o casal, não se trata de prazer com dor em si, pois essas são sensações discerníveis. Eles contextualizam o espancamento em meio a um jogo erótico que envolve recompensas e castigos, de modo a envolvê-la em outros elementos da fantasia. Além disso, lembram que a dor, provocada dessa maneira, ativa a produção de endorfina, elevando a pessoa ao que chamaram de *subspace*, espaço no qual o martírio físico fica submerso numa situação de prazer.[16] Uma designação própria, porém não muito distinta da noção de êxtase de Georges Bataille (1987). Algo que evoca imergir em um plano não tangível, liminar e, simultaneamente, mágico.

Elaine Scarry, em seu *Body in Pain* (1985), diz que a resistência à linguagem é algo essencial à dor: ela é inefável, ainda que não possa ser negada. O que se objetiva em discurso diz respeito muito mais às reações que ela enseja. Ela não é contabilizável e as caracterizações não especificam tipos, além de aproximações como a "dor profunda" ou a "dor ardida". O que essa abordagem ensina é que, ao lidarmos com a dor, evitamos reificações. Portanto, a qualidade de, a partir dela, alçar à transcendência ou à purificação — presente no repertório de variados rituais de expiação —, no caso do casal sm aparece como retórica a traduzir, parece, pele em carne.

Quando fomos ao Libens, assisti a uma encenação. Sentada em uma das cadeiras, vi Mister Y, vestido de jeans e camiseta, espancar marYa, que vestia apenas roupa de baixo preta e uma coleira. Ele era um rapaz grande, e ela, bem branca, tinha o corpo opulento. A brancura do corpo seminu parecia trazer luz àquele espaço escuro. Bem devagar e concentrada, ela se ajoelhou sobre um suporte que permitia apoiar o tronco, de barriga para baixo. O movimento lento revelou as nádegas, arrebitadas e expostas. Ele acendeu duas velas grossas uma na outra, produzindo gotas gordas de cera que, ainda quentes, foram derrubadas sobre o dorso dela. Na medida em que caíam, a pele parecia enrugar, criando um segundo volume, para além do corpo. Um a um, os pingos azuis foram ocupando a superfície, descendo em direção às coxas. Ela nem sequer murmurou. Toda a operação foi lenta, olhares ao redor, silêncio absoluto. Com os dedos, ele tirou a cera, apertando a pele como em uma carícia. Depois, escolheu um

único chicote usado durante toda a cena: um *flogger* de camurça. Deu a primeira chibatada abaixo do braço esquerdo dela, e a pele branca, antes pontuada de pingos azuis, foi avermelhando. Cada batida parecia estudada. A força dele no chicote estalava a pele, entoando um som acompanhado de perto pelo gemido dela. Não era grito. O chicote parecia mole e pesado ao tocar a parte dura das costas. Os músculos se contraíam. Eventualmente ela levantava a mão e ele parava imediatamente, ia até perto do seu rosto, ouvia algo e acariciava o lugar batido. Esperava a pele rubra acalmar. Voltava a chicotear, dirigindo cada batida a partes mais baixas do corpo. Comecei a notar um encadeamento sonoro: o som do couro no corpo cadenciando o gemido, como uma percussão estranha. Mas o corpo não era tratado como tambor. A cada movimento do *flogger* a lisura da superfície ia dando lugar a reentrâncias, ondulações, volumes moles. A pele sendo tornada carne. Como se o chicote pudesse produzir orifícios e penetrar. Terminada a cena, ela se levantou e beijou os pés dele.

A encenação é uma operação de erotização dos corpos. São gestos, sons, cores e luzes e também chicote, volumes e olhos. Todos articulados em uma combinação material, carnal e simbólica. Não me pareceu ocorrer a preponderância de um elemento sobre os demais. Entrecruzamento é a expressão mais próxima do que vi. Meus alunos me contaram que nunca viram uma cena de sexo num *dungeon* de clube SM. Normalmente, não é proibido, mas as pessoas não o fazem.[17] Acho que fazem, sim, pois testemunhei um intercurso sexual sem o uso dos genitais.

A PERFORMANCE DO RISCO

A literatura sobre sadomasoquismo é bastante vasta, especialmente nas abordagens relativas ao âmbito da psicanálise e dos estudos sobre sexualidade, no marco da tradição aberta pela sexologia. Também não é possível desprezar as perspectivas vindas do campo da crítica literária e dos estudos filosóficos que descortinam os aspectos constitutivos da literatura da libertinagem, sobretudo a que ganha destaque entre os intelectuais franceses, responsáveis pela elaboração, a partir da leitura das obras de Sade, da teoria sobre o erotismo, e que ainda hoje constitui a base analítica sobre o tema.[18]

Além dessas contribuições inspiradoras, sobretudo pela sua riqueza, existe um debate sobre o sadomasoquismo no marco das identidades e das minorias sexuais, relevante aos propósitos antropológicos. Trata-se de uma variedade expressiva de livros e artigos, inclusive na bibliografia norte-americana, sobre essa dimensão do fenômeno, principalmente a partir de 1980.[19] No referido material, o sadomasoquismo é definido como uma espécie de subcultura, que, antes do que revelar patologias individuais, é vista como exercícios simbólicos do risco social (McClintock, 1994).

Ann McClintock (2003) e Lynda Hart (1998) trabalham o sadomasoquismo no registro dos exercícios simbólicos mobilizados, sejam como manifestações subculturais (McClintock), sejam como performances (Hart). Seus estudos operam no registro do teatro e na análise de várias expressões SM como escolhas e práticas sexuais que só podem ser inteligíveis como encenações, colocando em suas cenas, nos cenários e nos personagens aspectos que fazem parte das contradições que emergem no interior das dinâmicas do poder social. Menos do que cópia ou reprodução do que constitui o cerne da sexualidade heterossexual, modulada como norma pelo patriarcalismo — principal crítica apontada pelas feministas antissadomasoquismo —, as autoras sugerem que consideremos seu lado contestatório. Seguindo tal perspectiva, é interessante analisar o SM comercial, o lesbianismo SM e as manifestações SM entre homens gays como alternativas que, no limite, problematizam os modelos que supõem naturalidade, inatismo ou normalidade entre as fronteiras que delimitam homens e mulheres, e mais particularmente o comportamento sexual masculino (ativo) e o feminino (passivo), assim como as fronteiras que separam o prazer da dor, o comando e a submissão. Trata-se de experiências que ousam lidar com o risco social, ou melhor, com aqueles conteúdos e inscrições, presentes nas relações entre a sexualidade e suas assimetrias em termos de gênero, idade, classe e raça. McClintock (1994) chega até a afirmar que o SM performa o poder social como um script, de modo que as assimetrias que constituem tal poder passam a ser encenadas, teatralizadas, tratadas como contingentes e sujeitas a mudanças e novas inflexões. Nesse sentido, para ela, a "economia" do SM é uma "economia" da conversão: escravo em mestre, adulto em criança, dor em prazer, homem em mulher, assim por diante e sucessivamente. A autora analisa, em especial, o SM comercial, e por intermédio de depoimentos de trabalhadoras sexuais que vendem seus serviços como dominatrix, mostra que, nesse cenário, é mais comum encontrar no cliente homem aquele que quer ocupar a posição de escravo. Ainda que tenhamos que considerar as outras formas de SM comercial em que mulheres, como clientes e como trabalhadoras sexuais, estejam na posição subalterna, ela levanta uma questão intrigante: é frequente que os clientes escravos paguem muito dinheiro para limpar o chão, lavar roupas sujas, esfregar as paredes de uma dominatrix. Essa espécie de "degradação" baseada na domesticidade que está presente nas encenações inverte a equação que separa a esfera masculina do mercado e a esfera feminina do lar, sendo o cliente, homem, aquele quem paga para realizar as tarefas "sujas" do lar, trabalho normalmente não pago e executado pelas mulheres, sejam empregadas ou esposas.

Lynda Hart (1998) estuda os casos SM entre lésbicas, experiências que ameaçam certas noções das teorias feministas, principalmente as desenvolvidas sobre as relações mulher/mulher, que alimentam a ideia da igualdade ou de um "não poder" como estratégia de libertação. Segundo a autora, tal forma de SM traz nos *plays* as piores cenas heterossexistas, desafiando a definição ética e política envolvida no lesbianismo (sobretudo a noção de irmandade). Seguindo a orientação de Deleuze, em que também me baseio, ela chama a atenção para o fato de que o componente crucial da relação masoquista é o contrato, um acordo sempre formalizado que pressupõe o consentimento, a reciprocidade, e que não afeta os indivíduos fora dos limites de cada encenação.

Além disso, como Deleuze já havia formulado, o cuidado extremoso com liturgias ou com a "lei" pode ser interpretado como um movimento que, ao ser intensificado, provoca o efeito oposto: "Toma-se a lei ao pé da letra; não se contesta o seu caráter último ou primeiro; faz-se como se, em virtude desse caráter, a lei reservasse para si os prazeres que ela nos interdita". A lei é "revirada humoristicamente, obliquamente, pelo aprofundamento das consequências" (Deleuze, 1983, p. 96).

Contudo, é preciso ponderar que esse lado do contrato não deve nos levar a desconsiderar que as experiências constituem um empreendimento de risco, a partir de atos que implicam negociações delicadas. Os riscos, bem como as operações de controle, das várias modalidades de SM indicam que é preciso empreender esforços para analisar detalhadamente os vários contextos em que elas se apresentam, bem como as relações sociais e pessoais envolvidas. A preocupação com a segurança e com o consentimento dos praticantes funciona como uma espécie de ideal. Nenhum desses termos é facilmente acessível ou garantido.

Outro elemento a considerar sobre os riscos está relacionado ao fato de serem práticas que implicam uma tríplice relação: a entrega da pessoa que se submete (e essa entrega, como a amorosa, indica uma confiança cultivada em relação ao parceiro); o cuidado da pessoa que domina (que, como já indicado, exige um aprendizado constante); e, finalmente, o controle da comunidade ao propiciar atividades pedagógicas e uma atenção singular diante de casos que venham a extrapolar o "são, seguro e consensual". Facchini e Machado (2013) descrevem a ocorrência de um contencioso nos fóruns da internet em 2007, a partir de um caso de abuso que envolveu participantes de uma das cenas BDSM.[20] A profusão de posicionamentos de membros da comunidade revela o controle estrito de problemas desse tipo, tendo como solução provável o isolamento ou ainda a expulsão de quem apresenta uma conduta inadequada. De modo arguto, as autoras analisam esse debate na comunidade, assinalando que houve nessa crise uma tendência — que até então, no Brasil, nunca estabeleceu vínculo de tipo político — em falar na organização de campanhas públicas de esclarecimento, acalentando certo desejo de se constituir enquanto movimento. Assim, a violência é controlada, dando espaço para uma atuação que legitima práticas que avizinham o prazer da dor.

Se no marco das experiências SM essa tríplice relação indica a neutralização de abusos e relações violentas, o problema do risco não pode ser inteiramente abandonado. Margot Weiss (2011), a partir de uma etnografia recente e bastante completa sobre BDSM em San Francisco, sugere que é preciso considerar os incômodos efeitos do mercado e, em particular, o que a bibliografia norte-americana atual assinala como neoliberalismo,[21] de modo a apreender em que medida o SM corre o perigo de alimentar desigualdades, inclusive as baseadas em gênero e sexualidade. Basicamente, o argumento elaborado é o de tratar o neoliberalismo como uma formação cultural, como um modo de governo e racionalidade que supõe uma disjunção entre um mundo público e social "real" e, de outra parte, um mundo privado, individualizado, constituído por escolhas livres, no qual as fantasias de raça e gênero, por exemplo, não teriam nada a ver com o sexismo e o racismo do mundo real. Do ponto de vista da autora, o capitalismo contemporâneo e sua forma cultural (o neoliberalismo) produziram sua transgressão sexual, ou seja, a fantasia das cenas como espaços seguros para os desejos privados que justificam e reforçam desigualdades.

Ainda que as injunções entre mercado e práticas eróticas mereçam um esforço analítico para empreender uma teorização crítica, essa argumentação peca pelo mecanicismo. Além de reduzir o neoliberalismo a uma forma cultural, descontextualizando os processos sociais, econômicos e políticos que nele estão tramados, trata-se de uma abordagem que elimina qualquer indagação mais sofisticada sobre os deslocamentos normativos gerados por essas práticas, a partir das paródias e das desnaturalizações que elas provocam. O interesse em investigá-las reside, precisamente, no fato de mobilizarem e mostrarem com força dramática, a partir de todo um repertório de convenções culturais e sociais disponíveis, as assimetrias de poder, as materializações e corporificações de normas de gênero e de sexualidade, bem como de outros marcadores de diferença como classe, raça e idade. Para além da ideia presente no senso comum de que o teatro não é a vida, tratar essas práticas e decifrar seus enredos, cenas e cenários permite entender — até por seus intrincados paradoxos — as convenções que organizam, também de modo idiossincrático, as relações entre violência, gênero e erotismo.

5.
Limites da sexualidade: entre riscos e êxtase

As práticas eróticas são empreendimentos de risco: podem colocar em perigo as normas e convenções vigentes de gênero e de sexualidade e, desse modo, ampliar o escopo de experiências com prazeres e corpos. Mas não existem garantias de que consigam evitar os abusos e a violência. Essa fronteira é de tal modo tênue que faz com que diversas alternativas dos erotismos atuais sejam acionadas em meio a um conjunto de controles e de ansiedades. A explicitação de consentimento para afastar a vulnerabilidade, a invenção de aparatos e técnicas relacionados ao cuidado mental e corporal, e o apreço às liturgias têm centralidade nas expressões sadomasoquistas, em suas modalidades BDSM e fetichista, mas também cria efeitos sobre a produção de materiais pornográficos (desde os considerados *mainstream* até os alternativos e o pornô bizarro), o consumo de objetos eróticos, o suingue e variantes homoeróticas que envolvem desde masculinidades viris até relações eróticas intergeracionais. Como tenho assinalado nestas páginas, um aspecto significativo do mundo contemporâneo é ter criado um mercado erótico marcado por um erotismo politicamente correto, atento, sobretudo, à saúde, à segurança e à autoestima. Contudo, nesse mesmo mundo, as pessoas continuam a associar o prazer erótico à vivência de transgressões e, assim, interpelam as normas, desafiam as proibições e parodiam as regras sociais.

A natureza dinâmica dessas práticas gerou interesse acadêmico e resultou em reflexões sobre o modo como as pessoas qualificam e realizam seus desejos e orientam suas ações sexuais.[1] Essa dinâmica põe em operação, em um mesmo processo, a busca da legitimação de condutas e preferências sexuais — que tende a uma estabilização normativa — e a tentativa de criar atos e relações que coloquem as normas em tensão, de forma a constituir alternativas para as "fugas desejantes" (Perlongher, 1987). Essa zona fronteiriça na qual se realiza a tensão entre prazer e perigo pode ser chamada de "limites da sexualidade".

De fato, os estudos que se interessam por esses limites partem de um campo de experiências eróticas e teorizações, tendo por grande referência a coletânea organizada por Carol Vance, *Pleasure and Danger*. Inspirados por essa tradição, os estudos feitos no Brasil evitam confrontar a satisfação ao risco como se fossem expressões excludentes. As pesquisas pretendem tratar dos prazeres perigosos presentes em variantes dos erotismos, sem incorrer nas armadilhas das teorias da objetificação propostas pelo feminismo radical, mas também sem deixar de considerar os riscos da reiteração heteronormativa e das violências que dela podem decorrer.

Os limites da sexualidade passaram a ser um objeto relevante para os estudos cujo foco não se dirige propriamente aos processos políticos de expansão de direitos, mas à investigação detalhada das práticas sexuais acionadas e aquilo e aqueles que nelas são mobilizados. A abordagem dessas pesquisas tem assinalado que nesses cenários práticos existe uma maior flexibilidade nas orientações sexuais e nas identidades, de modo a não se poder presumir que correspondam ao domínio exclusivo da homossexualidade ou da heterossexualidade. Assim, não são perspectivas de fácil ou convencional classificação, pois tratam de modo inteiramente articulado (ou melhor, interseccionado) gênero e sexualidade, sem definir um ponto que demarque uma fronteira do tipo "estudos de gênero" ou "estudos de sexualidade".

Ainda que se refira ao universo das práticas eróticas, e não ao das regulações, a noção de limites da sexualidade tem uma clara inspiração no conceito de dispositivos da sexualidade de Foucault (1976), que forjaram, desde finais do século XVIII, as concepções que temos de sexo. No entanto, é preciso reconhecer que as tensões recentes que se observa no cenário das práticas eróticas são mais compreensíveis a partir de uma atualização da teoria foucaultiana, sobretudo com a consolidação, desde a metade da década de 1980, da noção de direitos sexuais. Sérgio Carrara (2015), ao examinar as políticas sexuais brasileiras, sinaliza para uma transformação mais geral na gestão desses dispositivos, indicando a emergência de um novo regime da sexualidade atinado a regulações morais congruentes com a linguagem dos direitos humanos. Ele sugere a emergência de um novo regime apoiado nas lógicas sociojurídicas, que convivem de modo heuristicamente contrastante com o regime gestado há três séculos, fortemente apoiado na "anatomopolítica dos corpos em uma biopolítica das populações". No conjunto de demandas do ativismo feminista e LGBT, na proposição de políticas públicas e de leis, o sexo passa a ser encarado como uma tecnologia de si que promove a cidadania, desenhando, segundo o autor, uma "nova geografia do mal e do perigo sexual". A cartografia mais recente tem por foco três tipos de intervenção: a configuração de novas patologias que, com o apoio médico-farmacológico, incidem sobre o prazer que não é extraído de modo adequado, por exemplo, na ausência da libido ou da ereção; a inadequação dos desejos em razão da dificuldade de autocontrole; e os "desejos indesejáveis", aqueles cujo alvo está em interações em que o consentimento entre os participantes não pode ser assegurado.

Assim, no debate que envolve temas como sexualidade e direitos sexuais, assiste-se ao deslocamento e, por vezes, a disputas de significados para qualificar práticas sexuais anteriormente valorizadas de modo distinto. Há agora uma condenação, com conotação legal, do assédio sexual, da pedofilia (Lowenkron, 2007) e do turismo sexual (Piscitelli, 2013). A criminalização dessas práticas, contudo, não encerra toda a regulação dos direitos. Exemplar, nessa direção, são as intervenções fora do âmbito judicial e político que têm criado procedimentos terapêuticos e pedagógicos para o autocontrole de "viciados" em sexo, ou ainda dos que amam demais (Parreiras, 2012).

As novas regulações, a partir da ação do feminismo, dos movimentos gays e lésbicos e dos movimentos de defesa de crianças e adolescentes, indicam a demanda de uma maior liberação da expressão e da escolha sexual ou, numa direção inteiramente distinta, a emergência de novas ansiedades relacionadas ao que se configura como "limites aceitáveis", indicando uma espécie de pânico sexual.

No caso do feminismo, essas ansiedades derivam de uma tendência radical que concebe a liberação sexual como mera extensão dos privilégios masculinos. Essa linha criou a retórica antipornografia, baseada em uma análise rígida sobre as assimetrias de poder. Catherine Mackinnon (1980), uma das suas principais teóricas, afirma que as relações sexuais são inteiramente estruturadas pela subordinação, de tal maneira que os atos de dominação sexual constituem o significado social do "homem" e a condição de submissão, o significado social da "mulher". Outras tendências feministas, gays e lésbicas criticam essa concepção determinista, bem como lutam contra restrições ao comportamento sexual das mulheres. Tais vertentes são ligadas ao movimento de liberação sexual dos anos 1970 e têm produzido estudos e práticas inovadoras, relativos ao prazer e às escolhas sexuais. Para Rubin (1984), a inter-relação sexualidade-gênero não pode ser tomada pelo prisma da causalidade, nem ser fixada como necessária em todos os casos. Nesse sentido, ela adota uma posição de aliança com as minorias sexuais e elabora as bases de um novo repertório de conhecimentos sobre sexualidades não circunscritas ao casamento heterossexual. Conhecer e defender as minorias sexuais (aquelas que adotam as práticas menos valorizadas ou até proibidas) corresponde à tentativa de expandir as fronteiras do que é aceito pela legitimação social de que o prazer não apenas libera como emancipa. Nesse caso, é feita uma aposta na capacidade de transgressão que essas práticas sexuais não sancionadas têm na contestação de normas de sexualidade e gênero e na criação de novas identidades coletivas.

Porque lidam com o risco da violência, as novas formas de erotismo assinalam, com poucas exceções, a importância do consentimento dos envolvidos. No século XXI temos testemunhado o espraiamento pela sociedade da noção de que os prazeres e os perigos envolvidos em diferentes expressões eróticas devem ser traduzidos em práticas e retóricas que operem na identificação de situações claras que indiquem consentimento entre as pessoas envolvidas nos atos ou a presunção da impossibilidade de um consentimento quando esses atos ocorram entre pessoas consideradas em situação de vulnerabilidade. É possível afirmar que consentimento e vulnerabilidade constituem hoje os termos centrais em torno dos quais são acionados os direitos e as práticas sexuais. Se em um momento anterior e no marco das contribuições feministas *pro-sex*, prazer e perigo formavam uma convenção com significativa rentabilidade analítica, atualmente é preciso reconhecer o deslocamento para as problematizações que dizem respeito ao consentimento e à vulnerabilidade.

Intriga pensar sobre essa questão, partindo-se do pressuposto de que a estrutura da sociedade de direitos em que vivemos é constituída a partir das relações entre sujeitos muito desiguais, na qual o consentimento é certamente muito mais complexo e difícil de ser determinado. Esse não é um problema de menor relevância — o consentimento é pensado, na maioria das teorias do direito, como uma aprovação mútua que contempla sujeitos capazes de poder emitir conscientemente e com responsabilidade que consentem. Segundo uma definição que encontra eco no pensamento liberal contemporâneo, tal termo é atrelado às noções de autonomia individual e implica "uma decisão voluntária, tomada por um sujeito dotado de capacidade de agência, razão e livre-arbítrio" (Lowenkron, 2007, p. 735). Essa é a base que, atualmente, traz efeitos ainda tão problemáticos quando se pensa que parte dos envolvidos são pessoas que não podem ser consideradas iguais no sentido jurídico. Quer dizer, o problemático do consentimento está ancorado na complexidade da definição do sujeito e de sua vulnerabilidade enquanto tal, ou seja, se ele é capaz de externar de modo consciente seu consentimento. Assim, todos os sujeitos que de algum modo tangenciam a vulnerabilidade estão numa posição em que o consentimento (dizem algumas teorias) não pode ser presumido: os casos mais visíveis, hoje, incluem, por exemplo, crianças e animais. Acredito que o mesmo dilema (com outras tonalidades, é claro) está presente quando consideramos posições que implicam desigualdade por pobreza, gênero, idade, nacionalidade, cor e raça.

No caso dos animais, o estudo de Maria Elvira Díaz-Benítez (2015) sobre pornô bizarro no Brasil assinala que, como o consentimento é a chave de legitimação de práticas dissidentes, a ausência dele contribui para situar a "zoofilia" nos lugares mais baixos da hierarquia sexual e, consequentemente, nas escalas menos valorizadas da produção de pornografia em filmes. Ainda que não constitua crime pelo Estado brasileiro, práticas com animais implicam uma clara e nítida condenação moral.[2] Ela afirma também que é preciso estar atento às dinâmicas de mercado que têm o potencial de propiciar a geração de variados ambientes e práticas que reproduzem formas persistentes de desigualdade. Além dos filmes de sexo com animais, a autora encontrou os de fetiche baseados em práticas de "humilhação", feitos especialmente para o mercado europeu. Ela descreve um universo organizado pela ponta mais marginal e inferiorizada da filmografia pornográfica nacional. E alerta:

> em se tratando de desejo, nem sempre a diferença se traduz em desigualdade, a diferença não precisa necessariamente ser hierarquizada. No entanto, nos filmes de fetiche a diferença é sempre sinônimo de desigualdade. Trata-se de diferenças corporais que se traduzem em hierarquias. E, mediante essas oposições, se faz possível pôr em cena uma fantasia de poder. (2015, p. 43)

Esses filmes de fetiche articulam marcadores de diferença social, sendo os mais empregados classe, idade e raça. A autora afirma que neles não há lugar para a ambiguidade, sendo força/tamanho/poder elementos empregados sem que se abra espaço para metáforas ou paródias. O uso literal desses referentes e a própria indústria que envolve a produção a partir de uma demanda contínua revelam que está sempre aberta nas lógicas de mercado uma possibilidade de se transpassar do consentimento ao abuso. São cenários ou situações delicadas em que se abre uma "fissura" ou, como diz a autora, "uma pequena fenda onde o ato (ou a representação do ato) se torna violência" (2015, p. 84).

Lowenkron (2015) chama a atenção para o fato de nos casos de abuso sexual de crianças e tráfico de pessoas — dois problemas sociais que, hoje, reúnem em torno de si as sensibilidades sociais e políticas que expressam "pânicos morais" —, o consentimento não apenas perde todo o protagonismo como é inteiramente substituído pela categoria "vulnerabilidade". De fato, é importante considerar que a questão do consentimento — e, fundamentalmente, o modo como é definida e operacionalizada socialmente — põe luz sobre seu elemento de contraste, a vulnerabilidade.

O termo tem sido empregado, sobretudo, pelas áreas da saúde preventiva, da psicologia social e dos estudos epidemiológicos que passaram a produzir dados sobre violência e risco à contaminação pelo HIV desde os anos 1990 no Brasil. Esses estudos começaram a utilizá-lo para evitar uma noção corrente de risco que indicava o sentido de contaminação. A ênfase dessa nova conceituação está em colocar foco sobre os elementos sociais que conduzem a situações de vulnerabilidade e, nelas, assinalar as marcas de diferenciação social, como idade, raça/cor, sexo, gênero e orientação sexual.[3] Alguns pesquisadores que avaliam o uso dessa conceituação têm elaborado críticas sobretudo sobre os efeitos dela quando aplicada nas políticas públicas e no atendimento à população. Sarti (2008), ao analisar o discurso médico a respeito da violência, observa uma tendência de reduzi-la àquela que ocorre em meio doméstico e familiar, bem como a lidar com as vítimas presumindo um lugar definido de antemão como de vulnerabilidade. O caso mais paradigmático é o da violência sexual e a dificuldade que o sistema de atendimento tem em atender homens adultos vítimas de violação sexual, na medida em que há a presunção de que o objeto da violação tem sexo, gênero e idade: mulheres e crianças. A autora afirma que entre os mais vulneráveis (aqueles que mais facilmente são encaminhados e tratados quando vitimados por abuso e violência pelo atendimento de saúde) estão as crianças. Na mesma direção de Lowenkron (2015), ela afirma que, nessas concepções e práticas, a noção é de que a proteção tem que ser integral, o que pode resultar em não apenas retirar qualquer agência desses sujeitos, como transformar o que é marca de diferenciação social e desigualdade em atributos individuais, dificultando o fluxo e a dinâmica dos processos de mudança.

No caso das experiências sadomasoquistas, a preocupação sempre ativa com as liturgias e as normas para as práticas em torno do "são, seguro e consensual" compõe um cenário bastante intrigante para comparação. Em certo sentido, esse "bordão" sugere um cuidado extremado que revela as mesmas preocupações dos médicos ou dos ativistas contra a pedofilia, só que em sentido inverso.[4] Nesse caso, as práticas e disposições estão envoltas em uma processualística que tenta abstrair a vulnerabilidade (seja a dos corpos que são feridos ou ainda pelos jogos de dominação) e dar total centralidade ao consentimento. Para que se tomem as práticas como eróticas, e não como abuso e violência, os praticantes SM e fetichistas criam certos procedimentos ou protocolos que, no limite e desde que devidamente seguidos, sugerem o afastamento de qualquer situação que evoque ou se aproxime de um sentido de vulnerabilidade. Trata-se de um conjunto de situações sociais, extremamente ricas para a reflexão, em que está presente a noção de que, ao aprender e seguir aquelas normas práticas, o que poderia ser visto como violência passa a ser sentido como prazer. As paródias, os arremedos e as simulações produzidas mobilizam um jogo que põe em cena as posições de poder, as figuras que as ocupam e as marcas de diferenciação social, colocando-as em risco. Essas práticas põem em perigo as configurações normativas, que, ao serem empregadas como convenções eróticas, tendem a desnaturalizar e retirar o sentido essencialista que recobre a noção socialmente difusa de desejo sexual. Vejo nelas, portanto, algumas rupturas positivas e cenários de contestação às desigualdades de gênero. Trata-se de relações de risco que, ao transformar as tensões em "tensores libidinais" (Perlongher, 1987), colocam os marcadores sociais que produzem diferença a serviço da libido.

EROTISMO: ÊXTASE E TRANSGRESSÃO

A articulação entre prazer erótico e transgressão está na base da definição de erotismo de Georges Bataille (1987), para quem o êxtase sexual emana "da dissolução dessas formas da vida social, regular, que fundam a ordem descontínua das individualidades definidas que nós somos" (p. 17). Tal presunção pode culminar em exercícios metafóricos ou literais da violação — no sentido de agressão — de corpos. Ainda hoje essa noção está difusa e, como mostram os estudos etnográficos, passa a ser estratégica para pensar práticas, objetos e performances no erotismo contemporâneo, que aproximam o prazer da dor. Autor exemplar para entender aspectos ainda presentes e que demandam estudos no repertório da pornografia contemporânea, Bataille propõe o nexo entre violência e êxtase erótico. Contudo, sua teoria preserva e até consagra o dualismo e a polarização entre atitude masculina/ativa e atitude feminina/passiva, cujos efeitos sobre a problemática de gênero ainda estão por ser examinados.

Sigamos com cautela o desenrolar das ideias de Bataille. Já na primeira frase do livro, ele anuncia: "Do erotismo é possível dizer que ele é a aprovação da vida até na morte" (p. 11). No entender de Susan Sontag, o tema principal do autor não é o sexo, mas: "É para as gratificações da morte, sucedendo e ultrapassando as de Eros, que toda busca verdadeiramente obscena se dirige" (1987, p. 64). Em vez de ter um significado puramente negativo ou aniquilador, a morte é empregada em suas especulações para evocar o limite de dissolução das identidades sociais, bem como das matérias corpóreas. Ela visa à transformação e a uma espécie de comunhão de seres no cosmos por meio, sobretudo, da transgressão daquilo que possa remeter à vida regular.[5]

Para ele, existem três formas de erotismo: o dos corpos, o dos corações e o sagrado. Para além de suas diferenças e inflexões singulares, o que está em questão em todas elas é "substituir o isolamento do ser, a sua descontinuidade, por um sentimento de continuidade profunda" (Bataille, 1987, p. 15).

No caso do erotismo dos corpos, sua escrita especulativa emprega termos fisiológicos e estabelece uma espécie de analogia entre os movimentos de encontro e fusão entre óvulo e espermatozoide e o intercurso sexual entre um homem e uma mulher. As imagens biológicas parecem servir para expressar essa busca, que impõe movimentos de ruptura que preparam os seres para o prazer e, sobretudo, para o êxtase.[6] Três ações são decisivas entre tais movimentos: o desnudamento, a obscenidade e a violação. O desnudamento é relevante no que leva ao despudor: a transgressão de tudo aquilo que constitui o estado normal dos parceiros ou, em seus termos, o estado fechado ou de existência descontínua. A nudez anuncia e é emblema de um processo de desapossamento, fundamental para o sentido do erotismo — levar a um estado em que os envolvidos não sejam mais seres descontínuos, mas que estejam unidos numa fusão na qual deixam de ser parceiros. "Uma fusão onde se misturam dois seres que ao final chegam juntos ao mesmo ponto de dissolução" (Bataille, 1987, p. 17). A obscenidade (xingamentos, vulgaridades) expressa o canal secreto a partir do qual os corpos se abrem — uma desordem que perturba a "posse de si", entendida por ele como a individualidade durável e afirmada. A violação (tanto a penetração quanto as agressões) completa as rupturas: ao acentuar o confronto, ela prepara a formação de um novo tipo de enlace no qual as diferenças entre ambos os corpos convergirão para estimular o prazer — há a passagem de um estado de divergência para um de convergência.

Bataille (1987) afirma, e esse aspecto não é meramente formal, que no movimento de dissolução dos seres, a parte masculina realiza um papel ativo e a parte feminina, um papel passivo. Aliás, segundo sua descrição, a parte feminina seria a primeira a ser dissolvida enquanto ser constituído, sendo seguida pela parte masculina num movimento conjunto de fusão.[7] As mulheres são, no seu entender, objetos privilegiados do desejo em função justamente de sua passividade, entendida como uma espécie de "isca" que atrai a agressividade do homem. Inegavelmente, é preciso considerar que estamos diante de digressões puramente especulativas e que o propósito, antes de configurar intenção normativa, expressa o exercício de colocar em questão máximas morais para precisamente apontar a fragilidade de noções como a autodeterminação do sujeito e o racionalismo que o define e o consagra. O interesse pela transgressão é, no meu modo de entender, o lado contestatório e atual da teoria de Bataille.

Porém, parece fundamental submeter algumas de suas noções a um escrutínio crítico,[8] pois, ainda que admitamos que o autor está preso ao seu tempo, trata-se aqui de ampliar o horizonte de discussão sobre os efeitos do erotismo, sem cair nas armadilhas normativas de gênero e sexualidade. Em primeiro lugar, mesmo reconhecendo que as reflexões de Bataille não possam ser reduzidas a um fácil determinismo biológico, as analogias empregadas por ele entre as imagens fisiológicas da reprodução sexuada e as identidades de homens e mulheres sugerem o aprisionamento de suas especulações (e até imaginações) ao modelo que toma a diferença sexual em termos do dimorfismo, cujos efeitos são hoje bastante conhecidos sobre o controle da sexualidade feminina, a definição de patologias sexuais associadas à homossexualidade e como justificativa para a submissão das mulheres.

Segundo Thomas Laqueur (1992, 1997), o modelo do dimorfismo sexual, vindo do desenvolvimento de pesquisas sobre anatomia e biologia implicou, desde o século XVIII, a reconstituição radical da sexualidade feminina — e, mais genericamente, humana.[9] Até aquele momento, o corpo feminino era concebido como derivado do masculino, existindo entre ambos diferença de hierarquia e de grau. O dimorfismo sexual significou a incorporação do princípio de que os corpos masculino e feminino são diferentes, incomensuráveis, e que essa diferença, além de oposta, é complementar e necessária para as exigências não só da reprodução sexual, mas da formação de nossa identidade psíquica e de nossos desejos. Um dos aspectos remarcados por Laqueur (1992, 1997) é que houve uma interessante simultaneidade histórica entre a elaboração do modelo dimórfico para as diferenças sexuais e a consagração política do liberalismo. De fato, como lembra o autor, a resistência às demandas das mulheres em função do universalismo prometido pelas revoluções humanistas foi acompanhada pelo desenvolvimento de uma "antropologia física" bastante elaborada. Em vista dos postulados liberais de que os corpos não são destituídos de sexo, mas indiferenciados em relação à capacidade de vontade e de razão, como derivar a real dominação dos homens sobre as mulheres? O dilema foi sendo resolvido ao longo do tempo com a elaboração e a consolidação de teorias — em campos disciplinares diversos — que estabeleciam os limites da igualdade apoiados em diferenciações biológicas.

Nesse sentido, a contaminação do modelo do dimorfismo sexual sobre a imaginação de Bataille traz efeitos que não são desprezíveis, sobretudo para pensar quais normatividades sua teoria sobre o erotismo visava transgredir e quais foram mantidas intactas. O ponto para que chamo a atenção é: há nas ideias desse autor um essencialismo baseado sobretudo no uso e abuso de referências relativas às normas binárias de gênero, bem como uma disposição claramente heteronormativa, como salienta Braz (2010).

As teóricas feministas pós-estruturalistas que tratam das interfaces entre gênero e sexualidade não mencionam Bataille, o que me parece particularmente intrigante. A única exceção é Jane Gallop (1981), que, ao apresentar uma interessante releitura dos textos de Sade, sugere uma revisão das interpretações feitas por Barthes e por Bataille. Para ela, Barthes (1979a) confina a análise sobre Sade a um princípio de delicadeza, estruturalista em seu método e abrangência, não conseguindo admitir a violência — no sentido de ruptura com uma ordem racional ou lógica — que há nesses escritos. Já a leitura de Bataille — em sua opinião — não oferece resistência à violência. Contudo, toda a interpretação passará por uma concepção que enfatiza a dissolução de laços sociais e a soberania absoluta do sujeito no tocante ao desejo. Gallop discorda. Vê nos escritos de Sade um sem-número de referências a alianças entre libertinos, como em *A Sociedade de Amigos do Crime*. Bataille, tomado como o mais óbvio descendente de Sade, apresenta, segundo essa crítica, uma leitura perpassada pela fantasia de soberania. Essa fantasia, parece, também está presente na análise que faz sobre o erotismo, e supõe que o sujeito desejante busque o êxtase na negação das posições sociais e da fala (o silêncio seria a condição especial do libertino), numa fusão em que as diferenças entre parceiros sejam superenfatizadas para, em seguida, serem dissolvidas.

O êxtase, como estado em que o ser experimenta estar "fora de si", é uma ideia que, antes de indicar uma posição de soberania ou de transcendência, implica um laço relacional ou, mais precisamente, a noção instigante de "constituir-se", bem como "perder-se", em face do outro. A incompletude do ser se mostra com bastante nitidez, segundo Butler (2004a), em experiências concernentes à agonia (ou à melancolia mediante perdas) e ao desejo. Nesses casos, ninguém permanece intacto. Em seus próprios termos: "Como modo de relação, nem gênero nem sexualidade são exatamente uma possessão, e sim um modo de despossessão, uma forma de estar para o outro ou em virtude do outro" (p. 24).

Essa ideia ajuda a pensar sobre a rentabilidade das transgressões no marco do erotismo: não se trata apenas de postular que o sujeito não é composto por fronteiras estáveis — e nessa medida, relacional —, mas de pensar o movimento dinâmico entre normas, escolhas e mudanças. Ao defender a abordagem relacional, concordo com Butler que o propósito não reside em contestar a evidência das normas ou ainda tornar obsoleta uma noção como autonomia. Significa apenas não aceitar as normas como destino inescapável, como uma natureza, e a autonomia como autodeterminação. Pensar sobre gênero e sexualidade — a partir de experiências e referências eróticas — torna inescapável tratar das normas, âmbito que nos constitui sem que possamos inteiramente escolher, mas que de forma paradoxal nos fornece o recurso e o repertório para as escolhas que fazemos.

Além disso, ao lidar com a sexualidade nas suas expressões eróticas, estamos diante de experiências que mobilizam fantasias e fantasmas: situações, referências, imagens, fragmentos de memória e sensações que, mesmo sendo gestados em torno e no campo das normas, apontam para além delas. As fantasias não são o oposto da realidade. Segundo Butler, elas nos interessam porque nos colocam diante dos limites da realidade ou daquilo que implica seu "exterior constitutivo": "A promessa crítica da fantasia, quando e onde exista, é contestar os limites contingentes do que será ou não será chamado de realidade" (2004a, p. 29). Assim, as fantasias são relevantes para a reflexão antropológica, e não apenas para as ciências do espírito ou da mente, porque expõem a contingência das normas de sexualidade e gênero. Esse esforço é relevante para pensar, de um lado, a realidade, ou, em outros termos, para indagar sobre as normas que são definidas socialmente como constituindo o real; de outro lado, a contingência abre para uma investigação sobre as mudanças, até mesmo para a superação de certas desigualdades implicadas em marcadores de diferença, como gênero e sexualidade. Estes, antes de poder ser considerados estáveis ou definitivos, são termos abertos à imaginação e à contestação.

6.
Arremates

Sábado, 23h30. Café Concerto Uranus, Santa Cecília, bairro central de São Paulo. Eu já conhecia o lugar havia algum tempo. Era uma espécie de bar, com mesas espalhadas por um amplo salão e, ao fundo, um palco com todos os seus elementos: chão de madeira, colunas laterais, cortinas e aparatos de luz. Naquela noite, seria a festa de Halloween. Não estava lotado, e parte das pessoas ali não era mais estranha a mim. Elas estavam em seus pequenos grupos, sentadas ou em pé, bebendo, conversando e rindo. Muitas não estavam vestidas ao rigor das festas de Halloween, mas em trajes próprios do universo BDSM: mulheres com corselete e salto agulha e homens com a roupa preta de sempre (calça, camiseta e sapato). Alguns portavam coleiras. Ao afinar o olhar, noto, aqui e ali, umas mulheres fantasiadas de enfermeira, outras de diaba. Vejo alguns homens vestidos como clérigos da Igreja católica, com batina branca, vermelha ou preta. Um rapaz estava fantasiado de anjo, com asas de pluma.

A diversidade de trajes não se equiparava à diversidade sexual, de gênero, raça e classe: como em outras ocasiões e encontros, predominavam os pares heterossexuais, brancos e de classe média. Havia também homens sozinhos, os "podos", que em momentos diversos abordavam mulheres para adorar seus pés. Naquela noite, como na maior parte das outras festas do Dominna, não vi relações homossexuais.

Fiquei ali pelo bar, observando e conversando sobre a festa com quem eu já conhecia em uma postura desatenta, própria daquelas situações em que imaginamos estar diante de algo já familiar. Depois da meia-noite, um casal subiu ao palco. O homem, com terno preto e chapéu aos moldes de um dançarino de tango dos anos 1950, trazia uma mala e, nela, cordas e chicotes variados. Ele era Mister Bondage, branco, perto dos sessenta anos. Estava acompanhado por Lua Nova, sua esposa e submissa, com quem ia realizar o play de bondage, suspensão e spanking — performance livre, segundo os termos presentes no convite da festa. Ela, que estava perto dos quarenta, tinha o cabelo loiro, a pele bem branca e formas ligeiramente arredondadas. Vestia um roupão de cetim escuro, estava descalça e logo se despiu, ficando apenas com a calcinha preta.

Ela se ajoelhou, enquanto ele mexia nas muitas cordas da mala: umas mais grossas para a suspensão, outras mais finas para seu corpo. Começou a me incomodar o tanto que ficou ajoelhada, a dor que imaginei que estava sentindo. A imobilidade da postura ereta sobre os joelhos era acompanhada pelos olhos no chão, o rosto escondido pelo cabelo. Ele começou as amarrações no corpo dela. Primeiro, prendeu os pés por trás, nas panturrilhas. Em seguida, amarrou o tronco e passou a corda por entre os seios, de modo que a carne do peito ganhou volume.

Os gestos dele eram precisos e sua atenção estava inteiramente voltada para a técnica. Ela estava completamente parada e em silêncio. Como em estado de êxtase, seu corpo inerte e preso começou a ocupar todo o palco. Meu olhar passou a se fixar exclusivamente nela ao ser alçada e suspensa pelas cordas mais fortes. A dois metros do chão, com o efeito da luz sobre seu corpo branco e imóvel, ela se transformou em lua. Logo depois, ele a balançou e, com o chicote longo, a espancou.

Esse episódio me fez, finalmente, entender do que são feitas essas experiências eróticas e, em particular, o que se propõem a transgredir. Na realidade, não se trata de mera violação de normas. O erótico ali correspondia ao movimento, aos gestos que transitavam por entre as fronteiras que separavam domínios, entre os quais o das convenções que sugerem o "comum" e o "incomum". O motor dos desejos estava na exposição de elementos contrastantes e na sua justaposição — de início, a tensão resultante da homogeneidade social do grupo contrastada ao vestuário ao estilo sm. Mesmo não sendo novidade, aquela ambientação afetava qualquer sensação de se estar em um lugar facilmente classificável. Podia ser um bar, um teatro, um *dungeon*, uma pista de dança, ou tudo isso junto. As pessoas não tinham aparências extraordinárias ou exóticas, mas não estavam ali meramente fantasiadas: elas executavam uma performance. O que significava que estavam atuando em uma espécie de teatro interativo, cujos personagens, mais ou menos verossímeis, eram criados e encenados segundo um repertório partilhado de papéis em jogos sexuais e de sedução.

Além do ambiente, a prática no palco e mais precisamente um corpo com carne sendo tornado mármore e luz afetaram meus sentidos e me fizeram entender, em um lapso de tempo curto, porém intenso, que aquelas atuações eróticas eram também uma experiência estética. Com qualidade burlesca inequívoca, a encenação me remeteu a referências de *Vênus das peles* e ao fascínio erótico criado por Sacher-Masoch (1976):

> Uma vez, ao voltar para o meu quarto, através de uma das avenidas que conduzem à casa, vi de repente uma forma feminina, tão branca como a pedra, iluminada pela lua. [...] O espetáculo é inexprimível quando a lua — que agora está cheia — sai transparente entre as árvores. A pradaria ilumina-se de reflexos argentíferos, e a deusa parece irradiar a luz dulcíssima. (p. 24)

A tensão, nesse caso, mobilizou a alta cultura e a vida ordinária, com todos os elementos "baixos" que transitam entre elas. O nó feio da corda, os seios caídos pela idade, o algoz com sua indumentária de náilon estavam em choque, e de modo propositado, com a técnica empregada nas amarrações e, sobretudo, a atuação de Lua Nova. Sua entrega a uma total impassibilidade, antes de revelar o poder do dominador em subjugá-la, mostrou a força de sua atuação. Ela era ali, iluminadamente, o corpo da deusa de Masoch sendo tornada lua. Foi impecável e implacável naquela transposição e na paródia à noção socialmente difundida que associa, às vezes de maneira determinista, a feminilidade à passividade da submissão.

Na abertura do filme *A pele de Vênus* (2013), Roman Polanski ambienta a obra de Masoch na contemporaneidade e assinala o mesmo jogo de tensões entre contrastes. Na primeira cena, a tomada da câmera conduz ao interior de um teatro, onde, sozinho na plateia, Thomaz Novachek (interpretado por Mathieu Amalric), adaptador do texto e diretor da peça, reclama da dificuldade em selecionar uma atriz para o papel de Wanda de Dunaiew. No celular, provavelmente em diálogo com o produtor da peça, ele diz procurar uma "jovem atraente que saiba se expressar, com uma boa formação clássica e um pouco de cérebro. E que saiba ao menos pronunciar 'inextricável' sem ter que fazer um curso de dicção para isso". Na soleira da porta de entrada, a não tão jovem Vanda Jourdain (interpretada por Emmanuelle Seigner) observa. Ela está atrasada, ensopada pela chuva torrencial que molhou seus cabelos e borrou seus olhos. Está toda de preto e traz um fio de couro com cadeado no pescoço. Ao se apresentar, mascando chiclete, diz ter interesse em atuar nessa peça "sexy, eu acho, ou erótica. Humilhação e coisas do tipo, um pornô SM?". Ele a dispensa, mas não resiste à sua insistência e faz um teste com ela. Vanda retira de sua sacola um vestido longo de renda, prende o cabelo num coque, limpa o excesso de batom e, lentamente, sua voz suaviza, seu pescoço cresce e a câmara que antes estava fixa na boca e no chiclete passa a dar destaque aos seus olhos. A transformação corporal acompanha a riqueza do texto de Masoch, sendo interpretado de forma magistral.

O movimento dinâmico entre as convenções do cinema, do teatro e da literatura dá uma força singular ao filme, que se passa todo num palco repleto de objetos velhos e quebrados. O poder de passar a ideia de se estar em um jardim é investido pelo andar de Vanda e Thomaz em cena, e a capacidade de, pela atuação dos corpos, transformar uma banqueta em um trono. A qualidade estética das cenas ganha intensidade pela eloquência burlesca do texto sendo dito sem hesitação e através da sedução. Os corpos dizem o texto, objeto principal do erotismo que ali se descortina. Diferente, pois, do *play* do Café Uranus, cuja força foi gerada pela técnica com as cordas e, sobretudo, pela abstração dos gestos corporais e pelo inquietante silêncio da lua. No Café Uranus, o centro de emanação do sentido estético está na fixação da imagem de um corpo sendo tornado ponto de luz no céu.

Nos dois casos o efeito estético é também erótico. Ambos mobilizam o repertório de desejos sexuais a partir de uma dinâmica de ir e vir entre contrastes, esfumaçando fronteiras. Sobretudo, nublam os limites entre os domínios da literatura que consagrou o texto obsceno clássico adaptado como filme por um diretor também consagrado e o mercado erótico contemporâneo nas suas expressões ordinárias. Esse trânsito entre cultura erudita e cotidiano, espetacular e comum, é um mecanismo de burla. Heloisa Pontes (2010) ajuda a compreender melhor esse tipo de operação ao analisar a vida e a trajetória artística de atrizes brasileiras como Cacilda Becker:

> Atrizes que, fazendo de seus corpos o suporte privilegiado para a reconversão de experiências alheias, dominam as convenções teatrais a ponto de burlar constrangimentos sociais de classe, gênero e idade, infundindo às personagens uma pletora de significados novos e inesperados. (p. 25)

O sentido da burla não em sua conotação de fraude a produzir o dano, mas do deboche ou escárnio próprio da arte do burlesco, parece intervir diretamente nas cenas descritas. Ao burlar posições e constrangimentos, cria-se o efeito de transgressão, que, assim como nos dizeres de Anatol Rosenfeld lembrados por Pontes ao afirmar que não existe arte que queira apenas imitar a vida, não existe também, mesmo no cenário atual das preocupações politicamente corretas, erotismo sem burla e sem transgressão. Ou, em outros termos, com a argúcia de uma praticante submissa BDSM: "Não é prerrogativa da dominação curar os problemas da alma, isso aqui é fetiche!".

Este livro pretendeu apreender as articulações entre convenções de gênero e de sexualidade a partir de novas modalidades de erotismo, sobretudo aquelas que remetem a questões que envolvem prazer e perigo e como elas se conectam com práticas contemporâneas de mercado. Cenário mais intrincado do que aparenta à primeira vista, é no mercado que tais articulações se materializam, nas experiências das pessoas. E foi por essa razão que uma das preocupações presentes no correr destas páginas foi a de consolidar a noção de mercado erótico, buscando conceituações menos maniqueístas do que as empregadas usualmente, nas denúncias ao poder alienante do mercado. É inegável que ele opera a partir de padronizações, articula as que circulam de modo difuso pelo mundo social, simplifica conteúdos e, especialmente, cria standards. No caso das novas formas de erotismo, a pesquisa durante todos esses anos observou um processo intrigante: produtos, imagens e práticas nascidos em cenário norte-americano e em contexto de luta pela ampliação de direitos sexuais chegaram ao Brasil pelo mercado, criando aqui um nicho "feminino" para a pornografia.

Essa não é uma mudança de pequena monta. Não esqueçamos que o material pornográfico, desde as primeiras expressões no mundo ocidental, foi produzido pelo mundo masculino e para ele. Essa nova inflexão só foi possível pela associação contemporânea das práticas sexuais ao fortalecimento da autoestima, bem como ao cuidado do corpo. A feminização do mercado erótico está articulada de modo íntimo à difusão em escala global de um erotismo politicamente correto.

As implicações desses novos erotismos sobre convenções de gênero e sexualidade são variadas. De um lado, permitiram expandir a tolerância e o âmbito de experimentações sexuais, como fica claro pela diversidade de usos de bens eróticos. De outro lado, há o risco de responsabilizar as mulheres pela manutenção da felicidade sexual de relacionamentos amorosos, reforçando uma espécie de etiqueta erótica composta por convenções ainda fortemente heteronormativas. Além disso, como notei no mercado erótico, há uma tendência de que o corpo adornado ou manipulado pelos toys seja o corpo "feminizado", sendo ainda limitadas as alternativas para os corpos masculinos ou "masculinizados".

Porém, o risco de criação de uma nova norma que exige mulheres ativas e criativas sexualmente é atenuado pelas experiências de uso. A dimensão vivencial dos usuários de bens eróticos permitiu vislumbrar uma série relevante de deslocamentos, expondo as normas à ambivalência. As experiências narradas, ao assinalar uma vívida sexualidade polimorfa, revelaram, pelo menos, dois efeitos: em primeiro lugar, a desestabilização da matriz que enlaça sexo, gênero, sexualidade e desejo a partir do modelo do dimorfismo sexual; em segundo lugar, a transitividade da agência entre pessoas e objetos mostrou a limitação das teorias que desconsideram a importância do mundo material sobre as relações sociais, sobre as pessoas e seus corpos.

Finalmente, a investigação sobre práticas que operam na zona de tensão entre prazer e perigo revelou que os limites da sexualidade se abrem para um leque criativo de simulações que deslocam os mandos normativos que regulam nossos desejos e, mais do que perpetuar desigualdade e dominação, reabilitam a força contestatória das transgressões.

A pesquisa

Todo o material empírico da presente investigação foi coletado entre 2004 e 2014, seguindo uma perspectiva eminentemente qualitativa, baseada em observação direta, interação de campo prolongada e entrevistas, em profundidade, com informantes selecionados.

A abordagem etnográfica implicou três diferentes esforços de coleta de dados empíricos: o primeiro deles consistiu em alguns meses de pesquisa exploratória nas sex shops em San Francisco e Berkeley, em 2001.[1] Em seguida, foi feita uma pesquisa sistemática, em São Paulo, entre 2004 e 2007. A cidade foi escolhida devido à noção de que o acesso a produtos eróticos e seu consumo, bem como as possibilidades de exercício de escolhas sexuais, é mais significativo em meio urbano e junto às sociabilidades que ali se descortinam. Além de ser um grande centro urbano, no qual a oferta desses bens e o acesso aos locais de interação são facilitados, a investigação em São Paulo também é justificada por razões estratégicas. A cidade representa lugar pioneiro na expansão e liberalização dos costumes no Brasil, abrindo campos de sociabilidade e exercício diversificado da vida sexual desde a década de 1960.

A listagem das lojas foi feita a partir da identificação e da localização do conjunto de estabelecimentos, atendendo a públicos diversificados, de modo a fornecer uma visão geral importante para a seleção dos locais que foram objeto de pesquisa mais detalhada. Além do acesso virtual via sites e blogs, que hoje representam instrumentais básicos para qualquer investigação, foi feito um pré-campo, bem como uma pesquisa intensiva, em lojas selecionadas por critérios que incluíram segmento do mercado e segmento consumidor — a partir de classe, raça, idade, sexo, orientação sexual — para o desenvolvimento de etnografia densa e comparada.[2] Ainda na primeira fase da investigação, além das lojas, duas versões da Erótika Fair (uma feira de produtos eróticos com duração de uma semana) foram objeto de investigação, em 2005 e 2006, bem como a participação no Fórum Marketing Erótico e Ética, curso de extensão promovido pela Fundação Getulio Vargas, para coleta de informações sobre os cursos de marketing e o erotismo. Também foi objeto de coleta a participação em dois cursos para mulheres, ministrados por especialistas que são protagonistas do mercado erótico de São Paulo. Uma delas, bastante conhecida e pioneira nesse tipo de atividade, é Nelma Penteado. Fiz também uma pesquisa exploratória, no Rio de Janeiro, junto à rede de lojas A2 em Ipanema e Copacabana e à loja Muito Prazer, na Barra da Tijuca.

Concluída a coleta de material empírico sobre a comercialização de bens eróticos, o segundo grande esforço da pesquisa foi realizar entrevistas em profundidade com usuários e usuárias de acessórios e produtos eróticos, em 2008. Desse modo, pretendi acrescentar à análise a apreensão sobre as variadas modalidades de "recepção" dos estímulos mercadológicos sobre os consumidores. Foram feitas dezesseis entrevistas em profundidade[3] com pessoas selecionadas, de modo a contemplar um leque comparativo mais amplo: mulheres, homens, diferentes orientações sexuais e faixas etárias, compondo um quadro comparativo entre pessoas jovens e mais maduras (o escopo ficou entre os vinte e os cinquenta anos) de diferentes estratos de classe média.[4] A ampliação, nesse caso, não visou estabelecer correlações entre comportamentos e marcadores sociais de diferença. Antes de serem representativas, essas entrevistas (ricas em sua diversidade) fornecem material eminentemente qualitativo e até exemplar aos propósitos analíticos.

A terceira e última frente de pesquisa se deu junto às práticas, experiências e relações sadomasoquistas. Entre as novas faces do mercado erótico, desenvolveu-se um campo rico de experiências, produtos e acessórios SM, inclusive no Brasil. Realizei um esforço etnográfico exploratório, em 2009, a partir do que aparece em sites e blogs, bem como de visitas a dois clubes que atendem a tal segmento em São Paulo: o Libens e o Dominna.[5] De 2010 a 2014, mantive contato com diferentes redes da cena BDSM de São Paulo, a partir, sobretudo, de atividades realizadas no Café Uranus. Longe de ter esgotado a riqueza das situações e vidas envolvidas em tais práticas, busquei abordar aspectos que permitissem adensar as observações que desenvolvi sobre os limites da sexualidade, o que teria sido impossível sem o apoio inestimável dos achados analíticos e das redes, identificadas por Regina Facchini, por ocasião de sua tese de doutorado, orientada por mim.

Agradecimentos

O texto que dá base a este livro foi elaborado como tese de livre-docência. Já é a terceira tese em minha história profissional. Ela não é exigida pela carreira, nem sequer é reconhecida por todos os sistemas acadêmicos. Dediquei um período grande para elaborar o projeto de pesquisa, angariar os recursos necessários para a realização da investigação, em todas as suas fases, dispondo de um tempo exíguo, dividido entre as exigências de aulas, alunos, bancas e atividades administrativas. No último ano, transformei a tese em livro. Guardo desses momentos o que há de verdadeiramente válido na profissão: a boa discussão, baseada no debate com a opinião arguta de colegas, alunos e, também, de editores e revisores. Se as fragilidades das reflexões que apresento são de minha inteira responsabilidade, muitos dos eventuais acertos eu devo a comentários, sugestões e críticas das pessoas que estiveram comigo nesse tempo, bem como às oportunidades abertas pelas agências de fomento e pelo incentivo institucional.

Agradeço à Fapesp pelo financiamento do meu estágio de pós-doutorado por nove meses na Universidade da Califórnia, em Berkeley, em 2001. Além desse apoio, parte considerável da pesquisa no Brasil foi possível pelo Projeto Temático "Gênero e corporalidade" (2004-9) e pelo Projeto Regular (2012-4) "Novas faces do mercado erótico e os limites da sexualidade". Agradeço também ao CNPq por ter me agraciado com a Bolsa de produtividade em pesquisa, desde o início de 2005, bem como a Fundação de Apoio ao Ensino e à Pesquisa da Unicamp (Faepex), que deu subsídios para alunos e para a minha participação em eventos e congressos internacionais.

Desde as primeiras indagações para a formulação do projeto de pós-doutorado, contei com o apoio inestimável das minhas colegas do Pagu, Núcleo de Estudos de Gênero da Unicamp. Todo o meu investimento institucional de maturidade tem sido feito nessa pequena e acolhedora instituição, e núcleo de grande reconhecimento nacional e internacional. Agradeço, em especial, à minha querida amiga e parceira intelectual Adriana Piscitelli, que está presente em todo esse meu percurso. Mariza Corrêa, minha professora de outros tempos, mestre para sempre, ensinou quem eram os autores relevantes e os livros que inspiraram muitas das reflexões feitas aqui. Do Pagu, ainda quero mencionar as inúmeras sugestões do que publiquei nos *Cadernos Pagu*, vindas das amigas Iara Beleli e Luciana Camargo Bueno.

Há anos participo das iniciativas de um grupo de pesquisadores em sexualidade e gênero. O Centro Latino-Americano em Sexualidade e Direitos Humanos (Clam), ligado ao IMS/ UERJ, desenvolveu projetos dos quais fiz parte com Sérgio Carrara, amigo desde a graduação, na Unicamp, Jane Russo, Maria Luiza Heilborn. Com o Numas da USP, tenho travado diálogos fundamentais com Júlio Assis Simões, Lilia Schwarcz, Heloisa Buarque de Almeida e Laura Moutinho. Agradeço a eles as várias oportunidades de trabalho e de interlocução.

No ponto em que me situo, na trajetória profissional, as ideias surgem e são depuradas em situações coletivas, a maioria delas envolvendo alunos. Eu tenho o privilégio de orientar jovens pesquisadores que combinam doses certas de seriedade, em relação à formação, gosto pela realização de pesquisas empíricas e pela discussão animada. Agradeço a eles as abordagens inteligentes, a coragem das pesquisas propostas e o modo como me ensinam a lidar com a diversidade: Paula Camboim, Marconi Tabosa de Andrade, Simone Frangella, Glaucia Assis, Aline Bonetti, Guillermo Aderaldo, Ana Paula Galdeano. A alguns deles, os que trabalham com temas afinados aos meus, devo agradecimentos especiais pelo apoio a este livro: Giovanna Feijão me acompanhou em parte considerável da pesquisa e, com maior desenvoltura do que eu, abriu contatos relevantes para a investigação; Regina Facchini, minha aluna desde o mestrado, é uma pesquisadora atinada e madura que, além de acompanhar e discutir muitas das ideias apresentadas, me apoiou nas entrevistas com usuários de sex toys e na pesquisa nos clubes sadomasoquistas; Carol Parreiras, uma aluna antenada que acompanho desde a graduação e que não só leu e comentou todo o texto, como conduziu algumas entrevistas e me ensinou o uso e o sentido das novas tecnologias internáuticas. Camilo Braz, meu orientando desde o mestrado, além de me apoiar em cursos, discutiu ideias da tese, trazendo contribuições importantes que foram incorporadas a este livro. Alessandra El Far, a quem tive o prazer de supervisionar o estágio de pós-doutoramento, adensou o meu conhecimento sobre a história das publicações pornográficas no Brasil. Claudio Leandro e Paula Chiconini foram assistentes de pesquisa nesses últimos anos. Silvia Aguião, Larissa Nadai, Fabiana Andrade, Ana Laura Lobato, Julian Simões, Cilmara Veiga e Maisa Fidalgo discutiram com interesse os capítulos nas suas versões finais. Além dos orientandos, outros alunos produziram suas dissertações e teses que formam parte considerável do repertório teórico e empírico do qual este livro é caudatário. Entre eles, gostaria de destacar Isadora Lins França, Maria Elvira Díaz-Benítez, Carolina Branco Ferreira e Luiz Carlos Jeolás. Posso dizer, sem o menor risco de exagero, que este livro resulta de uma experiência interessante de, em variados momentos, ser guiada e instruída pelos alunos. Devo a todos eles muito mais do que imaginam.

Adquiri a delicadeza da relação entre aluno e professor com Ruth Corrêa Leite Cardoso. Com ela aprendi a fazer pesquisa, a suspeitar do senso comum, a gostar de teorias inovadoras. A memória que guardo dela ficará, para sempre, dentro de mim. Feliz porque a riqueza desse encontro continua com a Julia.

Guita Grin Debert acompanha o meu trabalho desde o início do mestrado. São mais de trinta anos de amizade querida, de projetos conjuntos e de uma convivência semanal maravilhosa em Barão Geraldo, também compartilhada com Leila Mezan. Agradeço às duas por todos esses anos de conselhos sábios.

Ao ler os agradecimentos das minhas outras teses há uma constância: a presença de Heloisa Pontes como figura imprescindível, e não só pela leitura atenta e exigente do que escrevo. O nosso diálogo é diário e, além do trabalho, de hipóteses e de autores, todos os temas da vida têm nele lugar e expressão. Sua presença é marca definitiva em minha vida.

Desde 2007, Marilucia Melo Meireles tem sido uma presença constante no adensamento de reflexões variadas, muitas das que apresento aqui são resultantes da sua argúcia em me interpelar.

Transformar a tese em livro exigiu nova disposição, animada por uma querida amiga, Lili Schwarcz. Ela e Flávio Moura me estimularam a outra narrativa, não menos acadêmica mas, certamente, mais agradável e indo direto ao ponto. A competência da edição deve-se também ao Otávio Marques da Costa, à Lucila Lombardi, à Adriane Piscitelli e à Lígia Azevedo. Toda a equipe da produção, coordenada pela Fabiana Roncoroni, foi ultraprofissional, com destaque especial à Erica Fujito e ao Artur Lamas. Kiko Farkas e Carla Caffé acertaram a mão, com enorme talento, e tornaram o livro bonito de se ver.

Francisco José Penteado Aranha, Esther Hamburger, Beatriz Cardoso, Zita Carvalhosa, Sofia Carvalhosa, Fernanda Peixoto, Ana Novais, Simone Coelho e Maria Conceição da Costa, a Con, são amigos da vida toda que ainda se divertem com as pesquisas que eu invento. Devo a eles e também às tardes animadas da fazendinha, com Maribel Whately Neves, Helô Monteiro da Silva e Alê Primo, Stella Leopoldo e Silva, Tutu e Sergio Galvão Bueno, e Marcos Dias Soares, comentários e informações boas para a pesquisa.

Tenho uma família participativa e amorosa. Todo mundo opina, sugere e critica. Maria Helena, minha mãe, de quem tenho uma saudade funda, e José Gregori, meu pai, sempre me apoiaram mesmo quando não inteiramente convencidos. Ticha e Maria Stella são tonalidades distintas e complementares de uma fraternidade bem-sucedida. Os sobrinhos têm sido um apoio afetivo constante: Zig e Lu, Elisa e Naná, mas também, Juliana, minha companheira de almoços deliciosos, Janaína, Luana, Bianca, Helena, a pequena Sofia, sobrinha-neta, alegria de uma avó, a Gigi, de quem lembro com amor.

Tive o privilégio de acompanhar o crescimento da Nina e do Jorge, e nossa convivência torna o cotidiano uma experiência familiar inovadora e amorosa.

Tom é desses presentes que a gente recebe na vida e nem sabe se merece. Um filho que me ilumina.

Este livro não teria sido feito sem o suporte, a interlocução inteligente e tenaz e o amor que recebo do Neno. O livro é dedicado a ele.

Apêndice
Perfil dos entrevistados

	SEXO	IDADE	OCUPAÇÃO
1	F	50	Empresária
2	F	45	Consultora de sex shops e palestrante
3	F	40	Proprietária de sex shop no Rio de Janeiro
4	F	35	Proprietária de sex shop em São Paulo
5	M	41	Designer gráfico
6	M	36	Músico
7	F	25	Estudante
8	F	41	Psicóloga e educadora infantil
9	F	30	Jornalista
10	F	19	Estudante
11	M	37	Advogado
12	F	26	Estudante
13	F	27	Estudante
14	M	30	Jornalista
15	M	25	Desempregado
16	M	27	Garoto de programa

ESCOLARIDADE	ESTADO CIVIL	IDENTIDADE SEXUAL
Ensino médio completo	Separada	Heterossexual
Ensino médio completo	Casada	Heterossexual
Superior completo em marketing	Casada	Heterossexual
Ensino médio completo	Solteira	Heterossexual
Superior incompleto	Solteiro	Heterossexual
Superior completo em música	Solteiro	Heterossexual
Superior completo em ciências sociais	Solteira	Bissexual
Superior completo em psicologia	Casada	Bissexual
Superior completo em jornalismo	Solteira	Bissexual
Superior incompleto	Solteira	Heterossexual
Superior completo em direito	Casado	Bissexual
Superior completo em ciências sociais	Solteira	Homossexual
Superior completo em ciências sociais	Solteira	Homossexual
Superior completo em jornalismo	Solteiro	Homossexual
Superior incompleto	Solteiro	Homossexual
Ensino fundamental completo	Solteiro	Homossexual

Notas

216 Apresentação [pp. 16-27]

1 s/m ou simplesmente sm é a sigla, inventada nos anos 1940 pelo sexólogo Alfred Kinsey e por seus assistentes, que designa práticas no campo do erotismo contemporâneo associadas ao sadomasoquismo. Ainda que seja uma expressão êmica e de domínio público (o mercado erótico a emprega há décadas), é preciso considerar a pluralidade de experiências, concepções e imagens associadas a ela. Todas, contudo, reúnem aspectos condizentes com percepções que articulam prazer, dor, risco, constrangimento e consensualidade. Uso a sigla como uma espécie de "englobante" provisório e evocativo que condiz com práticas cujas convenções dialogam com um campo mais vasto de tradições eróticas, vindas da literatura libertina e pornográfica. Para informações mais precisas sobre o dr. Kinsey e suas descobertas sobre o sadomasoquismo, consultar Steward (2004).

2 Escrito a partir de notas do meu diário de campo, tomadas em 17 de janeiro de 2009.

3   Neste livro, uso bastante o termo "convenções". Além do significado dicionarizado, o sentido proposto pelo historiador e antropólogo norte-americano Roy Wagner (1981) é interessante aos nossos propósitos. Ele assevera que a vida social é feita mediante a relação dialética (no sentido amplo e grego de tensão ou alternação entre termos que são contraditórios porém interdependentes) entre convenção e invenção. As convenções têm a ver com o ponto de vista coletivo, com a orientação da cultura, com o modo como as pessoas aprendem a experimentar, agir e comunicar; mas elas sofrem mudanças, e novas inflexões são inventadas a partir de operações de diferenciação e particularização, no marco de contextos anticonvencionais.

4   Jeanne Favret-Saada (1990) apresenta uma discussão arguta sobre ser afetado em campo. Sua investigação, envolvendo bruxaria no interior da França, revela aspectos iluminadores sobre as relações tênues e intersubjetivas entre sujeito e objeto de pesquisa. Em particular, chamo a atenção para a reflexão que ela faz ao se deixar contaminar pelas ansiedades e potências relacionadas ao ser "embruxada". A autora ensina que, antes de configurar um anedotário de campo, essas experiências são importantes para a reflexão.

5   Eliane Robert Moraes (2004) apresenta, de modo acurado, o processo judicial contra a edição das obras completas do Marquês de Sade na França em 1956. Seu artigo assinala a tentativa de censura, bem como toda discussão travada por parte da intelectualidade francesa e, sobretudo, pelas testemunhas de defesa (André Breton, Jean Cocteau, Jean Paulhan e Georges Bataille) do editor processado. Desse debate, nasceu uma rica bibliografia sobre erotismo, transgressão e literatura.

6   Expressão cunhada pelo polonês Bronislaw Malinowski nos anos 1920 em sua pioneira teoria sobre a pesquisa de campo em antropologia. Seu significado está associado à observação direta e à vivência prolongada do pesquisador em campo, resultando em interações que favoreçam a assimilação das categorias e dinâmicas da vida social investigada.

7 O interesse nesse tópico remonta ao início do século xx e tem na *Vida sexual dos selvagens* (Rio de Janeiro: Francisco Alves, 1982), de Bronislaw Malinowski, sua primeira tentativa sistemática. Já no prefácio, o autor justifica a relevância de estudos sobre a questão e pontua, como na maioria das formulações pioneiras, as perspectivas que influenciam o campo de investigação, dando a expressão de sua diversidade: as abordagens que tratam a sexualidade na sua relação com dinâmicas de parentesco e de família, as que a associam à formação da identidade individual e social, as que tomam a sexualidade articulada aos desejos ou, ainda, como atividade e comportamento. Carol Vance (1995) alerta que, ainda que tenhamos que reconhecer as contribuições dos estudos antropológicos clássicos, a maioria deles apresenta resultados limitados, sobretudo em relação à experiência sexual não pensada exclusivamente em sua dimensão procriativa.

8 Quero aqui chamar a atenção para a significativa contribuição dos estudos sobre os enunciados científicos produzidos por essas ciências desde o século xix, seu impacto no campo científico nacional e suas implicações sobre a sexualidade, levados a cabo por antropólogos brasileiros como Duarte (1999; 2004), Carrara e Russo (2002), Rohden (2001) e Russo (2009).

9 É vasta a bibliografia de pesquisas e estudos empreendidos nessa interface, tendo a demografia como campo disciplinar pioneiro no Brasil. Para maiores esclarecimentos, consultar entre outros Berquó (2003) e Barbosa et al. (2002).

10 Além dos resultados acumulados pelas investigações em torno do projeto "Gênero e Corporalidades" da Fapesp, coordenado por Mariza Corrêa, é importante mencionar as contribuições de Júlio Assis Simões (2008), Guita Debert (1999), Debert e Brigueiro (2012), Heloisa Pontes (2010), Adriana Piscitelli (2013), Regina Facchini (2008), Isadora França (2006; 2010) e Camilo Braz (2008, 2010).

11 No sentido de evitar tratar as diferenças sexuais, de classe, raciais ou etárias como caudatárias da natureza, emprego a noção

de "marcadores sociais da diferença" para enfatizar que meu estudo se filia às pesquisas que buscam apreender a produção social, cultural e política dessas diferenças e entender as articulações entre tais marcadores, de modo a constituir eixos que promovem a desigualdade social.

12 A pesquisa foi feita em 2001, aliada a um programa de pós-doutoramento junto à Universidade da Califórnia, em Berkeley, com financiamento da Fapesp, em que tive a oportunidade de coletar dados nas sex shops de San Francisco e Berkeley.

1. Prazeres
1. Entre o prazer e o perigo: o erotismo politicamente correto [pp. 30-60]

1 Esta definição é de Peter Wagner em *Eros Revived* (1998).

2 Para mais informações, consultar Lynn Hunt (1993).

3 A expressão literária ou visual de modalidades variadas de intercurso sexual tem cronologia e geografia próprias. O termo pornografia — e sua difusão — é caudatário do século XIX, ainda que se tenha que considerar que algumas noções ou ideias datem de séculos anteriores, em particular da Itália quinhentista e da França e da Inglaterra do século XVIII.

4 Segundo Lynn Hunt, o acompanhamento da tradição pornográfica, sobretudo nos séculos XVII e XVIII, revela aspectos profundos da consolidação da cultura moderna. Os sonetos do *Ragionamenti* de Aretino (1534-6), *L'École des filles* (1655) e os escritos do Marquês de Sade (século XVIII) destacam o confronto entre o livre-pensamento e a noção de heresia, assim como se apropriam de aspectos da filosofia natural e da ciência, e questionam a política absolutista.

5 El Far (2004, p. 193) chama a atenção para o fato de a produção nacional dessa literatura pornográfica ter sido fortemente in-

fluenciada pelo naturalismo. Parte dessas publicações também satirizava o poder da Igreja e da monarquia.

Ao analisar mais detidamente a literatura pornográfica que passa a ser publicada no início do século xx, El Far nota mudanças. Se as obras do século xix apresentavam aventuras elaboradas no estilo da crítica social e do humor, próprio do congênere europeu, a que desponta no final do século e início do seguinte apresenta diálogos com as teorias cientificistas do período, que assinalavam aspectos biológicos no comportamento sexual, articulando sexo, classe e raça. É importante a informação dada pela autora de que nos primeiros romances para homens todos os personagens eram brancos; no segundo momento, a mulata e a crioula eram as figuras principais de alguns deles, retratadas por sua decadência endêmica, que justificava suas ações imorais (El Far, 2004).

6   A New Right, nova direita, foi um movimento organizado por políticos republicanos e lideranças religiosas a partir de uma agenda que priorizava questões sexuais. Dentre suas demandas, medidas propostas e tentativas de alteração de leis, tiveram destaque a criminalização do aborto, a restrição de direitos aos homossexuais e medidas variadas para que mulheres deixassem de atuar na esfera pública, dedicando-se exclusivamente ao lar e à prole.

7   Dentre seus textos mais comentados estão "Feminism, Marxism, Method, and the State: an Agenda for Theory" (1980) e *Only Words* (1993).

8   Trata-se de uma emenda proposta em Minneapolis, em 1983, que gerou polêmica e visibilidade, não chegando, entretanto, a ser aprovada e homologada. Nela, Dworkin e Mackinnon tentam deslocar o foco da interpretação da pornografia como expressão (e, enquanto tal, garantida em função da primeira emenda) para a pornografia como ato que fere a igualdade de direitos (relativa à 14ª emenda) ao promover a discriminação e a submissão.

9   Judith Butler critica a leitura que Mackinnon faz de J. L. Austin sobre os enunciados performáticos, em especial, no equívoco de

tomar os atos da fala ou a fala gerando atos a partir de uma concepção soberana de poder: como ação eficaz, unilateral e geradora (Butler, 1997, p. 74). A noção de performatividade, presente na teoria de Butler, também vem da leitura de Austin (1970, 1998), com ênfase, porém, nos aspectos vulneráveis e contingentes que a reiteração dos enunciados implica. Assim, se para a teoria de Butler é relevante a ideia de que o dizer é fazer, o feito resulta de uma prática não prevista, não planejada e não controlada.

10 As teorias *queer* constituem campo vasto de estudiosos formados na tradição dos estudos gays e lésbicos. Alguns comentadores costumam, inclusive, associar ou nomear os dois campos sem diferenciação. Trata-se de estudiosos que não só são gays e lésbicas como tomam como objeto de investigação os aspectos da vida social relacionados a essa escolha ou identidade. Um ótimo artigo, situando esses estudos e estudiosos em relação ao feminismo, foi escrito por Judith Butler: "Against Proper Objects", em *Feminism Meets Queer Theory*, organizado por Elizabeth Weed e Naomi Shor (1997). Também é excelente o dossiê "Sexualidades disparatadas" organizado por Richard Miscolci e Júlio Assis Simões (2007).

11 Esse tipo de formulação foi depois seguido por Drucilla Cornell, bell hooks e Ann McClintock, além de Carol Vance — estudiosas que enfatizam, em contextos pós-coloniais e do mundo subdesenvolvido, que o gênero não é mais central do que raça ou classe para os propósitos da análise sobre práticas sexuais.

12 Também conhecido como "consolo", é um objeto de forma fálica desenhado para ser inserido na vagina ou no ânus. Diferenciam-se dos vibradores (aos quais voltarei mais tarde) justamente por não vibrar. Há registros de dildos no Paleolítico, passando por desenhos em vasos da Grécia antiga e referências nas comédias gregas clássicas. Uma análise mais detida sobre tais bens eróticos será feita no cap. 3.

13 Joani Blank nasceu em Boston no final dos anos 1930, estudou saúde pública e atuou na área por um ano na Ásia. Quando

voltou aos Estados Unidos, trabalhou em planejamento familiar e, já na Califórnia, orientando mulheres pré-orgásmicas. Em 1977, investiu 4 mil dólares na abertura de uma loja de duzentos metros quadrados na Mission District. Assim nascia a Good Vibrations.

14 Elizabeth Grozs (2000), em competente balanço teórico sobre o corpo, na tradição filosófica e no feminismo, identifica três grupos de autoras: as do feminismo igualitário; as que advogam o construcionismo social; e as que pensam a partir da diferença sexual. Esta última vertente é constituída por Luce Irigaray, Hélène Cixous, Gayatri Spivak, Jane Gallop, Judith Butler e Monique Wittig, entre outras, e é a ela que estou me referindo.

15 Andrew Holleran, "Steam, Soap, and Sex". *The Advocate*, out. 1992; Roger Bakeman, "The Gay Man's Bar Mitzvah: The Emerging Gay Cultural System". *Lambda Book Report*, v. 3, n. 3, 30 abr. 1992; Gilbert Herdt, *Gay Culture in America: Essays from the Field*. Nova York: Beacon Press, 1992.

16 Para entender a profundidade das rupturas promovidas pelas experiências hipermasculinas homoeróticas, aconselho a leitura da tese de doutorado de Camilo Braz (2010).

17 Modelo de diferenciação sexual baseado na incorporação do princípio de que o corpo do homem e o da mulher são incomensuravelmente distintos. Tal modelo passou a ser empregado desde o final do século XVIII, com o desenvolvimento das ciências biológicas, mas com implicações importantes sobre o modo como as relações de gênero passaram a ser geridas. Para maiores esclarecimentos, consultar Thomas Laqueur (1992).

2. Mercado erótico e feminilidades: sex shops em São Paulo [pp. 61-105]

1 Outro estudo trabalhando aspectos sobre o mercado sexual em uma perspectiva antropológica foi desenvolvido por Maria

Dulce Gaspar (1985), com foco nas garotas de programa no Rio de Janeiro.

2 "Fugas desejantes" são os efeitos transgressivos às normas sexuais, em experiências guiadas pelo desejo, a partir de um processo de produção de intensidades libidinais, provocadas pela operação de tensores. Para o autor, os tensores são de atribuição de valor e de distribuição no código categorial. No que se refere ao negócio do michê, seriam basicamente três: gênero, classe e idade, além da raça, um tensor oculto. A competente resenha publicada por Simões (2008) sobre a reedição de O *negócio do michê* chama a atenção para o pioneirismo e a importância atual das análises empreendidas por Perlongher.

3 É importante mencionar as contribuições valiosas para a dimensão de erotismo e mercado de França (2006; 2010), Braz (2008; 2010), Facchini (2008), Parreiras (2012) e Díaz-Benítez (2015).

4 Nesse caso, mulheres muito jovens em grupo ou com idade superior a 25 anos com maior poder aquisitivo. Para a pesquisa de campo foram escolhidas lojas de diferentes tipos, observando várias características: tamanho da loja, localização, tempo de existência, tipo de clientela (aspectos socioeconômicos, etários, de gênero e de orientação sexual).

5 Mesmo não sendo uma tarefa fácil ou não obtendo dados inteiramente confiáveis, chegamos a esse número pelo *Guia Sexy de São Paulo*, de 2004, por meio de pesquisa em sites de lojas e da pesquisa de campo, sobretudo via dicas fornecidas por informantes. Assinalamos 44 lojas no município, mas havia, naquele momento, mais seis, espalhadas pela Grande São Paulo (Santo André, São Bernardo e Osasco). Como se verá a seguir, os dados divulgados pela Abeme (Associação Brasileira do Mercado Erótico e Sensual) são bem mais expressivos.

6 Para se ter uma noção, em 2000, a rede de franquias tinha aberto 25 lojas no país e divulgava, por meio da Abeme, o recurso ne-

cessário para a abertura de uma loja: 90 mil reais para um espaço de aproximadamente sessenta metros quadrados, todo montado e com estoque inicial. A Ponto G prometia um faturamento mensal de 30 mil reais. Conseguimos informações de gerentes de franquias, mas não o nome do proprietário.

7 Para uma análise etnográfica detalhada e rica sobre a produção de filmes pornôs no Brasil, sugiro a leitura da tese de doutoramento de Díaz-Benítez (2009), que trata das produções na cidade de São Paulo, dando destaque a como são selecionados os atores, a organização e execução dos filmes e a todas as convenções de gênero e sexualidade que decorrem desses processos de criação. A autora investigou o lado *mainstream* do mercado, que contempla, em sua maioria, as práticas pornográficas heterossexuais, gays e travestis, e que incorpora fetiches considerados mais "leves", ou seja, não classificados como "bizarros". Para uma bela análise sobre o que o mercado considera como bizarro, sugiro a leitura de Jorge Leite Jr. (2009) e o estudo mais recente de Díaz-Benítez (2015), que tratou precisamente da produção de pornografia bizarra no Brasil.

8 Os filmes pornográficos da empresa são os mais expressivos e visíveis da produção nacional atual. Seus filmes mais conhecidos trazem atores de destaque no cenário público, como Alexandre Frota e a ex-chacrete Rita Cadillac. Para mais informações e análise, consultar Díaz-Benítez (2009).

9 A referência irônica desse título é à série produzida e veiculada pela Globo nos anos 1980, *Anos dourados*, que retratava as experiências amorosas dos jovens dos anos 1950 no Rio de Janeiro.

10 Zéfiro é o deus grego do vento, mencionado como um mensageiro de Eros na lenda de Psiquê. Carlos Zéfiro é o pseudônimo do funcionário público Alcides Aguiar Caminha (1921-92), que desenhou e publicou em preto e branco e um quarto de folha de papel ofício mais de quinhentas pequenas narrativas. Carioca e boêmio, foi também compositor de sambas para a Mangueira em parceria com Nelson Cavaquinho, entre outros. Seu anonimato

foi mantido até 1991, quando a revista *Playboy* revelou seu nome e sua biografia.

Agradeço a Heloisa Pontes por ter me chamado a atenção para a semelhança entre alguns aspectos que conformam os enredos e personagens descritos e o material pornográfico produzido e veiculado nos famosos *Catecismos*.

11 O nome da empresa foi ocultado de modo a preservar a privacidade dos envolvidos, que, mesmo com nossa insistência, não aceitaram fazer parte da pesquisa.

12 Segundo informação da Abeme, 75% dos sex toys são importados, principalmente dos Estados Unidos e da China, e seus preços variam de setenta a oitocentos reais, sendo os norte-americanos os mais caros. Existe variação de preços entre produtos idênticos, dependendo da localização da loja na cidade — os que custam mais caro são vendidos nas lojas dos Jardins. Encontrei produtos nacionais apenas nas lojas do centro e em algumas de bairro, como a da Vila Carrão. Mas, mesmo ali, o produto não é aconselhado pela vendedora — que os considera malfeitos e até perigosos (existe o risco de quebrarem durante o uso).

13 A loja, que foi fechada em 2001, ficava na rua Barão de Limeira e era de propriedade de um alemão que voltou ao seu país depois de anos no Brasil, onde vendia produtos e ensinamentos práticos de sadomasoquismo. No andar de baixo vendiam-se acessórios como roupas de látex e vinil, algemas, arreios, chicotinhos, dildos e vibradores; no andar de cima, filmes eróticos variados e, em uma sala à parte, a amiga de Lívia recebia clientes para atendimento sadomasoquista.

14 A loja foi aberta em 1995 e é conhecida por ter se especializado na venda e no aluguel de vídeos, e agora DVDs, mas também oferece o serviço de cabines. A proprietária original já não atua no mercado, tendo passado o ponto para um terceiro. A loja é bem grande e apresenta as características das boutiques eróticas: decoração clara e bonita, bom relacionamento com a mídia e demais lojistas da região. Tem como objetivo atingir

o público consumidor feminino e, com exceção dos clientes que procuram as cabines, o consumidor mais assíduo é mesmo feminino.

15 Nas sete lojas que foram investigadas com maior detalhe nos bairros mencionados, a presença de mulheres consumidoras in loco era diminuta, com exceção da sex shop do Tatuapé (que talvez tenha um público feminino mais expressivo, em função de se localizar ao lado de uma estação de metrô e de uma faculdade) e a do Brás, especializada em lingeries femininas.

16 Os proprietários da Club Chocolate são Cláudio Maurício e a Riopele, uma empresa têxtil portuguesa. O projeto arquitetônico é de Isay Weinfeld, arquiteto premiado internacionalmente e especializado em lojas e restaurantes. De 2003 a 2008, a Club Chocolate foi pioneira em diversificar a natureza dos produtos em um mesmo estabelecimento e incentivar o consumo de bens de alto luxo, com preços elevados. A loja em São Paulo foi fechada no mesmo ano em que lojas de grife internacional (que também praticavam preços altíssimos) na rua Oscar Freire fecharam. Alguns anos depois, o mercado de alto luxo voltou a operar, sobretudo, com o Shopping Cidade Jardim e o JK Iguatemi.

17 Anita Roddick montou sua primeira loja de cosméticos artesanais em 1976 e, em poucos anos, transformou sua pequena loja em Brighton, no sul da Inglaterra, em uma das mais conhecidas da Europa. Preocupada com o meio ambiente e ligada ao Greenpeace, foi patrocinadora de campanhas variadas em parceria com dalai-lama. Em 1998, lançou uma campanha para aumentar a autoestima de mulheres que acompanha, inegavelmente, o empreendimento erótico das filhas. Todos os produtos da loja são desenhados de modo a estimular o prazer de mulheres, mas apenas as consideravelmente abonadas: os mais baratos custam em torno de sessenta libras. Tudo na loja tem design sofisticado e é feito de materiais nobres. O Jimmyjane Gold é um vibrador de ouro (custa aproximadamente duzentos e cinquenta libras) e o Leloyva Vibrator é feito de estanho (custa mais de setecentas libras).

18 A associação da sex shop a algo obscuro também faz parte da retórica e do conceito de outras lojas que foram investigadas por nós, como a Love Place.

19 Doc Dog Fetish era uma erotic shop, aberta no final de 2005 e fechada em 2008, ligada à loja Doc Dog, uma multimarcas de peças modernas para jovens de classe média alta. A Revelateurs foi aberta em 1995, sendo a primeira sex shop para o mercado feminino de elite. Funciona até hoje em Moema e é uma loja grande que vende produtos importados. A Love Place é de propriedade de uma japonesa formada em turismo, Denise Sato. Aberta em 2001, fica ao lado do Shopping Ibirapuera e atende majoritariamente um público feminino de classe média alta.

20 Esse dado foi fornecido pela então gerente da Maison Z, a partir de levantamento feito pela loja nos primeiros seis meses de funcionamento (em 2004). Os números não são muito distintos daqueles que aparecem nas publicações das lojas, nos sites e na Abeme. Não podemos conferir essas informações de maneira sistemática, porém o dado bate com nossa impressão qualitativa, em pesquisa de campo, sobre a alta incidência de mulheres consumidoras nas lojas investigadas.

21 A série da HBO *Sex and the City* estreou em 1998. Foi baseada em um livro de Candance Bushnell, escrito a partir de sua coluna homônima no *New York Observer*, na década de 1990. A série é destaque nas boutiques eróticas paulistanas: não só os DVDs são vendidos, como os produtos fazem alusão às personagens e ao seu gosto de consumo. O espaço da Maison Z dedicado aos sex toys tem o nome de Samantha Jones, personagem mais sexualizada que presenteou as amigas com *rabbits* em um dos episódios mais famosos da série.

22 *Rabbits* são estimuladores vibratórios com forma fálica e movimentos giratórios. *Butterfly* é um vibrador clitoriano em forma de borboleta que pode ser vestido como se fosse uma calcinha. Os plugues anais são formas cônicas (largas na base e afinadas na

ponta) feitas de silicone ou látex. Para uma caracterização e análise dos dildos e vibradores, ver cap. 3.

23 O mesmo cuidado em explicar o produto, acentuando a vivência pessoal, a saúde e o ensinamento, esteve presente na pesquisa na Love Place e na Picante Sex Shop.

24 Para uma caracterização teórica sobre a matriz heterossexual, consultar Butler (1990).

25 Além das lojas, fiz pesquisa de campo em atividades em que essa homossocialidade é estimulada: cursos de striptease e massagem sensual e encontros para venda de produtos entre amigas em casas (esta última modalidade é a versão para produtos eróticos dos encontros de venda de produtos, cosméticos ou Tupperware nas residências de donas de casas). Para uma análise mais detalhada sobre tais modalidades de serviço e suas implicações sociológicas no mercado do prazer londrino, consultar Storr (2003).

26 Marshal Sahlins, *Stone Age Economics* (Nova York: Aldine, 1972); Michel Taussig, *The Devil and Commodity Fetishism in South America* (Chapel Hill: University of North Carolina, 1980); Louis Dumont, *On Value: Radcliffe-Brown Lecture* (Londres: Oxford University Press, 1980).

27 "Newcomers to the World of Goods: Consumption Among Muria Gonds" (Appadurai, 1986).

28 O autor chama a atenção para o consumo como ato simbólico em uma chave analítica um pouco diversa da que foi desenvolvida pela antropologia estrutural funcionalista, que dava foco exclusivo a formas coletivas de consumo. Gell faz referência direta ao estudo de Mary Douglas e Baron Isherwood, *The World of Goods* (1981), em que os autores analisam rituais de consumo que mediam a vida social. Os rituais de comensalidade são os atos analisados pelos estudos nessa vertente, e talvez por essa razão tenha sido tão divulgada a associação nas sociedades "igualitárias" do consumo à distribuição de bens.

29 O próximo capítulo vai tratar em detalhe das variadas implicações do uso desses objetos.

30 É importante para a análise sobre o campo simbólico do erotismo considerar, sobretudo, os significantes que são excluídos. Para um detalhamento sobre a relevância teórica e metodológica desse procedimento, consultar Butler (1990).

3. Usos [pp. 106-45]

1 Mais informações na seção "A pesquisa".

2 A discussão que tomo como referência analítica sobre os efeitos da internet nas experiências que envolvem gênero e sexualidade é desenvolvida em Parreiras (2008).

3 Em sua versão norte-americana, há a associação histórica do *bondage* com punição e tortura. Ito Seiu, no início do século xx, pesquisou tais práticas e tornou-se a referência no *bondage* e *shibari* eróticos. Foi apenas a partir dos anos 1990 que o Ocidente passou a adotar técnicas de amarração e contenção de sentidos para o universo sm.

4 Para maior detalhamento ver Parreiras (2008).

5 Freud afirmou nos *Três ensaios de uma teoria da sexualidade: Fragmento da análise de um caso de histeria* (1905) que a perversão seria o negativo da neurose, o que implica que a neurose é uma forma de recalque das fantasias perversas e que a perversão é expressão direta das pulsões parciais gestadas na infância, driblando os recalques. Alguns autores indicam que foi apenas a partir de 1905 que ele elaborou a noção de que as perversões podem ser tomadas como formações defensivas, em particular, como forma de lidar com a angústia da castração (Rudge, 2004).

6 Para maiores esclarecimentos, consultar Facchini (2008).

7 A entrevistada começou atuando em projetos comunitários, junto às Comunidades Eclesiais de Base (CEBS), trabalhou com travestis e prostitutas da zona sul de São Paulo (em programas de redução de danos), depois trabalhou em projetos de combate às DSTs e à aids e foi vinculada ao Instituto Cultural Barong, organização não governamental criada em 1995, que conta com uma equipe multidisciplinar (agentes de saúde, psicólogos, médicos sanitaristas, sexólogos etc.).

8 As referências a Juliette são inúmeras nas obras do Marquês de Sade. Destaco, em particular, os livros *Justine ou os infortúnios da virtude* e *Histoire de Juliette*.

9 Esse episódio foi narrado no cap. 2.

10 Além das experiências sociais relacionadas ao dildo, são também consideradas estratégicas por ela as relações contratuais sado-masoquistas e a erotização do ânus. Desde sua filiação à análise da heterossexualidade como regime político de Monique Wittig, à conceituação dos dispositivos da sexualidade modernos formulada por Michel Foucault e à política cyber de Donna Haraway, Preciado entende que essas são práticas contrassexuais, na medida em que expressam derivas radicais em relação ao sistema sexo/gênero.

11 A autora menciona o psiquiatra darwinista T. Clifford Allbutt e seu artigo de 1895 "Nervous Diseases and Modern Life", assinalando a compatibilidade das noções de tal vertente com as teorizações sobre a diferença sexual, como as elaboradas pelos sociobiólogos P. K. Geddes e J. A. Thompson, em *The Evolution of Sex*. Nesse livro de 1889, os autores elaboram a abordagem sobre tal diferenciação, baseada no metabolismo celular: as células masculinas seriam catabólicas, ativas e energéticas, enquanto as femininas seriam anabólicas e constituídas para conservar energia de modo passivo. As doenças nervosas seriam resultantes de um estímulo social não condizente com a estrutura celular feminina, passiva, plácida e altruísta (Showalter, 1985, pp. 121-2).

12 Embora a psiquiatria darwinista associasse com maior vigor a histeria a ocorrências fisiológicas decorrentes da puberdade, médicos como Horatio Bryan Donkin, que escreveu o verbete sobre a doença para o *Dictionary of Psychological Medicine*, publicado em 1982, ainda que fosse socialista e próximo dos círculos feministas, preferiu o argumento biológico de que a desordem era resultante de uma insatisfação sexual (Showalter, 1985, p. 131).

13 Agradeço a Marilucia Melo Meireles por ter lido com atenção e corrigido as referências sobre Freud e histeria. O editor James Strachey, conhecido pela edição e tradução dos 23 volumes que compõem a *Standard Edition of the Collected Psychological Works of Sigmund Freud*, em "Algumas notas introdutórias sobre os estudos", informa que Breuer atendeu esse caso entre 1880 e junho de 1882 e o relatou para Freud em novembro de 1882. Breuer tratou Bertha a partir de uma combinação de métodos: medicamentos, hipnose/sugestão e *talking cure* — esta última proposta pela paciente.

14 No "Fragmento da análise de um caso de histeria", Freud (1972) descreve o caso clínico focado em dois sonhos, no qual desenvolve questões relacionadas aos sintomas histéricos de Dora e a partir deles propõe considerações sobre a base "orgânica de toda a sexualidade", segundo informação nas Notas de James Strachey.

15 São variadas as referências sobre a criação do vibrador, como *The Good Vibrations Guide to Sex* ou *Sex Toy*. Rachel Maines (1999) talvez seja a referência mais confiável. Seu livro apresenta algumas das informações que trago no texto e é bastante citado nos estudos especializados (como o de Beatriz Preciado). A informação sobre o invento de George Taylor eu extraí do site ‹eroticpoint.com.br›. Maines localiza a primeira referência aos vibradores nos anos 1880 e menciona os médicos Clinton Melendres e Kelsey Stinner. Além deles, Preciado (2002) indica outro médico que utilizava vibradores como instrumento terapêutico da histeria: John Butler.

16 Em 1907, foi patenteada nos Estados Unidos a primeira capa peniana (desenvolvida por Louis Hawley). O gel KY foi lançado em 1927, introduzido por médicos para facilitar os exames ginecoló-

gicos (o uso do KY como lubrificante sexual foi difundido apenas a partir da década de 1980). Na década de 1940, foi criado o primeiro modelo de boneca inflável, possivelmente por cientistas, durante a Segunda Guerra Mundial, para regular o apetite sexual dos combatentes e evitar a proliferação de doenças venéreas. Todos esses dados foram extraídos do site ‹eroticpoint.com.br›.

17 O médico sexologista Vern Bullough identificou vinte instrumentos diferentes para prevenir a masturbação entre 1856 e 1917.

18 Em 1921, foram divulgados na *Heart's Magazine* vibradores portáteis como presentes do marido para a esposa (ver ‹eroticpoint. com.br›). Também é importante destacar que o uso de técnicas de cura da histeria foi se tornando crescentemente obsoleto no correr do século XX.

19 Em e Lo (2006) afirmam que, quando trabalhava com mulheres pré-orgásmicas, Joani Blank, a feminista que criou a Good Vibrations, costumava indicar um vibrador importado do Japão, o Hitachi Magic Wand. Atribui-se a ele e seus resultados para o prazer das mulheres a fonte de inspiração para a criação da loja e do empreendimento. Como foi apontando no cap. 1, a loja criou vários toys, sendo o *butterfly* o de maior impacto.

20 Algumas feministas chegaram, inclusive, a afirmar que o sexo entre mulheres com o dildo não é verdadeiramente lésbico (Hart, 1998; ver também Preciado, 2002).

21 Um estudo interessante e que, segundo Preciado, constitui exceção a essa tendência é o de Judith Halberstam, *Female Masculinity* (1998). Entre as autoras criticadas por Preciado está Teresa de Lauretis, figura relevante do campo das teorias feministas. Ela estaria presa, segundo a filósofa espanhola, a essa tendência sobretudo pelo fato de seus comentários sobre os dildos em *Practice of Love* estarem apenas situados em meio às críticas ao heterocentrismo de Lacan. De Lauretis só vê o potencial crítico dos dildos em vista da pretensão do pênis em se fazer passar por falo. Preciado também critica Judith Butler (em

referência a *Bodies That Matter*), alegando que a questão do dildo estaria oculta na problemática mais ampla do "falo lésbico".

22 O livro de referência é *Art and Agency* (1998), publicado um pouco depois da morte do autor.

23 O referente, no caso, pode ser o pênis e a vagina como partes corporais ou, ainda, aquilo que está investido de um sentido que provoca e satisfaz o desejo: o falo ou o fetiche (por exemplo, por pés e sapatos), considerando que o referente pode ser também uma pessoa.

24 Ao pensar sobre diferença e repetição, Deleuze visita as distinções estabelecidas por Platão entre original e imagem (modelo e cópia, ídolo e ícone) e, a partir de um desenvolvimento mais profundo, entre duas espécies de imagem: os ícones — as boas imagens, as que se assemelham no interior com o original — e os simulacros — as más imagens, os fantasmas, "o falso pretendente sempre disfarçado e deslocado" (Deleuze, 1988, p. 211). Para o autor, "o simulacro (ou fantasma) não é simplesmente uma cópia de cópia, uma semelhança infinitamente diminuída, um ícone degradado [...] é precisamente uma imagem demoníaca, destituída de semelhança; ou melhor, contrariamente ao ícone, ele colocou a semelhança no exterior e vive de diferença. Se ele produz um efeito exterior de semelhança é como ilusão e não como princípio interno" (p. 212).

2. Perigos
4. SM [pp. 148-80]

1 *Novo Dicionário Aurélio*, edição revista e ampliada, 1986.

2 Para mais explicações sobre feminismo radical e New Right, consultar o cap. 1. Vale considerar a bibliografia sobre lesbianismo e, em particular, as análises e abordagens críticas ao sadomasoquismo. Bom exemplar nessa direção é a coletânea editada por Robin R. Linde et al., *Against Sadomasochism: A Radical Feminist Analysis* (Palo Alto: Frog In the Well, 1982).

3 *Fist fucking* é a prática de penetração anal ou vaginal com o punho. Para melhor caracterização e contextualização, consultar Rubin (2004); Mark Thompson (2004); Braz (2010).

4 As afinidades entre essas diferentes modalidades de práticas gays e lésbicas são analisadas com requinte por Gayle Rubin (2004) e inteligentemente sintetizadas por Braz (2010), de modo a pensar seus efeitos sobre homossexualidades masculinas e em como as convenções *leather* viajaram dos Estados Unidos para outros países. Sua pesquisa contemplou experiências de "sexo duro", entre homens, em São Paulo e em Madri.

5 As referências relacionadas ao que se chama de "sexo duro" no segmento gay de mercado de Madri foram analisadas por Camilo Braz (2010) e apresentadas em sua tese de doutorado. Seu estudo mostra uma série de confluências entre as cenas SM, a tradição *leather* e a linhagem de alternativas gays que enfatizam a masculinidade. Tais confluências criam convenções que viajam pelo tempo e pelo mundo. Ele apresentou o exercício dessas convenções em Madri e São Paulo, sendo interessante perceber que, mesmo em estabelecimentos que não são de frequência exclusiva do segmento gay, tais referentes são operantes. Para conhecer melhor as práticas em Madri, consultar Braz.

6 Há quatro anos, o relacionamento e a sociedade entre essas duas mulheres acabaram. Uma delas permaneceu no clube. Para maiores esclarecimentos sobre a casa, ver Facchini (2008).

7 A Anne Desclos se atribui a autoria de *História de O*, sob o pseudônimo de Pauline Réage. Um dos romances pornográficos mais notáveis do século XX, ele surgiu em 1954 e logo se tornou um sucesso editorial, segundo Susan Sontag também em função de seu patrocinador e prefaciador, Jean Paulhan. Existe um rumor de que Pauline Réage, que supostamente morava em um local distante da França e se mantinha no total anonimato, era um pseudônimo do próprio Jean Paulhan. Sontag destaca a semelhança entre Pauline e Paulhan e afirma: "A identidade real de Pauline Réage persiste como um dos

raros segredos bem guardados das letras contemporâneas" (1987, p. 53).

Já John Frederick Lange Jr., mais conhecido como John Norman, é escritor e professor de filosofia em Nova York, e publicou uma série de livros intitulados *Chronicles of Gor*, bastante populares nos Estados Unidos nas décadas de 1970 e 1980. Tais crônicas apresentam um modo de vida a partir de uma noção singular de ordem natural que, entre outros aspectos, defende a sociedade de castas e propõe que as diferenças de gênero sejam configuradas de modo a posicionar a mulher como uma submissa natural do homem dominante. Essa literatura deu elementos de base para uma espécie de subcultura que informa praticantes na cena BDSM nos Estados Unidos e no Brasil.

8 Facchini, em sua tese (2008), apresenta rica descrição dos *dungeons* do clube Dominna e já assinala um aspecto importante: trata-se de um espaço decoroso, isto é, um ambiente para a realização das cenas em que o contato entre as pessoas se dá em tom formal.

9 A leitura de Deleuze sobre Sacher-Masoch foi valiosa para a análise do SM, principalmente por oferecer uma chave de interpretação que, em diálogo com a literatura, a psicanálise e a filosofia, amplia as possibilidades de apreensão simbólica. O ensaio "Sacher-Masoch, o frio e o cruel" foi escrito para ser publicado como prefácio ao romance *Vênus das peles*, em 1967. Trata-se de uma interpretação que assinala as particularidades do gênero narrativo e a engenhosidade singular das fantasias dos personagens, em comparação ao que está presente nas obras de Sade. Não existe solução de continuidade, tampouco de transição, entre o sadismo e o masoquismo como quer Kraft-Ebing e que foi aceito por Freud. Voltarei a essa leitura.

10 Na literatura norte-americana aparece "top" e "bottom", expressões conhecidas dos praticantes daqui, mas não muito empregadas.

11 Deleuze critica na psicanálise sobretudo a ausência de um exame mais depurado da forma narrativa presente na origem literária

que deu base ao masoquismo e, consequentemente, não ter identificado a centralidade do elemento de contrato.

12 Essa publicação de *Vênus das peles* foi editada pela Livros do Brasil, de Lisboa, em 1976, em conjunto com a novela *Diderot e Catarina II*, e traz anexados com o subtítulo "Fragmento de *Psychopathia Sexualis*" três contratos, segundo Kraft-Ebing, coletados por Schlichtegroll.

13 Califia nasceu mulher e assumiu identidade lésbica nos anos 1970. Escritora de inúmeros livros de ficção e ensaios sobre sexualidade, foi uma das fundadoras do Samois (e no grupo, assimilou os elementos da *leather culture*), participou das *sex wars* ao lado das feministas e lésbicas *pro-sex*, contrárias à lei antipornografia de coautoria de Catherine MacKinnon, e teve contribuição relevante no volume organizado por Carol Vance, *Pleasure and Danger*. Um dos seus livros mais populares é *Macho Sluts*, publicado no final da década de 1980. Em meados dos anos 1990, decidiu-se pela transição de gênero e adotou o nome Patrick. Hoje se define como uma pessoa transgênero bissexual.

14 O título do artigo já traz essa indicação: "The Limits of the S/M Relationship, or Mr. Benson Doesn't Here Anymore" (2004). Mr. Benson é o personagem principal de uma novela escrita por John Preston e publicada, ainda de modo seriado nos anos 1970, na *Drummer*. Nos anos 1980, foi publicado o livro, que é considerado o primeiro best-seller sobre os *leathermen*. Aristotle Benson foi elaborado como um *"real top"* e jamie, seu escravo, como *"real bottom"*. Benson não era só sexualmente dominante e sádico, pois era rico, mais velho e esperava de jamie, seu escravo, obediência absoluta. Este, além de mais jovem, não tinha objetivos, recursos ou direitos.

15 O fetichismo, definido por Freud, implica a presença de um objeto — substituto do falo feminino — que é a imagem imediatamente posterior à descoberta de que a mãe não possui pênis. Deleuze lembra que o fetichismo é, nessa perspectiva teórica,

inicialmente denegação ("não, à mulher não falta o pênis"); em seguida, neutralização defensiva (mesmo sabendo que ela, na realidade, não possui o pênis, esse conhecimento fica em suspenso); e, finalmente, neutralização protetora (o falo feminino se põe à prova, fazendo valer os direitos do ideal contra o real). Para Deleuze, "o fetichismo, assim definido pelo processo de denegação e do suspense, pertence essencialmente ao masoquismo" (Deleuze, 1983, p. 35). É importante grifar que o relevante, no caso, não é a definição em termos psicanalíticos, e sim sua rentabilidade para demarcar uma qualidade estética.

16 Michael Taussig (1987) faz uma análise intrigante sobre os efeitos das situações de privação ou de limites físicos. Ao vivê-las, prisioneiros torturados ou pessoas expostas ao terror passam por uma experiência de habitar temporariamente o que chama de "espaço da morte", uma dimensão fora da realidade social tangível que confere certa capacidade visionária. Ele estabelece uma analogia entre viver nesse espaço e a qualidade alucinógena provocada pelo uso de chás pelos xamãs.

17 O estímulo sexual com as mãos é muito comum (algumas cenas com escravas têm como um dos pontos altos fazer com que a mulher se entregue a ponto de ter um orgasmo publicamente), assim como a penetração com objetos nas práticas de FemDom (dominação feminina), nas quais homens são penetrados (prática chamada de "inversão de papéis") com ou sem "feminização" (prática que geralmente implica que homens assumam aparência, vestimenta, maquiagem, atividades ou personagens tidos como femininos, daí as "empregadinhas" e as "sissies").

18 Para as leituras de Sade, consultar especialmente: Barthes (1979a); Deleuze (1983); Bataille (1987); Jane Gallop (1981); Angela Carter (1978). No Brasil, consultar os artigos e livros de Eliane Robert Moraes (2002, 2003, 2003a).

19 Datam dos idos de 1970 as primeiras publicações sobre o tema que o tratam na perspectiva das minorias sexuais (consultar Gerald Greene e Caroline Greene, *S/M: The Last Taboo*. Nova

York: Grove, 1974). Mas é principalmente a partir da década de 1980 que o volume de publicações se intensifica. Dessa literatura chamo a atenção para a vertente de estudos socioantropológica, como os vários artigos publicados pela Samois em *Coming to Power: Writings and Graphics on Lesbian S/M* (Boston: Alyson, 1982), com um texto importante de Gayle Rubin, "The Leather Menace: Comments on Politics and S/M", bem como a coletânea organizada por Thomas Weinberg e G. W. Levi Kamel, *S and M: Studies in Sadomasochism* (Nova York: Prometheus, 1983), o livro *Pleasure and Danger* (1984), organizado por Carol Vance, e as contribuições de Pat Califia, em particular *Macho Sluts* (2004). Na década de 1990, as autoras que tratam da questão em uma perspectiva teórica estão reunidas em uma coletânea organizada por Pamela C. Gibson e Rama Gibson, *Dirty Looks* (1994), e nela chamo a atenção para o artigo de Anne McClintock, "Maid to Order: Commercial S/M and Gender Power". Também interessa o livro da mesma autora, *Imperial Leather: Race, Gender and Sexuality in the Colonial Contest* (Nova York: Routledge, 1995), e o livro de Lynda Hart *Between the Body and the Flesh* (1998).

20 Não interessa aqui detalhar o caso de abuso. Para saber mais, consultar Facchini e Machado (2013). Porém, é oportuno reproduzir uma ponderação importante das autoras: a incidência de casos de violência entre participantes dessa comunidade investigada não é maior ou menor do que em outros cenários sociais. Assim, fica claro que não é possível estabelecer qualquer relação de causa e efeito entre as práticas BDSM e as violências de gênero.

21 Margot Weiss cita David Harvey (2005) que usa o termo em um sentido mais geral, articulando ideias como liberação e liberdade individual com o direito à propriedade privada, ao livre mercado e ao livre-comércio. Em uma perspectiva menos genérica, parece, Wendy Brown (2005) assinala ser o neoliberalismo uma forma de governo (no sentido foucaultiano) que dissemina valores de mercado (e seus efeitos) sobre todas as instituições.

5. Limites da sexualidade:
entre riscos e êxtase [pp. 181-96]

1   Pesquisas que dialogam mais de perto com práticas eróticas, trazendo uma rica contribuição, podem ser encontradas em Guita Debert e Brigueiro (2012), Júlio Assis Simões (2008), Adriana Piscitelli (2013), Maria Filomena Gregori (2011, 2014), Regina Facchini (2008), Isadora França (2006, 2010), Camilo Braz (2008, 2010), Carolina Parreiras (2012), Maria Elvira Díaz-Benítez (2015), Jorge Leite Jr. (2009, 2012) e Bruno Zilli (2007). Duas coletâneas reúnem artigos relevantes sobre a mesma temática, a primeira organizada por Carlos Eduardo Figari e Maria Elvira Díaz-Benítez, *Prazeres dissidentes* (2009); a segunda é o dossiê organizado por Maria Filomena Gregori e Maria Elvira Díaz-Benítez em *Cadernos Pagu*, "Pornô" (2012).

2   A autora afirma algo que me parece relevante acrescentar: "o que é despertado pelo pornô com animais são metáforas de horror, não porque seja simplesmente 'nojento', mas porque permanece nos limites da sexualidade com todas as suas dicotomias: prazer, dor, abuso, animal humanizado, animal que é besta, humano que, na procura desses prazeres, se animaliza" (Díaz-Benítez, 2015, p. 275).

3   Para um detalhamento mais rigoroso, consultar a coletânea organizada por V. Paiva, J. R. M. Ayres e C. M. Buchalla, *Vulnerabilidade e direitos humanos* (2012).

4   É interessante notar como a Lei Maria da Penha é objeto de preocupação entre os praticantes, sobretudo os dominadores masculinos, que tomam cuidados redobrados com a segurança, a saúde e o consentimento de seus submissos, sobretudo quando são mulheres.

5   Entre os variados ensaios e estudos sobre Bataille, usei como referência: Barthes (1979a); Carter (1978); Sontag (1987); Gallop (1981) e, no Brasil, Moraes (2002, 2003, 2003a).

6   Eliane Robert Moraes (2002) chama a atenção para o fato de que, nos anos 1930, a palavra "êxtase" ganhou particular significado entre intelectuais e artistas do círculo dos surrealistas, interessados em imaginar todas as transfigurações possíveis do corpo humano ou da forma humana de modo a recusar quaisquer tentativas de fixá-los como algo estável ou consistente. O êxtase implicava ampliar a consciência, bem como pensar as metamorfoses resultantes da combinação entre prazer e dor. Como se sabe, Georges Bataille circulava nessa esfera.

7   É interessante notar que ele utiliza bastante a expressão "parte masculina ou feminina", o que indicaria, em tese, uma sensibilidade atinada ao problema de gênero. Contudo, esse não parece ser o caso: as atribuições de gênero são intercambiadas, sem nuance, com as noções de homem e mulher sem representar qualquer problema para o autor.

8   Emprego essa expressão no sentido elaborado por Butler, que propõe apreender e subverter os limites das categorias — aqueles significados e sentidos que são incluídos e suas ressignificações —, bem como expor tais ideias aos esforços já empreendidos, seja de tradução, seja de críticas.

9   É nesse período, por exemplo, que a ciência médica deixa de considerar o orgasmo feminino relevante para a procriação e se começa a esboçar toda uma concepção que particulariza os órgãos femininos, deixando de lado o "modelo unívoco do sexo", que tomava a genitália feminina como idêntica à do homem, só que invertida e interna.

A pesquisa [pp. 205-7]

1   Nesses meses, procedi à investigação, tomando como primeira tarefa a listagem dos principais estabelecimentos dentro do perfil descrito e selecionei três, no intuito de aprofundar a observação. As lojas foram escolhidas usando como critério uma distinção que está na base da natureza particular de

empreendimento na região: a segmentação entre as sex shops destinadas ao homoerotismo, as que operam segundo o mercado sexual convencional e as que foram criadas em meados da década de 1970, como a Good Vibrations, visando a um público diversificado e pretensamente consciente em relação às limitações e implicações do mercado convencional do sexo. Na análise que apresento no cap. 1, é o último tipo de sex shop que está descrito etnograficamente.

2 A amostragem pré-selecionada foi realizada com os seguintes sites: 007 Sex Shop, Amor com Prazer, Animate.com.br, Diandra Collection, Eros & Afrodite, Erosmania Sex-Shop, Loja do Prazer Sex Shop, PowerSexy, Sex Secret e SITE G. O primeiro reconhecimento de campo (pré-campo) das lojas de São Paulo foi feito nos estabelecimentos Docstallin, PontoG Sex Shop, Sex Mundi, Maison Z, Clube Chocolate, Emoções e Prazeres, Ecstasy Sex Shop, Bris Point Sex Shop, Revelateurs, Sex Appeal Sex Shop, Tesão Sex, Aline Sex Shop, MXM SEX Produtos Eróticos, Ana Keeler Sex Shop, Artes dos Prazeres, Darme Sex Shop, Mais Mais Sex Shop, Sex Brasil. Foram escolhidas, para a pesquisa de campo prolongada, as seguintes lojas: Maison Z, Love Place Erotic Store, Ponto G Sex Shop e Darme Sex Shop.

3 As entrevistas foram feitas a partir de três redes de investigação: a primeira foi construída com base na pesquisa de campo junto aos diferentes sex shops investigados e resultou em quatro entrevistas com mulheres heterossexuais, de classe média e média alta, entre quarenta e cinquenta anos; a segunda rede foi formada na pesquisa de doutorado de minha aluna Regina Facchini e contou com entrevistas de dois homens heterossexuais, de classe média, entre trinta e cinquenta anos, um homem e duas mulheres bissexuais, de classe média, entre vinte e quarenta anos, e um homem homossexual, de classe média, entre vinte e trinta anos; a terceira rede foi formada a partir dos contatos da pesquisa de outra aluna, Carolina Parreiras: duas mulheres bissexuais entre vinte e trinta anos, de classe média, duas mulheres homossexuais entre vinte e trinta anos, também de classe média, e dois homens homossexuais, de classe média, também

entre vinte e trinta anos. Veja no "Apêndice" uma tabela com uma caracterização detalhada dos entrevistados e das redes de que fazem parte.

4   A diferenciação de estratos sociais foi estabelecida a partir da classe média, que se constitui como consumidora desse tipo de mercado erótico, segundo dados coletados pela pesquisa.

5   Libens é um clube para praticantes de fetiche, segundo designação própria. Foi aberto em Santana no início de 2008 e fechado no ano seguinte. O clube Dominna foi criado em 2002, se localizava no Tatuapé. Na virada da década, o clube passou a realizar festas com atividades regulares no clube Uramus, entre outros locais.

Referências bibliográficas

ADORNO, Sergio. "Discriminação racial e justiça criminal em São Paulo". *Novos Estudos*, São Paulo, Editora Brasileira de Ciências, v. 43, pp. 45-63, 1995.

AGUIAR, Neuma (Org.). *Gênero e Ciências Humanas: Desafio às ciências desde a perspectiva das mulheres*. Rio de Janeiro: Rosa dos Tempos, 1997.

APPADURAI, Arjun (Org.). *The Social Life of Things: Commodities in Cultural Perspective*. Cambridge: Cambridge University Press, 1986.

ARDAILLON, Danielle; DEBERT, Guita G. *Quando a vítima é a mulher: Análise do julgamento de crimes de estupro, espancamento e homicídio*. Brasília: CNDM, 1987.

ARENDT, Hannah. *Da violência*. Brasília: Ed. UnB, 1985 [1970].

AUSTIN, John Langshaw. *How to Do Things with Words*. Nova York: Oxford University Press, 1970.

AUSTIN, John Langshaw. "Performativo-constatativo". In: OTTONI, Paulo. *Visão performativa da linguagem*. Campinas: Ed. da Unicamp, 1998.

AYRES, José Ricardo de C. M.; PAIVA, Vera (Org.). *Vulnerabilidade e direitos humanos: Prevenção e promoção da saúde*. Livro I: Da doença à cidadania. Curitiba: Juruá, 2012.

BALDWIN, Guy. *Ties That Bind: S/M, Leather, Fetish Erotic Stye*. Los Angeles: Deadalus, 1993.

BARBOSA, Regina et al. *Interfaces: Gênero, sexualidade e saúde reprodutiva*. Campinas: Ed. da Unicamp, 2002.

BARTHES, Roland. *Aula*. São Paulo: Cultrix, 1979.

_____. *Sade, Fourier e Loiola*. Lisboa: Edições 70, 1979a.

_____. *Fragmentos de um discurso amoroso*. Rio de Janeiro: Francisco Alves, 1985.

BATAILLE, Georges. *O erotismo*. Porto Alegre: L&PM, 1987.

BEAUVOIR, Simone. *O segundo sexo*. São Paulo: Difusão Europeia do Livro, 1970.

BERQUÓ, Elza (Org.). *Sexo & vida: Panorama da saúde reprodutiva no Brasil*. Campinas: Ed. da Unicamp, 2003.

BHABHA, Homi. *The Location of Culture*. Londres: Routledge, 1994.

BRAH, Avtar. *Cartographies of Diaspora: Contesting Identities*. Nova York: Routledge, 1996.

BRANDÃO, Eliane. *Nos corredores da DEAM: Um ensaio etnográfico sobre mulheres e violência conjugal*. Rio de Janeiro: IMS-UERJ, 1997. Dissertação (Mestrado em Saúde Coletiva).

BRAZ, Camilo Albuquerque de. "Macho versus Macho: Um olhar antropológico sobre práticas homoeróticas entre homens em São Paulo". *Cadernos Pagu*, Campinas, Ed. da Unicamp, n. 28, pp. 175--206, 2007.

_____. "Men Only: Miradas antropológicas sobre clubes de sexo para hombres en São Paulo/ Brasil". *Quaderns-e*, Barcelona, Institut Catalá d'Antropologia, v. 11, pp. 1-27, 2008.

_____. *A meia-luz...: Uma etnografia imprópria sobre clubes de sexo masculinos*. Campinas: IFCH-Unicamp, 2010. Tese (Doutorado em Ciências Sociais).

BREINES, Wini; GORDON, Linda. "The New Scholarship on Family Violence". *Signs: A Journal of Women in Culture and Society*, v. 8, n. 3, pp. 490-531, 1983.

BROWN, Wendy. "Neoliberalism and the End of Liberal Democracy". In: *Edgework: Critical Essays on Knowledge and Politics*. Princeton: Princeton University Press, 2005.

BRUSCHINI, Cristina; COSTA, Albertina (Orgs.). *Uma questão de gênero*. São Paulo: Rosa dos Tempos; Fundação Carlos Chagas, 1992.

BUTLER, Judith. *Gender Trouble: Feminism and the Subversion of Identity*. Nova York: Routledge, 1990.

_____. *Bodies That Matter: On the Discursive Limits of Sex*. Nova York: Routledge, 1993.

_____. *Excitable Speech: A Politics of the Performative*. Nova York: Routledge, 1997.

_____. *Cuerpos que Importan: Sobre los límites materiales y discursivos del "sexo"*. Buenos Aires: Paidós, 2002.

_____. *Undoing Gender*. Nova York; Londres: Routledge, 2004.

BUTLER, Judith. *Precarious Life: The Powers of Mourning and Violence.* Nova York: Verso, 2004a.

BUTLER, Judith; RUBIN, Gayle. "Tráfico sexual: Entrevista". *Cadernos Pagu,* Campinas, Ed. da Unicamp, v. 21, 2003.

BUTLER, Judith; SCOTT, Joan (Orgs.). *Feminists Theorize the Political.* Nova York; Londres: Routledge, 1992.

CALIFIA, Pat. *Macho Sluts.* Nova York: Alyson, 2004.

CARRARA, Sérgio. *Violência contra a mulher no Rio de Janeiro.* Rio de Janeiro: ISER, 1996.

_____. "Moralidades, racionalidades e políticas sexuais no Brasil contemporâneo". *Mana,* Rio de Janeiro, Museu Nacional, UFRJ, v. 21, n. 2, pp. 323-45, 2015.

CARRARA, Sérgio; VIANNA, Adriana; ENNE, Ana Lúcia. "'Crimes de bagatela': A violência contra a mulher na justiça do Rio de Janeiro". In: CORRÊA, Mariza (Org.). *Gênero & cidadania.* Campinas: Pagu/ Núcleo de Estudos de Gênero; Unicamp, 2002. (Coleção Encontros)

CARRARA, Sérgio; GREGORI, Maria Filomena; PISCITELLI, Adriana (Orgs.), *Sexualidade e saberes: Convenções e fronteiras.* Rio de Janeiro: Garamond, 2004.

CARRARA, Sérgio; RUSSO, Jane. "A psicanálise e a sexologia no Rio de Janeiro de entre guerras: Entre a ciência e a autoajuda". *História, Ciência e Saúde-Manguinhos,* Rio de Janeiro, v. 9, n. 2, 2002.

CARTER, Angela. *The Sadeian Woman and the Ideology of Pornography.* Nova York: Pantheon, 1978.

COLLIER, J. F.; YANAGISAKO, S. (Orgs.). *Gender and Kinship: Essays Toward a Unified Analysis.* Stanford: Stanford University Press, 1987.

CORNELL, Drucila. *The Heart of Freedom: Feminism, Sex and Equality.* Princeton: Princeton University Press, 1988.

CORNWALL, Andrea; LINDSFARNE, Nancy (Orgs.). *Dislocating Masculinity: Comparative Ethnographies.* Londres: Routledge, 1994.

CORRÊA, Mariza. *Crimes da paixão.* São Paulo: Brasiliense, 1981.

_____. *Morte em família.* Rio de Janeiro: Graal, 1982.

_____. "Repensando a família patriarcal brasileira". In: _____ et al (Orgs.). *Colcha de retalhos.* Campinas: Ed. da Unicamp, 1993.

_____. *Gênero & cidadania.* Campinas: Pagu, 2002.

CORRÊA, Mariza et al. "Gênero e Corporalidades". São Paulo: Fapesp, 2004. Projeto.

CSORDAS, Thomas J. (Org.). *Embodiment and Experience: The Existencial Ground of Culture and Self.* Cambridge: Cambridge University Press, 1996 [1994].

DAMATTA, Roberto. "Por uma teoria da sacanagem: Uma reflexão sobre a obra de Carlos Zéfiro". In: MARINHO, Joaquim (Org.). *A arte sacana de Carlos Zéfiro.* Rio de Janeiro: Marco Zero, 1983.

DANIEL, E. Valentine. *Charred Lullubies: Chapters in an Anthropology of Violence.* Princeton: Princeton University Press, 1996.

DAS, Veena (Org.). *Mirrors of Violence: Communities, Riots and Survivors in South Asia.* Nova Delhi: Oxford University Press, 1990.

DEBERT, Guita G. *A reinvenção da velhice.* São Paulo: Edusp; Fapesp, 1999.

DEBERT, Guita; BRIGUEIRO, Mauro. "Fronteiras de gênero e a sexualidade na velhice". *RBCS*, São Paulo, Anpocs, v. 27, n. 80, pp. 37-54, 2012.

DEBERT, Guita; GREGORI, Maria Filomena. "As delegacias especiais de polícia e o projeto Gênero e Cidadania". In: CORRÊA, Mariza. *Gênero & cidadania.* Campinas: Pagu, 2002.

DEBERT, Guita; GREGORI, Maria Filomena. "Violência e gênero: Novas propostas, velhos dilemas". *Revista Brasileira de Ciências Sociais*, v. 23, n. 66, 2008.

DEBERT, Guita; GREGORI, Maria Filomena; PISCITELLI, Adriana (Orgs.). *Gênero e distribuição da justiça: As delegacias da mulher e a construção das diferenças*. Campinas: Pagu, 2006.

DELEUZE, Gilles. "Apresentação de Sacher-Masoch: O frio e o cruel". In: SACHER-MASOCH, Leopold. *Vênus das peles*. Rio de Janeiro: Taurus, 1976.

_____. *Diferença e repetição*. São Paulo: Graal, 1988.

DELEUZE, Gilles; GUATARRI, Felix. *Anti-Édipo*. São Paulo: Graal, 1972.

DERRIDA, Jacques. *Of Grammatology*. Baltimore: Johns Hopkins University Press, 1976 [1967].

DI LEONARDO, Micaela. *Varieties of Ethnic Experience: Kinship, Class, Gender among California Italian-Americans*. Ithaca, NY: Cornell University Press, 1984.

DI LEONARDO, Micaela; LANCASTER, Roger N. (Orgs.). *The Gender/ Sexuality Reader: Culture, History, Political Economy*. Nova York: Routledge, 1997.

DÍAZ-BENÍTEZ, Maria Elvira. *Nas redes do sexo: Bastidores e cenários do pornô brasileiro*. Rio de Janeiro: Museu Nacional-UFRJ, 2009. Tese (Doutorado em Antropologia Social).

_____. "O espetáculo da humilhação, fissuras e limites da sexualidade". *Mana*, Rio de Janeiro, Museu Nacional-UFRJ, v. 21, n.1, pp. 65-90, 2015.

DÍAZ-BENÍTEZ, Maria Elvira; FÍGARI, Carlos Eduardo (Orgs.). *Prazeres Dissidentes*. Rio de Janeiro: Garamond, 2009.

DÍAZ-BENÍTEZ, Maria Elvira; GREGORI, Maria Filomena. "Dossiê Pornôs". *Cadernos Pagu*, Campinas, Ed. da Unicamp, n. 38, 2012.

DIÓGENES, Glória. *Cartografias da cultura e da violência: Gangs, galeras e o movimento hip hop*. São Paulo: Annablume; Governo do Ceará, 1998.

DOUGLAS, Mary. *Purity and Danger: An Analysis of Concepts of Pollution and Taboo*. Londres: Kegan Paul; Nova York: Routledge, 1966.

DOUGLAS, Mary; ISHERWOOD, Baron. *The World of Goods*. Nova York: Basic, 1981.

DUARTE, Luís Fernando Dias. "O império dos sentidos: Sensibilidade, sensualidade e sexualidade na cultura ocidental moderna". In: HEILBORN, Maria Luíza (Org.). *Sexualidade: O olhar das ciências sociais*. Rio de Janeiro: Zahar, 1999.

_____. "A sexualidade nas ciências sociais: Leitura crítica das convenções". In: PISCITELLI, A.; GREGORI, M. F.; CARRARA, S. (Orgs.). *Sexualidade e saberes: Convenções e fronteiras*. Rio de Janeiro: Garamond, 2004.

ECO, Umberto. *Travels in Hyperreality*. Nova York: Harcourt Brace Javanovich, 1983.

EL FAR, Alessandra. *Páginas de sensação: Literatura popular e pornográfica no Rio de Janeiro (1870-1924)*. São Paulo: Companhia das Letras, 2004.

EM; LO. *Sex Toy*. San Francisco: Chronicle, 2006.

EWHITEHEAD, Harriet; ORTNER, Sherry (Orgs.). *Sexual Meanings: The Cultural Construction of Gender and Sexuality*. Cambridge: Cambridge University Press, 1981.

FACCHINI, Regina. *Sopa de letrinhas?: Movimento homossexual e produção de identidades coletivas nos anos 90*. Rio de Janeiro: Garamond, 2005.

FACCHINI, Regina. *Entre umas e outras: Mulheres, (homo)sexualidades e diferenças na cidade de São Paulo*. Campinas: IFCH-Unicamp, 2008. Tese (Doutorado em Ciências Sociais).

FACCHINI, Regina; MACHADO, Sarah. "Praticamos SM, repudiamos agressão: classificações, redes e organização comunitária em torno do BDSM no contexto brasileiro". *Sexualidad, Salud y Sociedad Revista Latinoamericana*, n. 14, pp. 195-228, 2013.

FAVRET-SAADA, Jean. "Être Affecté". *Gradhiva, Revue d'Histoire et d'Archives de l'Anthropologie*, n. 8, pp. 3-9, 1990.

FELDMAN, Alan. *Formations of Violence: The Narrations of the Body and Political Terror in Northern Ireland*. Chicago: University of Chicago Press, 1991.

FERGUNSON, Ann. "Sex War: The Debate between Radical and Libertarian Feminists". *Signs*, v. 10, n. 11, outono 1984.

FERREIRA, Carolina Branco. *Desejos regulados: Grupos de ajuda mútua, éticas afetivo-sexuais e produção de saberes*. Campinas: PPCS-Unicamp, 2012. Tese (Doutorado em Ciências Sociais).

FINDLEN, Paula. "Humanism, Politics and Pornography in Renaissance Italy". In: HUNT, Lynn. *The Invention of Pornography: Obscenity and the Origins of Modernity, 1500-1800*. Nova York: Zone, 1993.

FONSECA, Claudia. "La Violence et la rumeur: Le code d'honneur dans un bidonville brésilien". *Les Temps Modernes*, n. 455, pp. 2193--235, 1984.

FOUCAULT, Michel. *História da sexualidade: A vontade de saber*. Rio de Janeiro: Graal, 1976.

_____. *Eu, Pierre Rivière, que degolei minha mãe, minha irmã, meu irmão*. Rio de Janeiro: Graal, 1977.

_____. *Vigiar e punir*. Petrópolis: Vozes, 1977.

FOUCAULT, Michel. *Microfísica do poder*. Rio de Janeiro: Graal, 1979.

_____. *História da sexualidade II: O uso dos prazeres*. Rio de Janeiro: Graal, 1984.

FRANÇA, Isadora Lins. *Cercas e pontes: Movimento GLBT e mercado GLS na cidade de São Paulo*. São Paulo: FFLCH-USP, 2006. Dissertação (Mestrado em Antropologia Social).

_____. *Consumindo lugares, consumindo nos lugares: Homossexualidade, consumo e subjetividades na cidade de São Paulo*. Campinas: IFCH-Unicamp, 2010. Tese (Doutorado em Ciências Sociais).

FRAPPIER-MAZZUR, Lucienne. "Truth and the Obscene Word in Eighteenth-Century French Pornography". In: HUNT, Lynn. *The Invention of Pornography: Obscenity and the Origins of Modernity, 1500-1800*. Nova York: Zone, 1993.

FREUD, Sigmund. *Um caso de histeria: Três ensaios sobre a sexualidade e outros trabalhos*. Rio de Janeiro: Imago, 1972.

FRÚGOLI, Heitor. *Centralidade em São Paulo: Trajetórias, conflitos e negociações na metrópole*. São Paulo: Cortez; Edusp, 2000.

FRY, Peter. "Estética e política: Relações entre 'raça', publicidade e produção da beleza no Brasil". In: GOLDENBERG, Mirian (Org.). *Nu & vestido: Dez antropólogos revelam a cultura do corpo carioca*. Rio de Janeiro: Record, 2002.

GAGNON, John H. *Uma interpretação do desejo: Ensaios sobre o estudo da sexualidade*. Rio de Janeiro: Garamond Universitária; CLAM, 2006.

GAGNON, John H.; SIMON, W. *The Sexual Conduct: The Social Sources of Human Sexuality*. Chicago: Aldine, 1973.

GALLOP, Jane. *Intersections: A Reading of Sade with Bataille, Blanchot, and Klossowski*. Lincoln: University of Nebraska Press, 1981.

GALLOP, Jane. *Thinking Through the Body*. Nova York: Columbia University Press, 1988.

GASPAR, Maria Dulce. *Garotas de programa: Prostituição em Copacabana e identidade social*. Rio de Janeiro: Zahar, 1985.

GELL, Alfred. "Newcomers to the World of Goods: Consumption among Muria Gonds". In: APPADURAI, Arjun (Org.). *The Social Life of Things: Commodities in Cultural Perspective*. Cambridge: Cambridge University Press, 1986.

_____. *Art and Agency*. Oxford: Oxford University Press, 1998.

GIBSON, Pamela; GIBSON, Roma (Orgs.). *Dirty Looks: Women, Pornography, Power*. Londres: BFI, 1994.

GIDDENS, Anthony. *A transformação da intimidade*. São Paulo: Ed. Unesp, 1993.

GOW, Peter; HARVEY, Penelope (Orgs.). *Sex and Violence: Issues in Representation and Experience*. Nova York: Routledge, 1994.

GREGORI, Maria Filomena. "Cenas e queixas: Mulheres e relações violentas". *Novos Estudos Cebrap*, n. 23, pp. 163-75, 1989.

_____. *Cenas e queixas: Um estudo sobre mulheres, relações violentas e a prática feminista*. São Paulo: Paz e Terra; Anpocs, 1993.

_____. "Erotismo, mercado e gênero: Uma etnografia dos sex shops de São Paulo". *Cadernos Pagu*, Campinas, Ed. da Unicamp, n. 38, pp. 53-97, 2012.

_____. "Estudos de gênero no Brasil (comentário crítico)". In: MICELI, S. (Org.). *O que ler na ciência social brasileira (1970-1995)*. São Paulo: Sumaré; Anpocs, 1999.

_____. "The Misfortunes of Victimism". *Estudos Feministas*, número especial, pp. 116-25, 1999.

GREGORI, Maria Filomena. *Viração: Experiências de meninos nas ruas.* São Paulo: Companhia das Letras, 2000.

_____. "Relações de violência e erotismo". *Cadernos Pagu*, Campinas, Ed. da Unicamp, n. 20, v. 1, 2003.

_____. "Deslocamentos semânticos e hibridismos: Sobre os usos da noção de violência contra a mulher". *Revista Brasileira de Ciências Criminais*, São Paulo, Editora Revista dos Tribunais, v. 48, 2004.

_____. "Práticas eróticas e limites da sexualidade: Contribuições de estudos recentes". *Cadernos Pagu*, Campinas, Ed. da Unicamp, n. 42, 2014.

_____. "Feixes, paralelismo e entraves: As Delegacias de Defesa da Mulher de São Paulo e as instituições". *Primeira Versão*. Campinas, IFCH-Unicamp, n. 132, 2005.

_____. "Prazer e perigo: Notas sobre feminismo, sex shops e S/M". *Quaderns-e*, Barcelona, Institut Catalá d'Antropologia, v. 4, 2005.

_____. "Prazer e perigo: Notas sobre feminismo, sex shops e S/M. *Ide*, São Paulo, Sociedade Brasileira de Psicanálise, v. 11, 2005.

_____. "Prazeres perigosos: O contrato e a erotização de corpos em cenários sadomasoquistas". *Etnográfica*, Lisboa, Centro de Investigação em Antropologia, v. 19, n. 2, pp. 247-67, 2015.

_____. "Usos de Sex Toys: A circulação erótica entre objetos e pessoas". *Mana*, n. 17, pp. 313-36, 2011.

GREGORI, Maria Filomena; PISCITELLI, Adriana. "Apresentação dossiê Corporificando o Gênero". *Cadernos Pagu*, Campinas, Ed. da Unicamp, n. 14, 2000.

GREGORI, Maria Filomena; SILVA, Cátia Aída. *Meninos de rua e instituições: Tramas, disputas e desmanche.* São Paulo: Contexto; Unesco, 2000.

GROSSI, Miriam P. *Représentations de la violence: Discours sur la violence contre les femmes au Rio Grande do Sul*. Paris: Universidade Paris V, 1988. Tese (Doutorado em Sociologia).

_____. "Vítimas ou cúmplices? Dos diferentes caminhos da produção acadêmica sobre violência contra a mulher no Brasil". In: XV Encontro Anual da Anpocs, Caxambu, 1991.

_____. "Novas/velhas violências contra a mulher no Brasil". *Estudos Feministas*, número especial, pp. 473-85, 1994.

GROZS, Elizabeth. "Corpos reconfigurados". *Cadernos Pagu*, Campinas, Ed. da Unicamp, n. 14, 2000.

GROZS, Elizabeth; PROBYN, Elspeth. *Sexy Bodies: The Strange Carnalities of Feminism*. Nova York: Routledge, 1995.

HALBERSTAM, Judith. *Female Masculinity*. Durham: Duke University Press, 1998.

HANSSEN, Beatrice. *Critique of Violence*. Nova York: Routledge, 2000.

HARAWAY, Donna. *Simians, Cyborgs and Women: The Reinvention of Nature*. Nova York: Routledge, 1991.

HARDING, Sandra. *Whose Science? Whose Knowledge? Thinking from Women's Lives*. Nova York: Cornell University Press, 1992 [1991].

HARRIS, Olivia; YOUNG, Kate (Orgs.). *Antropologia e feminismo*. Barcelona: Anagrama, 1979.

HART, Lynda. *Fatal Women: Lesbian Sexuality and the Mark of Agression*. Londres: Routledge, 1994.

_____. *Between the Body and the Flesh: Performing Sadomasochism*. Nova York: Columbia University Press, 1998.

HARVEY, David. *A Brief History of Neoliberalism*. Nova York: Oxford University Press, 2005.

HEILBORN, Maria Luiza. *Dois é par: Conjugalidade, gênero, identidade sexual*. Rio de Janeiro: PPGAS-MN-UFRJ, 1992. Tese (Doutorado em Antropologia Social).

_____ (Org.). *Sexualidade: O olhar das ciências sociais*. Rio de Janeiro: Zahar, 1999.

HEILBORN, Maria Luiza; SORJ, Bila. "Estudos de gênero no Brasil". MICELI, S. (Org.). *O que ler na ciência social brasileira (1970-1995)*. São Paulo: Sumaré; Anpocs, 1999.

HERDT, Gilbert; STOLLER, Robert. *Intimate Communications: Erotics and the Study of Culture*. Nova York: Columbia University Press, 1990.

HOOKS, Bell. *All About Love: New Visions*. Nova York: William Morrow, 2000.

HUNT, Lynn. *The Invention of Pornography: Obscenity and the Origins of Modernity, 1500-1800*. Nova York: Zone, 1993.

IRIGARAY, Luce. *Les Corps des femmes*. Bruxelas: Complexe, 1992.

KRAFFT-EBING, R. *Psychopathia Sexualis*. Paris: Georges Carré, 1886.

LAQUEUR, Thomas. *Making Sex: Body and Gender from Greeks to Freud*. Cambridge: Cambridge University Press, 1992.

_____. "Orgasm, Generation, and the Politics of Reproductive Biology". In: DI LEONARDO, M.; LANCASTER, R. (Orgs.). *The Gender/Sexuality Reader: Culture, History, Political Economy*. Nova York: Routledge, 1997.

_____. *Solitary Sex: A Cultural History of Masturbation*. Nova York: Zone, 2003.

LAURETIS, Teresa de. *Alice Doesn't: Feminism, Semiotics, Cinema*. Bloomington: Indiana University Press, 1984.

_____. *Technologies of Gender: Essays on Theory, Film, and Fiction*. Bloomington: Indiana University Press, 1987.

_____. *The Practice of Love: Lesbian Sexuality and Perverse Desire*. Bloomington: Indiana University Press, 1994.

_____. "The Violence of Rethoric". DI LEONARDO, M.; LANCASTER, R. (Orgs.). *The Gender/Sexuality Reader: Culture, History, Political Economy*. Nova York: Routledge, 1997.

LEITE JR., Jorge. "A pornografia 'bizarra' em três variações: A escatologia, o sexo com cigarros e o 'abuso facial'". In: DÍAZ-BENÍTEZ, Maria Elvira; FIGARI, Carlos Eduardo (Orgs.). *Prazeres dissidentes*. Rio de Janeiro: Garamond, 2009.

_____. "Labirintos conceituais, científicos, nativos e mercadológicos: A pornografia com pessoas que transitam entre os gêneros". *Cadernos Pagu*, Campinas, Ed. da Unicamp, n. 38, pp. 99-128, 2012.

LEVINE, Martin. *Gay Macho: The Life and Death of the Homosexual Clone*. Nova York: New York University Press, 1998.

LINDEN, Robin R. et al. *Against Sadomasoquism: A Radical Feminist Analysis*. Palo Alto: Frog In the Well, 1982.

LOWENKRON, Laura. "(Menor)idade e consentimento sexual em uma decisão do STF". *Revista de Antropologia*, São Paulo, PPGAS, USP, v. 50, n. 2, pp. 713-45, 2007.

_____. *O monstro contemporâneo: A construção social da pedofilia em múltiplus planos*. Rio de Janeiro: PPGAS; Museu Nacional-UFRJ, 2012. Tese (Doutorado em Antropologia Social).

_____. *O monstro contemporâneo: A construção social da pedofilia em múltiplus planos*. Rio de Janeiro: Ed. da UERJ, 2015.

MACCORMACK, Carol; STRATHERN, Marilyn. *Nature, Culture and Gender.* Cambridge: Cambridge University Press, 1980.

MACKINNON, Catharine. "Feminism, Marxism, Method, and the State: An Agenda for Theory". *Signs*, v. 7, n. 3, primavera 1980.

_____. *Only Words.* Cambridge: Harvard University Press, 1993.

MACDOWELL DOS SANTOS, C. "Cidadania de gênero contraditória: Queixas, crimes e direitos na Delegacia da Mulher de São Paulo". In: AMARAL JR., A.; PERRONE-MOISÉS, C. (Orgs.). *O cinquentenário da Declaração Universal dos Direitos do Homem.* São Paulo: Edusp, 1999.

MACHADO, Lia; MAGALHÃES, Maria Teresa. "Violência conjugal: Os espelhos e as marcas". *Série Antropológica*, Brasília, Ed. UnB, n. 240, 1998.

MAINES, Rachel. *The Technology of Orgasm: Hysteria, the Vibrator, and Women's Sexual Satisfaction.* Baltimore: John Hopkins University Press, 1999.

MCCLINTOCK, Anne. "Maid to Order: Commercial S/M and Gender Power". In: GIBSON, Pamela; GIBSON, Roma (Orgs.). *Dirty Looks: Women, Pornography, Power.* Londres: BFI, 1994.

_____. "Couro imperial: Raça, travestismo e o culto da domesticidade". *Cadernos Pagu*, Campinas, Ed. da Unicamp, n. 20, 2003.

MCDOWELL, Linda; SHARP, Joanne P. (Orgs.). *Space, Gender, Knowledge: Feminist Readings.* Londres: Arnold, 1997.

MISLOSCI, Richard; SIMÕES, Júlio Assis (Orgs.). "Sexualidades Disparatadas". *Cadernos Pagu*, Campinas, Ed. da Unicamp, n. 28, 2007.

MOORE, Henrietta. "The Problem of Explaining Violence in the Social Sciences". In: GOW, P.; HARVEY, P. (Orgs.). *Sex and Violence: Issues in Representation and Experience.* Nova York: Routledge, 1994.

MORAES, Eliane Robert. *O corpo impossível*. São Paulo: Iluminuras, 2002.

_____. "O efeito obsceno". *Cadernos Pagu*, Campinas, Ed. da Unicamp, v. 20, pp. 122-30, 2003.

_____. "Um olho sem rosto". In: BATAILLE, Georges. *História do olho*. São Paulo: Cosac Naify, 2003a.

_____. "Os perigos da literatura: Erotismo, censura e transgressão". In: CARRARA, Sérgio; GREGORI, Maria Filomena; PISCITELLI, Adriana (Orgs.). *Sexualidades e saberes: Convenções e fronteiras*. Rio de Janeiro: Garamond Universitária, 2004, pp. 225-34.

_____. "Essa sacanagem". *Ide*, São Paulo, Sociedade Brasileira de Psicanálise, n. 41, 2005.

NICHOLSON, Linda et al. *Social Post Modernism: Beyond Identity Polices*. Cambridge: Cambridge University Press, 1995.

PARREIRAS, Carolina. *Sexualidades no ponto.com: Espaços e homossexualidades a partir de uma comunidade on-line*. Campinas: IFCH-Unicamp, 2008. Dissertação (Mestrado em Antropologia Social).

_____. "Fora do armário... dentro da tela: Notas sobre avatares, (homo) sexualidades e erotismo a partir de uma comunidade virtual". In: DÍAZ-BENÍTEZ, Maria Elvira; FÍGARI, Carlos Eduardo (Orgs.). *Prazeres dissidentes*. Rio de Janeiro: Garamond, 2009.

_____. "Altporn, corpos, categorias e cliques: Notas etnográficas sobre pornografia on-line". *Cadernos Pagu*, Campinas, Ed. da Unicamp, n. 38, pp. 197-223, 2012.

PAZ, Octavio. *A dupla chama: Amor e erotismo*. São Paulo: Siciliano, 2001.

PERLONGHER, Néstor. *O negócio do michê: Prostituição viril em São Paulo*. São Paulo: Brasiliense, 1987.

PISCITELLI, Adriana. "Ambivalência sobre os conceitos de sexo e gênero na produção de algumas teóricas feministas". In: AGUIAR, N. *Gênero e ciências humanas: Desafio às ciências desde a perspectiva das mulheres.* Rio de Janeiro: Rosa dos Tempos, 1997.

_____. "Entre a praia de Iracema e a União Europeia: Turismo sexual internacional e migração feminina". In: CARRARA, Sérgio; GREGORI, Maria Filomena; PISCITELLI, Adriana (Orgs.). *Sexualidades e saberes: Convenções e fronteiras.* Rio de Janeiro: Garamond Universitária, 2004, pp. 283-318.

_____. Relatório parcial de pesquisa do projeto Gênero e Corporalidades. Campinas: Unicamp, 2008.

_____. "Interseccionalidades, categorias de articulação e experiências de migrantes brasileiras". *Sociedade e Cultura,* v. 11, n. 2, pp. 263-74, 2008a.

_____. *Trânsitos.* Rio de Janeiro: Garamond, 2013.

PONTES, Heloisa. *Do palco aos bastidores: O SOS-Mulher (SP) e as práticas feministas contemporâneas.* Campinas: Unicamp, 1985. Dissertação (Mestrado em Antropologia Social).

_____. *Intérpretes da metrópole.* São Paulo: Edusp, 2010.

PRECIADO, Beatriz. *Manifiesto Contrasexual.* Madri: Opera Prima, 2002.

RAPP, Rayna; ROSS, Ellen. "Sex and Society: A Research Note from Social History and Anthropology. In: DI LEONARDO, M.; LANCASTER, R. (Orgs.). *The Gender/Sexuality Reader: Culture, History, Political Economy.* Nova York: Routledge, 1997.

RICH, Adrienne. "Compulsory Heterosexuality and Lesbian Existence". *Signs,* v. 5, n. 4, pp. 631-60, 1980.

ROHDEN, Fabíola. *Uma ciência da diferença: Sexo e gênero na medicina da mulher.* Rio de Janeiro: Fiocruz, 2001.

RUBIN, Gayle. "The Traffic in Women: Notes on the 'Political Economy' of Sex. In: REITER, Rayna (Org.). *Toward an Anthropology of Women*. Nova York: Monthly Review, 1975.

_____. The Leather Menace: Comments on Politics and S/M. In: SAMOIS (Org.). *Coming to Power: Writings and Graphics on Lesbian S/M*. Boston: Alyson, 1982.

_____. "Thinking Sex: Notes for a Radical Theory of the Politics of Sexuality". In: VANCE, Carol (Org.). *Pleasure and Danger: Exploring Female Sexuality*. Londres: Kegan Paul, 1984.

_____. "The Catacombs: A Temple of the Butthole". In: THOMPSON, Mark (Org.). *Leatherfolk: Radical Sex, People, Politics and Practice*. Los Angeles: Alyson Books, 2004.

RUDGE, Ana Maria. "Aspectos do discurso perverso". *Revista del Centro Psicoanalítico de Madrid*, n. 6, 2004.

RUSSO, Jane. "A sexologia na era dos direitos sexuais: Aproximações possíveis". In: DUARTE, Luís Fernando Dias; VELHO, Gilberto (Orgs.). *Gerações, família e sexualidade*. Rio de Janeiro: 7Letras, 2009.

SACHER-MASOCH, Leopold von. *Vênus das peles*. Lisboa: Livros do Brasil, 1976 [1870].

SADE, Marquês de. *Justine ou os infortúnios da virtude*. Rio de Janeiro: Saga, 1968.

_____. *Histoire de Juliette*. In: _____. *Oeuvres Complètes*, t. I. Paris: Pauvert, 1987.

SAFFIOTTI, Heleieth. "Violência de gênero no Brasil". *Estudos Feministas*, número especial, pp. 443-62, 1994.

_____. "O estatuto teórico da violência de gênero". In: SANTOS, J. V. (Org.). *Violências no tempo da globalização*. São Paulo: Hucitec, 1999.

SARTI, Cynthia. *Corpo, dor e violência: A produção da vítima*. In: XXVI Reunião Brasileira de Antropologia, Porto Seguro, 2008.

SCARRY, Elaine. *The Body in Pain: The Making and Unmaking of the World*. Oxford: Oxford University Press, 1985.

SCHWARTZ, Hillel. *The Culture of the Copy*. Nova York: Zone, 1996.

SCOTT, Joan. W. *Gender and the Politics of History*. Nova York: Columbia University Press, 1988.

SENNETT, Richard. *O declínio do homem público: As tiranias da intimidade*. São Paulo: Companhia das Letras, 1988.

SHOWALTER, Elaine. *The Female Malady: Women, Madness and English Culture, 1830-1980*. Londres: Virago, 1985.

SIMÕES, Júlio A. "O negócio do desejo". *Cadernos Pagu*, Campinas, Ed. da Unicamp, n. 31, 2008.

_____. "Identidades sexuais". In: SOUZA LIMA, Antônio Carlos (Org.). *Antropologia e direito: Temas antropológicos para debates jurídicos*. Brasília: ABA; Blumenau: Nova Letra, 2009.

SOARES, Barbara M. *Mulheres invisíveis*. Rio de Janeiro: Civilização Brasileira, 1999.

SONTAG, Susan. *A vontade radical*. São Paulo: Companhia das Letras, 1987.

STEWARD, Samuel M. "Dr. Kinsey Takes a Peek at S/M: A Reminiscence". In: THOMPSON, Mark (Org.). *Leatherfolk: Radical Sex, People, Politics and Practice*. Los Angeles: Alyson, 2004.

STOLCKE, Verena. "Sexo está para o gênero assim como raça está para etnicidade?". *Estudos Afro-Asiáticos*, n. 20, pp. 101-19, 1991.

STOLER, Ann L. *Race and Education of Desire: Foucault's History of Sexuality and the Colonial Order of Things*. Durham: Duke University Press, 1995.

STORR, Merl. *Latex and Lingerie: Shopping for Pleasure at Ann Summers Parties*. Nova York: Berg, 2003.

STRATHERN, Andrew J. *Body Thoughts*. Ann Arbor: The University of Michigan Press, 1996.

STRATHERN, Marilyn. *The Gender of the Gift*. Berkeley: University of California Press, 1988.

_____. *Reproducing the Future: Essays on Anthropology, Kinship and the New Reproductive Technologies*. Nova York: Routledge, 1992.

TAUSSIG, Michael. *Shamanism, Colonialism, and the Wild Man: A Study in Terror and Healing*. Chicago: University of Chicago Press, 1987.

THOMPSON, Mark. *Leatherfolk: Radical Sex, People, Politics and Practice*. Los Angeles: Daedalus Publishing, 2004.

THORNE, Barie; YALOM, M. (Orgs.). *Rethinking the Family: Some Feminist Questions*. Nova York: Longman, 1982.

TURNER, Terence. "Bodies and Anti-Bodies: Flesh and Fetish in Contemporary Social Theory". In: CSORDAS, Thomas J. (Org.). *Embodiment and Experience: the Existencial Ground of Culture and Self*. Cambridge: Cambridge University Press, 1996 [1994].

VALE DE ALMEIDA, Miguel. *Senhores de si: Uma interpretação antropológica da masculinidade*. Lisboa: Fim de Século, 1995.

_____ (Org.). *Corpo presente: Treze reflexões antropológicas sobre o corpo*. Oeiras: Celta, 1996.

VANCE, Carol. *Pleasure and Danger: Exploring Female Sexuality*. Londres: Kegan Paul, 1984.

_____. "A antropologia redescobre a sexualidade: Um comentário teórico". *Physys*, Rio de Janeiro, v. 5, n. 1, 1995.

VARGAS, Joana. *Fluxo do sistema de justiça criminal para crimes sexuais, a organização policial*. Campinas: Unicamp, 1997. Dissertação (Mestrado em Antropologia Social).

_____. *Crimes sexuais e sistema de justiça*. São Paulo: IBCCRIM, 2000.

VENCATO, Anna Paula. *Existimos pelo prazer de ser mulher: Uma análise do Brazilian Crossdresser Club*. Rio de Janeiro: IFCS-UFRJ, 2009. Tese (Doutorado em Antropologia).

VIANNA, Adriana; LACERDA, Paula. *Direitos e políticas sexuais no Brasil: O panorama atual*. Rio de Janeiro: Cepesc, 2004.

WAGNER, Peter. *Eros Revived: Erotica of the Enlightenment in England and America*. Londres: Secker & Warburg, 1988.

WAGNER, Roy. *The Invention of Culture*. Chicago: University of Chicago Press, 1981.

WEED, Elizabeth; SHOR, Naomi (Orgs.). *Feminism Meets Queer Theory*. Bloomington: Indiana University Press, 1997.

WEISS, Margot. *Techniques or Pleasure: BDSM and the Circuits of Sexuality*. Durham: Duke University Press, 2011.

WILLIAMS, Linda. *Porn Studies*. Edição anotada. Durham: Duke University Press, 2004.

WINKS, Cathy; SEAMANS, Anne (Orgs.). *The Good Vibrations Guide to Sex: The Most Complete Sex Manual Ever Written*. San Francisco: Cleis, 1997.

ZALUAR, Alba. *Condomínio do Diabo*. Rio de Janeiro: Revan; UFRJ, 1994.

_____. "Women of Gangsters: Chronicle of a Less-Than-Musical City". *Estudos Feministas*, número especial, pp. 109-16, 1999.

ZILLI, Bruno Dallacort. *A perversão domesticada: Estudo do discurso de legitimação do BDSM na internet e seu diálogo com a psiquiatria.* Rio de Janeiro: PPGSC-UERJ, 2007. Dissertação (Mestrado em Saúde Coletiva).

ZUKIN, Sharon. *Point of Purchase: How Shopping Changed American Culture.* Nova York/ Londres: Routledge, 2005.

Índice remissivo

A2, rede (sex shop), 206

Abeme (Associação Brasileira do Mercado Erótico e Sensual), 66-7, 223n, 225n, 227n

ABF (Associação Brasileira de Franchising), 67

abuso, 10, 22, 24-5, 150, 179, 187-9, 193, 238-9n

acessórios eróticos/sexuais, 8-10, 17, 27, 40, 53, 60, 66, 74, 76, 80, 85, 87, 92, 97, 99, 101-4, 106-7, 125, 128-9, 131-5, 144, 206-7, 225n; *ver também* brinquedos eróticos/sexuais; toys

adolescentes, 23, 184

adultério, 23

"Against Proper Objects" (Butler), 221n

Against Sadomasochism: A Radical Feminist Analysis (Linde et al.), 233n

"agência social", noção de, 130-2

agentes eróticos, 123, 133

aids, 54, 59, 119, 135, 152, 157, 188, 230n

álcool, 153

algemas, 9, 45, 69, 80, 85, 134, 160, 225n

Allbutt, T. Clifford, 230n

Amalric, Mathieu, 200

Amaral Gurgel, rua (São Paulo), 68, 72

Amazon.com, 43

amor romântico, 56, 94

Anderson, Elizabeth G., 126

anéis penianos, 77, 79

Anna O. (Bertha Pappenheim, paciente de Breuer), 126, 231n

anões, 68

anorexia, 126

Anos dourados (série de TV), 224n

anticoncepcional, pílula, 128

antifeminismo, 39

antipornografia, grupos e leis *ver* movimento antipornografia

antropologia, 20, 22-3, 96-7, 104, 110, 149, 176, 193, 195, 217-8n, 222n, 228n, 238n

antropólogos, 21-2, 24, 217-8n

ânus, 221n, 230n; *ver também* sexo anal

Anus dourados (série de filmes eróticos), 69

aposentados, 63, 72

Appadurai, Arjun, 96-7, 228n

arco-íris gay, 52

Aretino, Pietro, 32, 219n

Art and Agency (Gell), 233n

assédio sexual, 19, 23, 184

Aula (Barthes), 77

Austin, John Langshaw, 220-1n

autoestima, 25, 47, 49, 60, 63, 82, 89, 91-2, 182, 203, 226n

Bagdanow, Fanny Pistor, 166-7

Bakeman, Roger, 54, 222n

Baldwin, Guy, 150-1

Barão de Limeira, rua (São Paulo), 225n

Barbosa, Regina, 218n

bares, 9, 27, 52, 150, 156

Barra da Tijuca, 206

Barthes, Roland, 77, 194, 237n, 239n

Bataille, Georges, 70, 173, 190-4, 217n, 237n, 239-40n

Bauer, Ida, 126, 231n

"baunilha", mundo sexual, 8, 10, 14, 17, 154, 161, 168

BDSM (*bondage*, disciplina, dominação, submissão, sadismo, masoquismo), 108, 153-6, 179, 181, 202, 207, 235n, 238n

Beauvoir, Simone de, 33

Becker, Cacilda, 202

beijo, 113, 116-7

Belém (São Paulo), 64

bem-estar, 19, 95

bens eróticos, 91, 97, 122-3, 133-5, 156, 203-4, 206, 221n

Berkeley (Califórnia), 39, 42-3, 205, 219n

Bernard College (Nova York), 36

Berquó, Elza, 218n

Berrini, avenida Engenheiro Luís Carlos (São Paulo), 65

Between the Body and the Flesh (Hart), 238n

Bhabha, Homi, 144

bissexuais, 136, 139, 157, 215, 236n, 241n

"bizarro", sexo, 68, 181, 186, 224n

Blank, Joani, 42-3, 221n, 232n

Bodies That Matter (Butler), 233n

Body in Pain (Scarry), 173

Body Shop, The (marca inglesa de cosméticos), 80

bolas de pompoar, 85

bombas de extensão peniana, 9, 75

bondage, 108, 153-4, 159, 169, 198, 229n

bonecas infláveis, 21, 232n

boutiques eróticas, 9, 26, 79-81, 85, 87, 104, 225n, 227n

Brás (São Paulo), 74, 226n

Brasil, 8-9, 23, 25, 32, 52, 60-1, 81, 93, 102-3, 140, 153, 155-6, 167, 179, 182, 186-8, 203, 206-7, 218n, 224-5n, 235n, 237n, 239n, 241n

Brasileirinhas (produtora de filmes eróticos), 69

Bráulio (apelido para o pênis), 138

Braz, Camilo Albuquerque de, 139, 160, 194, 218n, 222-3n, 234n, 239n

Breton, André, 217n

Breuer, Josef, 126, 231n

Brighton, 226n

Brigueiro, Mauro, 218n, 239n

brincos para mamilos, 9, 85

brinquedos eróticos/sexuais, 9, 43, 79, 101, 131, 133-7, 140-2, 160; *ver também* acessórios eróticos/sexuais; toys

Brown, Wendy, 238n

bruxaria, 217n

Bullough, Vern, 232n

Bushnell, Candace, 227n

Butler, John, 231n

Butler, Judith, 10, 35, 37, 107, 125, 194-5, 220-2n, 228-9n, 232n, 240n

butterfly, 9, 85, 134, 227n, 232n

cabines de sex shops, 71-2, 76, 225-6n

Cadernos Pagu, 239n

Café Concerto Uranus, 197, 201, 207, 242n

calcinhas, 9, 76-7, 80, 83, 85, 134, 198, 227n

Califia, Patrick, 168, 236n, 238n

Califórnia, 40, 222n

Caminha, Alcides Aguiar *ver* Zéfiro, Carlos

camisinha, 135

canes, 161, 172

capas penianas, 79, 85, 231n

Carnaval, 52

Carrara, Sérgio, 183, 218n

carreiras afetivo-sexuais, 106, 110, 113

cartas de baralho, 9, 75

Carter, Ângela, 31, 121, 237n, 239n

Carter, Robert B., 126

Casa Branca, alameda (São Paulo), 82

casadas, pessoas, 26, 38, 63, 88, 115, 119, 140, 158, 215

casamento/matrimônio, 38, 90-1, 95, 119, 137, 141, 185

Caso de histeria, Um (Freud), 109

Castro Street (San Francisco), 40, 42, 52

Catacombs, The (clube SM norte--americano), 156-7, 160

Catecismos (Carlos Zéfiro), 69, 225n

Cazzaria, La (Vignali), 32

células masculinas versus células femininas, 230n

Centro de São Paulo, 63-4, 68-70, 72, 74, 83, 104, 155, 225n

Charcot, Jean-Martin, 126

chicotes, 9, 53, 69, 80, 134, 144, 149, 152, 160, 171-2, 175, 198-9

China, 225n

Chronicles of Gor (Norman), 235n

Cidade Jardim, Shopping, 226n

cinema, 60, 201

Cixous, Helene, 222n

classe média, 62, 64, 68, 73, 87, 92, 103, 154, 158, 198, 207, 241-2n

classe média-alta, 21, 26, 63, 65, 68, 74, 87, 91, 97, 134, 227n, 241n

classe média-baixa, 73, 91, 107

Cláudio Maurício (proprietário da Club Chocolate), 226n

clitóris, 79, 101

"clones" (gays hipermasculinos), 52-9

Club Chocolate (sex shop), 79, 226n

Clube das Meninas (sex shop), 79, 82

clubes, 9, 27, 52, 54, 108, 156, 159, 162, 207

Cobra, Marcos, 93-5

Coco de Mer (sex shop britânica), 80

Cocteau, Jean, 217n

Collete (sex shop parisiense), 79

Collor, Izabel, 80

comédias gregas clássicas, 221n

Coming to Power: Writings and Graphics on Lesbian S/M (Samois), 238n

Comunidades Eclesiais de Base (CEBS), 230n

conduta sexual, 111-2

consentimento, sexualidade e, 10, 12, 22, 24-5, 37, 39, 153, 165, 169, 178, 181, 184-9, 239n

"consolos", 8-9, 14, 100, 133, 137-8, 221n

contaminação/purificação, distinções sociais entre, 22

convenções de gênero, 63, 202-3, 224n

Copacabana, 206

cordas, 9, 11, 17, 108, 134, 149, 154, 159-60, 198-9, 201

Coreia, guerra da (anos 1950), 150

Cornell, Drucilla, 221n

corporalidade, 49, 51, 123, 134

Corrêa, Mariza, 218n

cosméticos, 9, 74-5, 80, 87, 226n, 228n

couro, roupas e acessórios de, 9, 17, 41, 45, 53, 76, 124, 150, 159-61, 172, 175, 201; ver também leather culture

crianças, 23, 79, 120, 122, 131, 135, 177, 184, 186, 188

Criativa (revista feminina), 97

crítica cultural, 36

Csordas, Thomas J., 49

cuecas, 76, 90

Curi, Patrizia, 80

cyberskin, acessórios de, 71, 100-1

DaMatta, Roberto, 69-70, 75

Daslu (loja de luxo paulistana), 80

Debert, Guita, 218n, 239n

decência, pornografia versus, 32

Deleuze, Gilles, 141, 162-3, 165-7, 169, 171, 178, 233n, 235-7n

Desclos, Anne, 159, 234n

desempregados, 63, 65, 72

desigualdade social, 148, 219n

Díaz-Benítez, Maria Elvira, 21, 186, 223-4n, 239n

Dictionary of Psychological Medicine, 231n

Diderot e Catarina II (Sacher--Masoch), 236n

dildos, 8, 41, 45, 49, 51, 53, 67, 71, 74-5, 79, 99-100, 102-3, 108-9, 119-20, 123-4, 128-9, 134, 136, 139-41, 143-4, 172, 221n, 225n, 228n, 230n, 232-3n

dimorfismo sexual, 58, 70, 193, 204

Dior (grife), 80

"direita", moralismo de, 34; ver também New Right

direitos humanos, 21, 183

direitos reprodutivos, 23

direitos sexuais, 23, 59, 149, 156, 183-4, 203

Dirty Looks (org. Gibson & Gibson), 238n

disco music, 54

diversidade sexual, 59, 198

Doc Dog Fetish (sex shop), 82, 227n

doenças nervosas, 125-6, 230n

doenças sexualmente transmissíveis ver DSTS

Dolce & Gabbana (grife), 80

Dom/Domme (par dominador), 163

dominação patriarcal, 129, 193

dominação SM, 12, 17, 34, 117-8, 149, 151-4, 163-4, 169, 184, 189, 202, 237n

Dominatrix (dominadora profissional), 163

Dominna (clube SM), 16, 154, 158-9, 161-2, 198, 207, 235n, 242n

Donkin, Horatio Bryan, 231n

dor, 10, 14-5, 18, 22, 24, 27, 120, 122, 149, 152, 157, 162-3, 172-3, 177, 179, 190, 198, 216n, 239-40n

Dora (adepta do SM), 17-8

Dora (Ida Bauer, paciente de Freud), 126, 231n

Douglas, Mary, 22, 228n

drag queens, 38

drogas, 153, 160

Drugstore.com, 43

Drummer (publicação *leather*), 150-1, 236n

DSTs, 135, 230n, 232n

Duarte, Luís Fernando Dias, 218n

Dumont, Louis, 97, 228n

dungeon, 9, 159-62, 175, 199, 235n

Dworkin, Andrea, 35, 220n

Eco, Umberto, 56-7

École des filles, L' (romance libertino anônimo), 219n

educação sexual, 119

ejaculação feminina, 120

El Far, Alessandra, 32, 219-20n

endorfina, 173

ereção, 184

Eros (deus grego), 190, 224n

Eros Revived (Wagner), 219n

erotic shop, noção de, 80-1, 83, 85, 227n

Erótika Fair, 66, 206

erotismo, 18-21, 24-7, 30-1, 34, 36, 44-5, 49, 61, 69-70, 87-8, 90, 93-5, 103-4, 119, 121, 148, 152, 155-6, 167, 176, 180, 185, 190-5, 201-2, 206, 216-7n, 223n, 229n

"erotismo politicamente correto", 25, 30, 39, 44-5, 59-60, 63, 82, 102-3, 152-3, 156, 182, 203

Escola de Chicago, 112

escolaridade, graus de, 215

escolha sexual, 23, 37-8, 40, 42, 59, 109-10, 184-5, 205

"escravos/as" SM, 18, 149, 152, 159, 163-9, 177, 236-7n

Espanha, 92

espermatozoide, 191

Estados Unidos, 8-9, 13, 20, 25, 33, 38, 52, 56, 60, 103, 127, 149-50, 155-6, 222n, 225n, 231n, 234-5n

estimuladores genitais, 9, 67, 71, 75, 79, 85, 227n

estupro, 19
etiqueta sexual para mulheres, 91
etnografia, 9, 13, 21, 23, 25-6, 61, 99, 103, 153, 179, 190, 205-7, 224n
Eulenspiegel Society, The (organização sm), 150
Europa, 150, 226n
Evans, Monique, 97
evolucionismo darwinista, 126
Evolution of Sex, The (Geddes & Thompson), 230n
exercício sexual, 11-2, 44, 47, 51
êxtase erótico/sexual, 173, 181, 190-1, 194, 199, 240n

Facchini, Regina, 153-6, 163, 179, 207, 218n, 223n, 229n, 234-5n, 238-9n, 241n
faixas etárias, 92, 158, 207, 214
fantasias (roupas eróticas), 9, 17, 66, 71, 75-7, 85, 87, 102-3, 197, 199
fantasias eróticas/sexuais, 13, 19, 21-2, 25, 27, 40, 77, 81, 104, 117-9, 121, 130, 139, 141, 144, 148, 152-3, 165-6, 169, 172, 180, 187, 194-5, 229n, 235n
Fapesp, 218-9n
Favret-Saada, Jeanne, 217n
Female Masculinity (Halberstam), 232n

FemDom (dominação feminina), 154, 237n
feminilidade, 24, 61, 77, 95, 103, 107, 123, 126, 134, 200
Feminism Meets Queer Theory (org. Weed & Shor), 221n
"Feminism, Marxism, Method, and the State: an Agenda for Theory" (Mackinnon), 220n
feminismo, 21, 23, 25, 30, 34-9, 42, 129, 141, 150, 182, 184, 221-2n, 233n
feministas, 17, 19, 33-7, 39, 41-3, 49, 58-9, 126, 128, 150, 156, 176-8, 183-5, 194, 231-2n, 236n
"feminização" do mercado erótico, 26, 60, 63, 203
Fergunson, Ann, 34
festas, 9, 27, 154, 156-8, 197, 198, 242n
fetiches, 70, 159, 171, 187, 202, 224n, 233n, 242n
fetichismos, 10-1, 40, 125, 236-7n
fetichistas, 38, 142, 155, 181, 189
Figari, Carlos Eduardo, 239n
filmes pornográficos, 21, 40-1, 45, 53, 68-70, 72, 83, 137, 152, 187, 200-2, 224-5n; *ver também* pornografia
Filosofia do dinheiro (Simmel), 96
filosofia natural, 219n
Findlen, Paula, 32

fist fucking, 120, 151, 157, 234n

floggers, 9, 149, 160-1, 172, 175

Fórum Marketing Erótico e Ética, 93, 206

Foucault, Michel, 23, 62, 106, 113, 183, 230n

França, 20, 123, 217n, 219n, 234n

França, Isadora, 218n, 223n, 239n

Frappier-Mazzur, Lucienne, 33

Freud, Sigmund, 109-10, 126, 151, 229n, 231n, 235-6n

Freyre, Gilberto, 93, 95

Frota, Alexandre, 224n

Fry, Peter, 62

Fundação Getulio Vargas, 87, 93, 206

Fundação J. Paul Getty, museu da *ver* Getty Museum

Gagnon, J., 111-3

galerias da rua Vinte e Quatro de Maio, 72-3

Gallop, Jane, 41, 194, 222n, 237n, 239n

Gaspar, Maria Dulce, 222-3n

Gay Macho: the Life and Death of Homosexual Clone (Levine), 54

gays, 23, 36, 38-40, 42, 52-4, 56, 59, 72, 136, 139, 143, 150-1, 156-7, 160, 176, 184, 221-2n, 224n, 234n

Gazeta, TV, 97

Geddes, P. K., 230n

géis, 85, 134; *ver também* lubrificantes

Gell, Alfred, 98-9, 130-2, 228n

Gênero e Corporalidades (projeto da Fapesp), 218n

genitalidade, 49, 51, 102

Getty Museum, 56-7

Gibson, Pamela C., 238n

Gibson, Rama, 238n

ginástica, 44-5, 47, 60, 63

globalização, 99

Globo, TV, 224n

Good Vibrations (sex shop norte-americana), 12, 40, 42-4, 49, 59, 128, 152, 222n, 232n, 241n

Good Vibrations Guide to Sex, The (org. Winks & Seamans), 149, 151-2, 231n

Grande São Paulo, 64, 223n; *ver também* São Paulo

Granville, Joseph Mortimer, 127

Grécia antiga, 124, 221n

Greene, Caroline, 237n

Greene, Gerald, 237n

Greenpeace, 226n

Gregori, Maria Filomena, 239n

Grozs, Elizabeth, 49, 51, 222n

Guaianazes (São Paulo), 64

Guia Sexy de São Paulo (2004), 223n

GVA-TWN (companhia de Cleveland), 43

Halberstam, Judith, 232n
Halloween, 197
Haraway, Donna, 230n
Hart, Lynda, 119, 129, 134, 141-2, 176-7, 232n, 238n
Harvey, David, 238n
Hawley, Louis, 231n
Hearst Castle, 57
Heart's Magazine, 232n
hedonismo, 55
Heilborn, Maria Luiza, 113
Herdt, Gilbert, 54, 222n
heresia, noção de, 219n
heteronormatividade, 70, 110, 129, 141, 182, 194, 203
heterossexuais, 21, 26-7, 34-6, 38-40, 42, 44, 63, 68, 72, 76, 79, 87, 92, 95, 103, 106-9, 116, 119-21, 128-9, 133, 150-1, 157, 164, 176, 185, 198, 215, 224n, 228n, 241n
heterossexualidade, 24, 107, 109, 129, 183, 230n
hierarquia sexual, 38, 75, 186-7
hierarquias sociais, 22, 24, 148
Higienópolis (São Paulo), 68
hímen, 116-7, 120
hipnose, 126, 231n
hippie, estética, 45
histeria, 125-8, 231-2n
Histoire de Juliette (Sade), 230n

história da sexualidade, 23
História de O (Réage), 14, 234n
Hitachi Magic Wand (vibrador), 232n
HIV, 188
Holleran, Andrew, 54, 222n
holografia, 56
Home Needlework Journal, 127
homoerotismo, 23, 181, 222n, 241n
homossexuais, 27, 39, 42, 44, 52, 72, 76, 106, 119-21, 198, 215, 220n, 241n; ver também gays; lésbicas
homossexualidade, 24, 54, 70, 107, 109, 183, 192, 234n
Hooks, Bell, 221n
"humilhação" SM, 12, 14, 18, 149, 151-2, 166, 187, 201
Hunt, Lynn, 31, 219n

Ibirapuera, Shopping, 227n
identidade de gênero, 52
Igreja católica, 197, 220n
igualitarismo econômico, 98
imagens eróticas, 30, 83
Imperial Leather: Race, Gender and Sexuality in the Colonial Contest (McClintock), 238n
imprensa, 31
Índia, 98
infância, sexualidade na, 109-10, 120, 229n
Inglaterra, 219n, 226n

insaciabilidade, princípio de, 33
Instituto Cultural Barong, 230n
interacionismo simbólico, 112
intercurso sexual, 111, 154,
175, 191, 219n
Interlagos (São Paulo), 119
internet, 43, 66, 82, 106, 108,
120, 122, 139, 154-5, 161,
163, 179, 229n
"inveja do pênis", 129
"inversão de papéis", 237n
Ipanema, 206
Ipiranga, avenida (São Paulo),
71
Irigaray, Luce, 222n
Isherwood, Baron, 228n
Itaim (São Paulo), 64
Itália, 219n

Jaçanã (São Paulo), 64, 73
Jacobi, Mary P., 126
Jaguaré (São Paulo), 74
James (como apelido de
consolos), 136-9
Japão, 232n
Jardins (São Paulo), 64-5, 87,
225n
Jimmyjane Gold (vibrador de
ouro), 226n
JK Iguatemi, Shopping, 226n
JL Promoção de Eventos, 66
jogos sexuais, 124, 199
Juliette (personagem de Sade),
120-2, 230n

*Justine ou os infortúnios da
virtude* (Sade), 171, 230n

Kamel, G.W. Levi, 238n
Kinsey, Alfred, 216n
kitsch, 21
Kraft-Ebing, Richard Von, 151,
235-6n
KY (gel), 231-2n

Lacan, Jacques, 232n
Laqueur, Thomas, 127, 193,
222n
látex, roupas e acessórios de,
8, 16, 45, 71, 137, 139, 159,
172, 225n, 228n
Lauretis, Teresa de, 232n
leather culture, 150-1, 156,
159, 234n, 236n; *ver
também* couro, roupas e
acessórios de
"Leather Menace: Comments
on Politics and S/M, The"
(Rubin), 238n
Lei Maria da Penha, 239n
Leite Jr., Jorge, 224n, 239n
Leloyva Vibrator (vibrador de
estanho), 226n
lesbianismo, 39, 128, 176, 178,
233n
lésbicas, 23, 34, 36, 38-40, 42,
59, 128, 139, 141-2, 150-1,
156-7, 177, 184, 221n, 232-
4n, 236n

Leste Europeu, 92
Levine, Martin, 52, 54
Libens (*fetish club*), 158-60, 164, 173, 207, 242*n*
liberação sexual/liberdade sexual, 31, 36-7, 121, 128, 184-5
libido, 110, 184, 190
"limites da sexualidade", 10, 22, 27, 149, 181-3, 204, 207, 239*n*
limpeza/sujeira, distinções sociais entre, 22
Lina (adepta do SM), 17
Linde, Robin R., 233*n*
lingeries, 66, 71, 74-6, 80, 83, 87, 97, 102, 134, 226*n*
literatura libertina, 30, 121, 216*n*, 219-20*n*
liturgias SM, 12, 134, 153-4, 160, 168, 178, 181, 189
Lívia (dona da Picante Sex Shop), 74, 225*n*
livre mercado/livre comércio, 238*n*
livre pensamento, 219*n*
Londres, 80
Lorena, alameda (São Paulo), 65, 80-2
Love Place (sex shop), 82, 227-8*n*, 241*n*
Lowenkron, Laura, 184, 186, 188-9
Lua Nova (adepta do SM), 198, 200

lubrificantes, 9, 45, 47, 53, 74-5, 85, 108, 232*n*

Machado, Sarah, 179, 238*n*
machismo, 103
Macho Sluts (Califia), 236*n*, 238*n*
Mackinnon, Catharine, 34-5, 37, 184, 220*n*, 236*n*
Madame V (grife brasileira), 80
Maddona Inn (hotel), 57
Madri, 156, 234*n*
"Maid to Order: Commercial S/M and Gender Power" (McClintock), 238*n*
Maines, Rachel, 127-8, 231*n*
Maison Z (sex shop), 80, 82, 227*n*, 241*n*
Malinowski, Bronislaw, 217-8*n*
manuais eróticos, 47
Mapplethorpe, Robert, 20
marcadores sociais de diferença, 24, 207
Marginal Pinheiros (São Paulo), 65
marxismo, 11, 62
marYa (adepta do SM), 158, 163, 173
masculinidade, 24, 52, 54, 107, 108, 123, 134, 139, 181, 234*n*
masmorras SM *ver dungeon*
Masoch *ver* Sacher-Masoch, Leopold de

masoquismo, 13-4, 151, 153, 162, 165-6, 171, 235-7n

masoquistas, 163, 165-6, 178

massagem, 47, 83, 88, 228n

masturbação, 23, 47, 118, 124, 127, 128, 232n

McClintock, Ann, 176-7, 221n, 238n

McEachern, Steve, 157, 160

medicina, 23

Meireles, Marilucia Melo, 231n

Melendres, Clinton, 231n

mente/corpo, polaridade, 49, 51

mercado brasileiro, 26, 66

mercado erótico, 8, 12, 19, 44, 53, 62-4, 67, 73, 97-8, 102, 104, 122, 149, 182, 202-3, 206-7, 216n, 222n, 242n

Mestre D (adepto do sm), 17

Mestre Sargitarius (adepto do sm), 164-5, 168, 172

Mestre/Mistress (dominadores), 163

"mestres" sm, 18, 149, 163-5, 168, 177

Mileto, 124

Minas Gerais, 115

Minhocão, viaduto (São Paulo), 68

Minneapolis, 220n

minorias sexuais, 25, 33-4, 37-8, 59, 176, 185, 237n

Miscolci, Richard, 221n

Mission District (San Francisco), 40, 42, 222n

Mister Bondage (adepto do sm), 198

Mister Y (adepto do sm), 158, 163, 173

Moema (São Paulo), 64, 74, 79, 227n

monarquia, 220n

monogâmicos, casais, 38

Moraes, Eliane Robert, 8, 217n, 237n, 239-40n

moralidade tradicional, 21, 34

moralismo, 34, 104

motoboys, 63, 72

movimento antipornografia, 33-5, 37, 184, 236n

movimentos de defesa de crianças e adolescentes, 23, 184

movimentos gays e lésbicos, 23, 184

Muito Prazer (sex shop), 206

Mulher Diamante (curso de Nelma Penteado), 87

muria (comunidade da Índia Central), 98

narcisismo, 55

narinha (adepta do sm), 164-5, 168, 172

naturalismo, 166, 220n

Negócio do michê, O (Perlongher), 61, 223n

Nelson Cavaquinho, 224n
neoliberalismo, 179-80, 238n
"Nervous Diseases and Modern Life" (Allbutt), 230n
Nestlé, 80
neurastenia, 126
New Right (EUA), 34, 150, 220n, 233n
New York Observer, The, 227n
nicknames, 163, 164
Nóbrega, Maílson da, 91
Norman, John, 159, 235n
normas de gênero e de sexualidade, 22, 27, 33, 59, 61, 81, 118, 135, 144, 154, 171, 180
Nova York, 36, 53-4, 150
Novachek, Thomaz (personagem de Masoch), 200

objeto sexual, 35, 45, 109
obscenidade, 32-3, 60, 76, 104-5, 190-1, 202
óleos, 40, 45, 47, 85, 134; ver também lubrificantes
olisbos, 124
Onania: the Heinous Sin of Self Pollution, and all its Frightful Consequences, in Both Sexes Considered (tratado inglês anônimo), 127
Only Words (Mackinnon), 220n
ordenamento social, rituais para o, 22

órgãos sexuais, 41, 124, 141, 240n
orgasmo, 128-9, 152, 237n, 240n
orientação sexual, 54, 102-3, 107, 114, 117, 123, 154-5, 164, 188, 206, 223n
original e imagem, distinção platônica entre, 233n
Orkut, 16, 108
Oscar Freire, rua (São Paulo), 65, 226n
óvulo, 191

Paleolítico, 221n
Pappenheim, Bertha, 126, 231n
Parreiras, Carolina, 184, 223n, 229n, 239n, 241n
Paulhan, Jean, 14, 217n, 234n
Paulista, avenida, 65, 72
pecado, 127
pedofilia, 23, 35, 38, 184, 189
peep show, cabines de, 9, 71
Pele de Vênus, A (filme), 200
penetração, 41, 79, 85, 111, 116-7, 120, 191, 234n, 237n
Penha (São Paulo), 71, 73-4
pênis, 8, 45, 77, 102, 107, 111, 117, 119, 128-9, 136, 139, 141-2, 144, 232-3n, 236n
Penteado, Nelma, 87-91, 98, 206
perigo, prazer e, 9, 19, 22, 24, 27, 30, 34, 36, 39, 148, 182, 185, 202, 204

Perlongher, Néstor, 23, 24, 61, 182, 190, 223n

perversões, 25, 39, 47, 109, 122-3, 125, 149, 165, 229n

Picante Sex Shop, 74, 228n

Piscitelli, Adriana, 23, 92, 184, 218n, 239n

Platão, 233n

Playboy (revista), 225n

plays de sm, 11, 16-7, 150, 153-4, 178, 198, 201

Pleasure and Danger (Vance), 36, 182, 236n, 238n

plugues anais, 9, 85, 134, 143-4, 227n

podolatria, 154, 159

Polanski, Roman, 200

polimorfismo sexual, 109-10, 119, 121, 135, 204

politicamente correto *ver* "erotismo politicamente correto"

pompoarismo, 85

Pontes, Heloisa, 202, 218n, 225n

Ponto G, rede (sex shop), 67, 224n

"Pornô" (org. Gregori & Díaz-Benítez), 239n

pornografia, 21-3, 26, 30-5, 41, 60, 69, 72-3, 77, 104, 113, 150, 171, 181, 187, 190, 203, 219-20n, 224n, 234n

Portugal, 120

posições de gênero, 37, 102

potlatch, 99

Practice of Love (Lauretis), 232n

práticas sexuais, 23, 26-7, 39, 63, 70, 92, 108, 123-4, 134, 157, 176, 182, 184-5, 203, 221n

prazer, 9, 14, 19, 22, 24, 26-7, 30-1, 34, 36-7, 43, 47, 51, 61, 63, 81-2, 85, 87, 91-2, 94, 98, 104, 110, 123-4, 127, 135-6, 139, 145, 148, 151, 157, 162, 165-6, 172, 177, 179, 182-3, 185, 189-91, 202, 204, 216n, 226n, 228n, 232n, 239-40n

Prazeres dissidentes (org. Díaz-Benítez & Figari), 239n

prazeres perigosos, 12, 19, 24, 182; *ver também* perigo, prazer e

Preciado, Beatriz, 123-4, 128, 129, 134, 142, 230-2n

pré-orgásmicas, mulheres, 222n, 232n

Preston, John, 236n

"Primas safadas" (Carlos Zéfiro), 69

Primeira Guerra Mundial, 126

privilégios masculinos, 37, 184

promiscuidade sexual, 35, 38

propriedade privada, 238n

pro-sex, feministas, 39, 185, 236n

prostituição, 23, 35, 61, 125

prostitutas, 68, 70, 92, 108, 230n

próteses, 70, 100, 128-9, 134, 142

psicanálise, 109-10, 126, 166, 175, 235n, 237n

psicologia social, 188

Psiquê, lenda de, 224n

psiquiatria, 23, 126, 231n

Psychopathia Sexualis (Kraft--Ebing), 151, 236n

puberdade, 231n

pudores, 20

puritanismo, 19

Purity and Danger (Douglas), 22

puro e impuro, distinções sociais entre, 22

queer, teorias, 36, 221n

rabbits, 9, 85, 134, 227n

Ragionamenti (Aretino), 219n

"ralador" (objeto SM), 161

Réage, Pauline (pseudônimo literário), 234-5n

recalques, 229n

relações sexuais, 37, 184

relações sociais, 55, 110, 156, 178, 204

relho, 161, 172

religião, 14, 32, 220n

Renascimento, 30, 32

Revelateurs (sex shop), 82, 227n, 241n

Rio de Janeiro, 79, 99, 206, 214, 223-4n

Rio Grande do Sul, 74

Riopele (empresa têxtil portuguesa), 226n

risco social, 176-7

riso, 122

Rita Cadillac, 224n

Roddick, Anita, 80, 226n

Roddick, Justine, 80

Roddick, Samantha, 80

Rodrigues, Nelson, 18

Rohden, Fabíola, 218n

Rosenfeld, Anatol, 202

roteiro sexual, conceito de, 111-4, 117, 119

Rubin, Gayle, 10, 37-8, 125, 150, 155-7, 160, 185, 234n, 238n

Russo, Jane, 218n

S and M: Studies in Sadomasochism (org. Weinberg & Kamel), 238n

S/M: The Last Taboo (Greene & Greene), 237n

sacanagem, 9, 60, 63, 69, 89, 91, 95

Sacher-Masoch, Leopold de, 13, 156, 159, 162, 165-7, 171, 200, 201, 235n

Sade, Marquês de, 13, 20, 30, 33, 120-1, 144, 156, 159, 165-6, 171, 176, 194, 217n, 219n, 230n, 235n, 237n sádicos, 163, 169, 236n

sadismo, 13, 151, 153, 163-4, 235n

sadomasoquismo, 9-10, 12, 14, 16, 21, 25, 27, 34-5, 38, 68, 72, 103, 118, 125, 129, 144, 149, 152-3, 175, 176, 216n, 225n, 233n; ver também SM

sadomasoquistas, 10-1, 13, 34, 38, 74, 117, 134, 150, 156, 181, 189, 207, 225n, 230n

Sahlins, Marshal, 97, 228n

Samois (grupo lésbico sadomasoquista), 34, 150, 168, 236n, 238n

San Francisco (Califórnia), 39-40, 42-3, 53, 102, 150, 156-8, 179, 205, 219n

Santa Cecília (São Paulo), 68, 197

Santana (São Paulo), 16, 64, 73-4, 158, 242n

São Paulo, 9, 16, 26-7, 60-1, 63-4, 66, 68, 74, 79-80, 107, 115, 117, 153, 155-6, 158, 197, 205-7, 214, 224n, 226n, 230n, 234n

Sarti, Cynthia, 188

Sato, Denise, 227n

saúde, 17, 25, 42, 60, 82, 92, 153, 182, 188, 221n, 228n, 239n

saunas gays, 54

Scarry, Elaine, 173

Schwartz, Hillel, 56

Seamans, Anne, 43

Sears, 127

Segunda Guerra Mundial, 232n

Seigner, Emmanuelle, 201

Sennett, Richard, 55

sensualidade, 45, 76-7, 91, 95, 98, 103, 151, 171

Severino (personagem de Masoch), 166

Sex and the City (Bushnell), 83, 97, 227n

Sex and the City (série de TV), 83, 227n

Sex Appeal (sex shop), 74, 241n

sex shops, 8, 11, 21, 26, 39-42, 61, 63-6, 69, 72-5, 82-3, 87, 91, 98, 128, 134, 149, 205, 214, 219n, 241n

sex toys ver toys

sex wars, 59, 129, 236n

sexo anal, 9, 47, 85, 120-1, 234n

Sexo e marketing (Cobra), 93

sexo explícito, 70, 72, 113

sexo intergeracional, 38

sexo oral, 47, 113

sexo pago, 38

sexo seguro, 47, 120, 153

sexo solitário, 127

sexologia, 23, 109-10, 176

sexualidade, 10, 12-3, 19-24, 27, 31, 33, 36-9, 41, 45, 47, 55, 58, 59, 61, 63, 81-2, 91, 93-4, 102, 106, 109-11, 117-

20, 126-7, 135, 144, 148-9, 153-4, 176, 179-85, 192-5, 202-4, 207, 218n, 224n, 229-31n, 236n, 239n

"Sexualidades disparatadas" (org. Miscolci & Simões), 221n

shibari, 108, 134, 159, 161, 229n

Shiroma, Evaldo, 66

Shor, Naomi, 221n

Showalter, Elaine, 125, 127, 230-1n

silicone, acessórios de, 8, 21, 45, 71, 228n

Simmel, Georg, 96

Simões, Júlio Assis, 111, 218n, 221n, 223n, 239n

Simon, W., 111-2

SM, 10-4, 16-7, 40, 45, 47, 117-8, 148-63, 165, 167-9, 171, 173, 175-9, 189, 199, 201, 207, 216n, 229n, 233-5n; *ver também* sadomasoquismo; sadomasoquistas

socialização, 72, 112-3, 159

sociedade burguesa, 61

Sociedade de Amigos do Crime, A (Sade), 194

Society of Janus (organização SM), 150

sodomia, 70

solteiros, 38, 117, 215

SoMos (comunidade SM), 154

Sonia (gerente da Maison Z), 81

Sontag, Susan, 31-3, 190, 234n, 239n

soropositivo, 119-20

spanking, 9, 160-1, 172, 198

Spivak, Gayatri, 222n

Sr. X (adepto do SM), 17-8

Stinner, Kelsey, 231n

Storr, Merl, 228n

Strachey, James, 231n

striptease, 12, 77, 83, 91, 98, 228n

submissão erótica SM, 12, 34, 103, 117-8, 151-3, 163-4, 166-7, 171, 177, 184

"submissos/as" SM, 149, 158-9, 163-9, 172, 198, 202, 239n

subordinação patriarcal, 36

suingue, 108, 181

Superman, 56

sutiãs, 76, 83

switchers, 117-8, 163

tabus, 30, 93, 104, 123

talking cure, 126, 231n

tantra, 85

"taras", 18

Tatuapé (São Paulo), 64, 73-4, 158, 226n, 242n

Taussig, Michael, 97, 228n, 237n

Taylor, George, 127, 231n

tensores libidinais, 24, 190

"Thinking Sex" (Rubin), 37

Thompson, J.A., 230n

Thompson, Mark, 234n

Tom of Finland (quadrinista gay), 151

Top/bottom, relação entre, 169, 235-6n

Toyota, 132

toys, 9, 21, 43, 47, 52, 59, 71, 75, 79, 99, 101-2, 109-10, 119, 132-6, 143-5, 149, 153, 203, 225n, 227n, 232n; *ver também* acessórios eróticos/sexuais; brinquedos eróticos/sexuais

trajetória biográfica sexual, noção de, 113-4, 139-40

transgressões de normas, 18-9, 22, 24-6, 32-3, 35, 61-2, 73, 82, 103-4, 118, 169, 180, 182, 185, 190-2, 195, 202, 204, 217n

"Travels in Hyperreality" (Eco), 56

travestis, 38, 68, 72, 224n, 230n

Três ensaios de uma teoria da sexualidade: Fragmento da análise de um caso de histeria (Freud), 229n

turismo sexual, 23, 184

útero, 125

vagina, 70, 79, 85, 107, 111, 221n, 233-4n

Valencia Street (San Francisco), 42

Valhala (clube SM), 154

valorização sexual, sistema hierárquico de, 38

Vance, Carol, 19, 36-7, 182, 218n, 221n, 236n, 238n

Vênus das peles (Sacher--Masoch), 162, 166, 200, 235-6n

Vianna, Adriana, 23

vibradores, 9, 40, 47, 49, 51, 53, 66-7, 70-1, 79, 81, 85, 99, 102, 125, 128, 134, 137, 172, 221n, 225-8n, 231-2n

vida sexual, 38, 106, 108, 111, 117, 206

Vida sexual dos selvagens (Malinowski), 218n

vida social, 55, 96, 111, 190, 217n, 221n, 228n

Vignali, 32

Vila Carrão (São Paulo), 64, 225n

Vila Olímpia (São Paulo), 64

Vinte e Quatro de Maio, rua (São Paulo), 72-3

violência, 24, 34-5, 39, 148, 153, 179-81, 185, 187-90, 194, 238n

virgindade, 116

"Vizinhas quentes, As" (Carlos Zéfiro), 69

voyeurismo, 21-2

voyeurs, 41, 52, 162

vulgaridade, 20, 26, 31, 104, 134

vulnerabilidade, 181, 185-6, 188-9

Vulnerabilidade e direitos humanos (org. Paiva, Ayres & Buchalla), 239n

Wagner, Peter, 219n

Wagner, Roy, 217n

Wanda (personagem de Masoch), 166, 200

Weed, Elizabeth, 221n

Weinberg, Thomas, 238n

Weinfeld, Isay, 226n

Weiss, Margot, 179, 238n

West Village (Nova York), 54

Williams, Linda, 60

Winks, Cathy, 43

Wittig, Monique, 222n, 230n

Women Against Pornography (grupo norte-americano), 34, 150

Women Against Violence in Pornography and Media (grupo norte-americano), 34

World of Goods, The (Douglas & Isherwood), 228n

Zéfiro (deus grego), 224n

Zéfiro, Carlos (Alcides Aguiar Caminha), 69-70, 224, 225n

Zilli, Bruno Dallacort, 155, 239n

zona sul de São Paulo, 64-5, 79, 230n

zonas erógenas, 110

zoofilia, 68, 186

Zukin, Sharon, 63

ESTA OBRA FOI COMPOSTA POR OSMANE GARCIA FILHO EM FM
E IMPRESSA PELA RR DONNELLEY EM OFSETE SOBRE PAPEL PÓLEN SOFT DA
SUZANO PAPEL E CELULOSE PARA A EDITORA SCHWARCZ EM AGOSTO DE 2016

A marca FSC® é a garantia de que a madeira utilizada na fabricação do papel deste livro provém de florestas que foram gerenciadas de maneira ambientalmente correta, socialmente justa e economicamente viável, além de outras fontes de origem controlada.